KB251202

혼자서 터득하는

상속세 및 증여세 실전 가이드

혼자서 터득하는
상속세 및 증여세 실전 가이드

2023년 5월 26일 초판 발행
2026년 4월 10일 2판 발행

지 은 이 | 강민정
발 행 인 | 오연관
발 행 처 | 삼일피더블유씨솔루션
등록번호 | 1995. 6. 26. 제3-633호
주   소 | 서울특별시 용산구 한강대로 273 용산빌딩 4층
전   화 | 02)3489-3100
팩   스 | 02)3489-3141
가   격 | 25,000원

ISBN 979-11-6784-538-2 03320

강민정 세무사 지음

한 독자의 방문

거동이 불편하신 아흔 살의 할아버지 한 분이 따님과 함께 어느 날 제 사무실을 찾아오신 적이 있습니다. 저자를 수소문해 제 책을 들고 직접 찾아오셨다는 말을 듣는 순간, 마음이 뭉클해졌습니다.

여러 번 읽은 흔적이 고스란히 남아 책장은 낡아 있었고, 곳곳에는 형광펜과 메모로 빼곡했습니다. 접힌 자국과, 메모를 복사해 오려 붙여둔 흔적까지 남아있었습니다. 할아버지는 "이 나이에 와서야 한국 세금이라는 걸 제대로 알게 되었다"며 "진실되게 쓴 책이라 고맙다"고 여러 번 말씀하셨습니다. 심지어 본인의 상속세 상담까지 부탁하시기도 했습니다.

그분의 말씀은 그 어떤 평가보다 제게 큰 힘이 되었습니다. 제가 왜 책을 쓰기 시작했는지, 그리고 이 일을 계속해야 하는 이유를 다시 한 번 마음 깊이 새기게 해 주었기 때문입니다.

부디 오래오래 건강하시기를, 그리고 그분의 신뢰에 부끄럽지 않은 세무사로 남고 싶다는 다짐을 이 책의 첫 장에 조심스럽게 남겨봅니다.

책은 만들어지는 순간이 아니라, 누군가의 손때가 묻는 순간 비로소 의미를 갖는다고 믿습니다.

아흔 살의 할아버지께서 제 책을 그렇게 만들어 주셨습니다.

정말 고맙습니다.

왜 지금, 상속과 증여를 다시 생각해야 하는가

불과 몇 년 전까지만 해도 상속과 증여는 일부 자산가들의 이야기로 여겨졌습니다.

그러나 지금은 상황이 달라졌습니다.

인플레이션과 자산 가격 상승, 특히 부동산 가격 급등으로 인해 일정 수준 이상의 자산을 보유한 많은 가정이 상속세와 증여세의 영향을 직접적으로 받는 시대가 되었습니다. 이제는 서울에 집 한 채만 있어도 상속세의 납세 의무자가 될 수 있습니다.

자산의 형태 또한 빠르게 달라지고 있습니다. 부동산과 예금 중심이던 자산 구조는 이제 주식, 현물자산, 예술품, 가상자산, 해외자산 등으로 다양해지고 있습니다. 국제 자금 이동의 편의성과 환율 변동성까지 더해지면서 상속과 증여의 문제는 점점 더 복잡해지고 있습니다.

세제 환경 역시 빠르게 변화하고 있습니다. 상속세 제도를 유산취득형 과세체계로 개편하려는 논의가 있었지만 결국 중단되었고, 최근에는 다주택자 양도소득세 중과가 다시 적용되는 등 세제는 짧은 시간 안에도 크게 달라지고 있습니다. 이러한 변화는 우리의 자산 관리와 일상에 직접적인 영향을 미치고 있습니다.

한편 AI 기술의 발전으로 자산 관리와 세무 판단의 많은 과정이 자동화되고 있습니다. 그러나 상속과 증여는 여전히 개인의 자산 구조와 가족 관계, 그리고 미래에 대한 판단이 함께 작용하는 영역입니다. 기술은 계산을 도와줄 수는 있어도, 어떤 선택이 한 가족에게 가장 적절한지까지 대신 결정해 주지는 않습니다.

결국 상속과 증여는 **기술의 문제라기보다 사람의 문제에 더 가까운 듯합니다.**

그럼에도 불구하고 상속과 증여에 대한 준비는 여전히 뒤로 미뤄지는 경우가 많습니다.

그 결과 계획은 늦어지고 준비는 뒤로 밀리며, 막상 상속이 현실이 되는 시점에는 선택할 수 있는 절세 방법이 크게 줄어들게 됩니다.

실무에서 상담을 하다 보면 늘 비슷한 질문을 듣게 됩니다. "조금만 더 일찍 알았더라면 달라졌을까요?" 대부분의 경우, 그 답은 "그렇다"입니다.

이 책은 세법을 모두 외우게 하려는 책이 아닙니다. 또한 모든 사람에게 동일한 정답을 제시하려는 책도 아닙니다.

다만 자산 환경이 빠르게 변하는 시대에 **어느 시점에서 무엇을 고민해야 하는지**, 그리고 **어떤 판단이 이후의 결과를 크게 바꿀 수 있는지**에 대한 기준을 제시하고자 합니다.

아는 만큼 보이고, **준비한 만큼 선택의 폭은 넓어질 것입니다.**

2026년 2월 압구정 사무실에서
세무사 강 민 정

맹위를 떨치던 추위도, 흩날리던 벚꽃의 향연도 지나고 세무사들에게 가장 바쁜 봄 계절이 돌아왔습니다. 지금과 같이 분주하던 어느 봄날, 우아한 여성분이 급하게 상담을 청해 왔습니다. 시부모님이 어마어마한 자산가인데 도무지 상속에 대한 대비를 일절 하지 않고 있다는 내용이었습니다. 자녀들은 재산을 미리 증여받는 것이 유리하다 생각되지만 정작 본인들은 꿈쩍도 않으신다는 것이지요. 내담자는 시부모로부터 적절한 시기에 증여를 받기 위해 스스로 할 수 있는 일이 있을지, 세무사인 필자가 시부모님을 설득해줄 수 있을지 이것저것 문의했던 기억이 있습니다.

집안 재산의 상속과 증여에 대한 이야기는 좋은 관계의 가족 사이에도 꺼내기 쉬운 주제가 아닙니다. 특히 부모님 앞에서 "상속"이라는 단어를 입 밖에 내는 것 자체가 무례일 수 있고, 형제가 있는 경우라면 "증여"는 매우 민감한 주제일 수밖에 없습니다. 이 때문에 상속과 증여에 관련된 계획은 차일피일 미루게 되는 경우가 대부분인데, 막상 부모님의 사망이 임박한 시점이나 사망 이후 시점에는 상속인들이 손쓸 수 있는 절세방법은 많지 않습니다.

상속이 있었으니 세금을 일부 내겠지 여겼던 납세자들도 막상 예측 못한 큰 금액의 상속세 부과로 힘들어 하는 경우가 있습니다. 이러한 상담 내용을 접할 때마다 머릿속에 드는 소회는 평소의 절세준비야말로 보통의 우리들이 현재의 경제적 안전을 지킬 수 있는 최소한의 필요조건이라는 점입니다. 상속이나 증여와 같이 큰 금액의 재산이 오고 갈 때 세금 부담은 상상 이상으로 무거울 수 있습니다. 가급적 사전에 대비를 해둔다면 상대적으로 수월하게 납세의무의 부담을 줄일 수 있을 것입니다.

2010년 이후 자산 가격의 인플레이션으로 재산에 관련된 세금 액수도 그에 비례해서 늘어났습니다. 상속, 증여에 대한 세금이 부과되는 자산 가격 기준이 현재의 인플레이션을 반영하지 못하고 있고, 누진세율의 체계로 인해 더 많은 세금이 발생하게 된 것입니다. 예전에는 극히 일부 부유층이 상속세 관련 고민을 했다면, 이제는 서울에 집 한 채만 있어도 모두가 상속세의 납세 의무자입니다.

그렇지만 상속과 증여, 더군다나 그 세금에 대한 이야기는 아직도 일부 부유층의 관심거리일 뿐 우리 보통 사람들의 흥미를 끌지 못하는 것 같아 안타까운 마음입니다.

세법은 그 자체로도 복잡하고 어려울 뿐만 아니라 그 개정도 잦아, 실제 법을 적용할 때 많은 주의를 요합니다. 특히 개별 사례마다 구체적 재산상황이 다르고 앞으로의 처분여부, 그 예상시점에 따라 적용 법률이 다를 수 있어 실행 시 전문적 상담을 반드시 해보시기를 권합니다. 이 책은 필자가 업무에서 경험하고 연구했던 내용 중 매우 기본적이거나 자주 발생하는 사례들, 실수하기가 쉬워 주위사람들에게 알려주고 싶은 내용들로 채워 보았습니다. 아는 만큼 보이는 법이니 절세 준비에 작으나마 도움이 되길 바라는 마음입니다.

이 책에서 소개하는 사례들은 대부분 필자가 상속, 증여에 대해 실제 상담하여 처리하거나 연구, 자문했던 내용들을 바탕으로 만들어졌습니다. 경우에 따라 각색하기도 했으나, 우리 주위에서 흔하게 일어날 수 있는 이야기들로 구성했습니다. 세금에 대한 상담을 필요로 하는 우리 보통사람들이 고민하게 되는 일반적인 상황, 그 지점에서 생각해 볼 수 있는 여러 이슈들을 이해가 쉽도록 직관적으로 설명하고자 하였습니다. 이해를 돕고자 서술의 범위를 상속세와 증여세에 국한하지 않고 관련된 다른 세목이나 법률, 개념도 일부 포함하여 서술하였습니다.

이 책을 통해 독자들이 상속과 증여의 기본적 개념과 전반적인 체계, 그리고 세금의 계산구조를 이해할 수 있기를 바랍니다. 또한 그동안 단지 잘 알지 못해서 세금에 대한 두려움이 있었다면 이 책으로 최소한 그러한 막연한 불안은 떨쳐낼 수 있을 것이라고 기대합니다. 이 책에서 필자는 필자의 경험과 지식, 나름의 노하우를 전달해 드리기 위해 최선의 노력을 다하였습니다. 아무쪼록 이 책이 여러분의 슬기로운 세무생활에 도움이 되길 바랍니다.

2023년 5월 푸르름이 가득한 압구정에서
세무사 강 민 정

I부 상속과 증여의 법적·세무적 기초

상속과 증여는 단순한 재산 이동이 아닙니다.
그 이면에는 민법상의 권리관계와 세법상의 과세구조가 동시에 작동합니다.

누가 상속인이 되는지, 상속을 포기하면 무엇이 달라지는지,
유류분과 대습상속은 어떻게 계산되는지,
세법은 민법의 형식을 그대로 따르는지, 아니면 달리 판단하는지.

이 모든 질문의 출발점은 '구조'를 이해하는 데 있습니다.

이 부에서는 상속과 증여를 둘러싼 법적 틀을 정리합니다.
세금 계산에 앞서, 먼저 판을 읽는 과정입니다.

II부 재산의 가액과 과세의 출발점

세금의 크기는 재산을 얼마로 보느냐에 따라 달라집니다.
결국 출발점은 '가액'입니다.

같은 재산이라도 얼마로 평가하느냐에 따라 결과는 전혀 달라집니다.
시가가 원칙이지만, 시가가 없다면 보충적 평가방법이 적용됩니다.

부동산, 주식, 가상자산, 미술품처럼 자산의 종류에 따라
평가방식은 다르게 설계되어 있습니다.
평가기간, 감정가액, 유사매매사례, 임대료 환산, 담보채권 특례.
이 모든 요소는 단순한 숫자가 아니라, 과세의 출발점을 정하는 기준입니다.
이 부에서는 세금이 '얼마'가 되는지, 그 계산의 근거가 무엇인지 살펴봅니다.

III부 세금은 설계를 따릅니다

상속과 증여는 어느 날 갑자기 발생하는 사건처럼 보이지만,
실제로는 준비 여부에 따라 결과가 크게 달라지는 과정입니다.
누가 전략을 준비해야 하는지, 왜 미리 증여를 고려해야 하는지,
언제 움직여야 하는지, 어떤 자산부터 이전해야 하는지,
그리고 어떻게 구조를 설계해야 하는지.
이 부는 계산을 넘어 '결정'을 다룹니다.

상속과 증여를 피할 수 없는 사건으로 두는 것이 아니라,
설계 가능한 영역으로 옮기는 단계입니다.
세금은 우연히 줄어들지 않습니다.
설계한 만큼 달라집니다.

II부 가치를 계산하고 평가하다
재산의 가액과 과세의 출발점

부의 이동을 설계하다
세금은 설계를 따릅니다

부록

I부.
구조를 이해하다

PART 01
증여의 구조 읽기

INHERITANCE

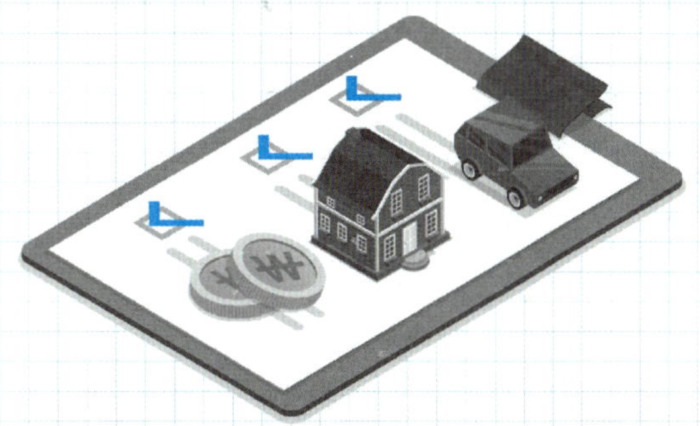

Chapter 01

어디까지를 증여로 볼까
- 세금은 생각보다 넓다

일반적으로 재산을 무상으로 주는 행위를 '증여'라고 합니다.

민법 제554조(증여의 의의)에서는 "증여는 당사자 일방이 무상으로 재산을 상대방에게 수여하는 의사를 표시하고 상대방이 이를 승낙함으로써 그 효력이 생긴다"고 규정하고 있습니다. 이는 증여의 원인이 되는 법률행위가 '증여계약'임을 의미합니다.

요약하면 민법상 증여는 증여계약의 성립 여부를 기준으로 재산의 소유관계를 판단하는 규정입니다.

반면 세법에서 말하는 증여는 관점이 다릅니다. 세법은 그 행위의 형식보다 **실제로 누가 경제적 이익을 얻었는지**에 초점을 맞춥니다. 어떤 거래나 행위로 인해 특정인이 경제적 이익을 얻었다면, 그 실질을 기준으로 이를 '증여'로 보아 과세 효과를 부여하는 것이 세법상 증여의 개념입니다.

따라서 세법상 증여의 개념은 민법상 증여보다 훨씬 넓으며, 증여계약이 없더라도 실질적으로 경제적 이익이 이전되었다면 증여로 판단될 수 있습니다.

1. 물품 따위를 선물로 주다.
2. [법률] 당사자의 일방이 자기의 재산을 무상으로 상대편에게 줄 의사를 표시하고 상대편이 이를 승낙하다.
   ※ [유의어] 기부하다, 기증하다, 주다

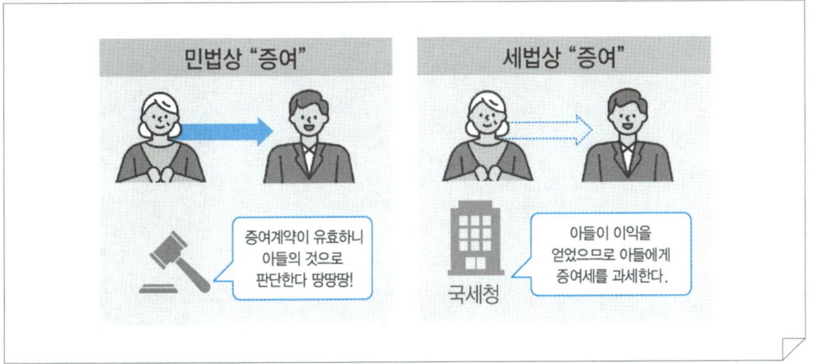

민법상 증여의 개념 

민법상 증여계약이란 당사자 일방이 재산을 무상으로 상대방에게 수여할 의사를 표시하고, 상대방이 이를 승낙함으로써 성립하는 계약입니다. 즉 증여자는 재산을 '무상으로 주겠다'는 의사를 표시하고, 수증자가 이를 받아들일 때 증여계약이 성립합니다.

증여계약은 당사자의 의사합치만으로 성립하는 낙성계약입니다. 별도의 형식이나 방식이 요구되지 않기 때문에 구두로 이루어진 증여도 유효할 수 있습니다.

다만 서면에 의하지 않은 증여의 경우에는 그 이행이 있기 전까지는 각 당사자가 언제든지 계약을 해제할 수 있다는 점에 유의해야 합니다.

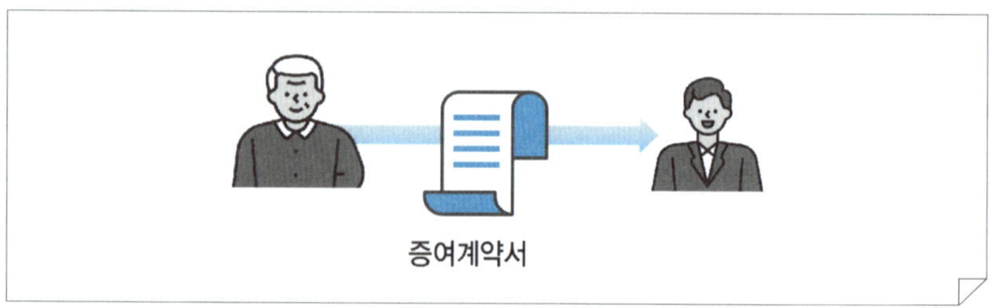

세법상 증여의 개념 

세법은 증여계약의 형식이나 존재 여부에 크게 의존하지 않습니다. 실제로 재산의 무상이전이 있었는지, 그리고 그로 인해 특정인이 경제적 이익을 얻었는지를 기준으로 증여 여부를 판단합니다.

예를 들어 부모가 자녀에게 현금을 송금하면서 별도의 증여계약을 작성하지 않았다고 가정해 보겠습니다. 민법상 증여계약이 명확하지 않다고 하더라도, 세법에서는 실제로 재산이 무상으로 이전되었다면 이를 증여로 보아 과세할 수 있습니다.

따라서 수증자가 증여계약에 따라 재산을 이전받은 경우가 아니더라도, 형식을 취하지 않았더라도 실질적으로 무상이전이나 경제적 이익이 발생하였다면 세법상 증여에 해당할 수 있습니다.

증여세 과세대상이 아닌 증여계약

　재산을 대가 없이 이전하는 모든 경우가 증여세 과세대상은 아닙니다.

　사망을 원인으로 하는 증여인 "사인증여", 유언으로 증여하는 "유증" 그리고 사망으로 사망자의 모든 재산이 이전되는 "상속"은 증여가 아니라 상속으로 과세됩니다.

　상속세 및 증여세법에서는 상속세를 과세할지 증여세를 과세할지를 재산을 주는 자 기준으로 판단합니다. 증여세가 과세되는지 상속세가 과세되는지의 구분은 의외로 간단합니다. **재산을 주는 자가 생전에 재산을 이전한다면 증여세를, 사망으로 재산이 이전된다면 상속세를 과세합니다.**

　이때 재산을 주는 사람을 '증여자', 받는 사람을 '수증자'라고 하며, 사망으로 상속이 개시된 경우에는 재산을 남긴 사람을 '피상속인', 재산을 받는 사람을 '상속인'이라고 합니다.

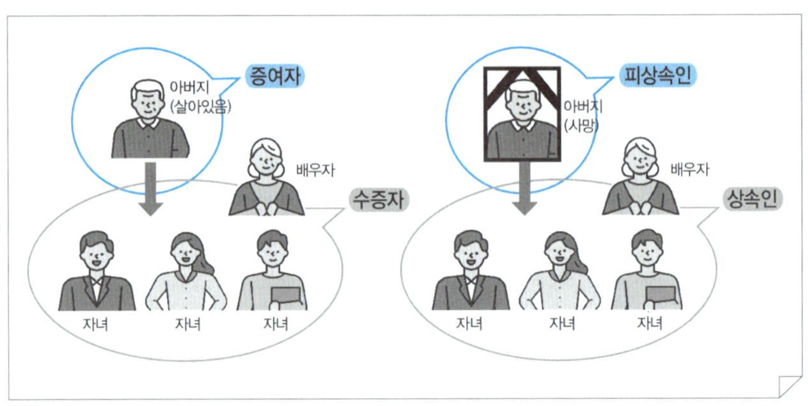

따라서 증여계약이라 하더라도 증여자의 사망으로 인해 그 효과가 발생하는 사인증여, 유증은 증여세의 과세대상에서 제외되며, 상속세가 과세됩니다.

"증여를 한 건 아닌데요, 그래도 증여세를 내야 하나요?"

실무 상담에서 가장 자주 듣는 질문 중 하나입니다.

이 질문은 대부분 민법상 증여와 세법상 증여를 혼동하면서 발생합니다. "증여를 한 건 아니다"라는 말은 보통 증여계약을 체결하지 않았다는 의미이고, "그래도 증여세를 내야 하나요?"라는 질문은 세법상 증여에 해당하는지를 묻는 것입니다.

세법은 증여계약의 존재 여부보다 **실질적인 경제적 이익의 이전**을 기준으로 증여 여부를 판단합니다. 따라서 당사자들이 증여라는 형식을 취하지 않았더라도, 결과적으로 특정인이 경제적 이익을 얻었다면 증여로 보아 과세될 수 있습니다.

실제 상담에서는 "증여세를 내야 할 것 같아서 왔다"고 말하는 경우보다, "이게 증여에 해당하는지 모르겠다"고 말하며 상담을 요청하는 경우가 훨씬 많습니다. 바로 이 지점이 증여 문제를 어렵게 만드는 이유입니다.

한마디 요약

세법에서 중요한 것은 '증여라는 계약'이 아니라,
실제로 발생한 '경제적 이익의 이전'입니다.

Chapter 02
형식은 매매,
세법은 증여로 판단할 때

법에 없어도 과세되는 이유 

세법에서는 변칙적인 상속이나 증여를 사전에 차단하기 위해, 증여의 개념을 매우 폭넓게 정의하고 있습니다.

즉, 행위나 거래의 명칭·형식·목적과 관계없이, 경제적 가치를 계산할 수 있는 유형·무형의 재산을 직접 또는 간접적인 방법으로 타인에게 무상으로 이전하거나, 타인의 기여로 재산 가치가 증가한 경우까지도 증여로 봅니다.[1]

---

1) **상속세 및 증여세법 제2조 【정의】**
   6. "증여"란 그 행위 또는 거래의 명칭·형식·목적 등과 관계없이 직접 또는 간접적인 방법으로 타인에게 무상으로 유형·무형의 재산 또는 이익을 이전(현저히 낮은 대가를 받고 이전하는 경우를 포함한다)하거나 타인의 재산가치를 증가시키는 것을 말한다. 다만, 유증, 사인증여, 유언대용신탁 및 수익자연속신탁은 제외한다.
   7. "증여재산"이란 증여로 인하여 수증자에게 귀속되는 모든 재산 또는 이익을 말하며, 다음 각 목의 물건, 권리 및 이익을 포함한다.
      가. 금전으로 환산할 수 있는 경제적 가치가 있는 모든 물건
      나. 재산적 가치가 있는 법률상 또는 사실상의 모든 권리
      다. 금전으로 환산할 수 있는 모든 경제적 이익

정부는 2004년부터 증여세 완전포괄주의 과세 제도를 도입하여, 법률에 열거되지 않은 행위라 하더라도 그 실질적인 경제적 효과가 증여에 해당한다면 과세할 수 있도록 하였습니다.

이로써 과세관청은 법에 명시되지 않은 다양한 변칙적 증여 행위에 대해서도 증여세를 부과할 수 있는 근거를 마련하게 되었습니다.

우리 세법은 과세대상을 일일이 나열하는 방식이 아니라, 포괄적인 개념을 통해 다양한 형태의 증여를 과세할 수 있도록 하고 있습니다. 이를 입법상 '포괄주의'라고 하며, 그 결과 세법상 증여의 범위는 상당히 넓어졌습니다.

형식은 두고, 세금만 다시 계산합니다 

국세기본법에서는 납세자가 합리적인 거래 형식을 취하지 않고, 우회하거나 복잡한 구조를 통해 세금을 줄이려 한 경우, 그 형식에 얽매이지 않고 실질에 따라 과세할 수 있도록 규정하고 있습니다. 이를 '실질과세원칙'이라고 합니다.

이 경우 과세관청은 당사자 간의 계약 자체를 취소하지는 않습니다. 다만 계약으로 발생한 법률효과는 유지하되, 세금 계산만 해당 거래가 없었다면 발생했을 세액 기준으로 다시 산정합니다.[2]

실질과세원칙은 상속세 및 증여세법에도 그대로 적용됩니다. 제3자를 거치거나 여러 단계의 거래를 통해 상속세나 증여세를 부당하게 줄인 것으로 인정되는 경우, 과세관청은 그 경제적 실질에 따라 거래를 재구성하여 증여에 해당하는지 여부를 판단하게 됩니다.

겉으로는 나눠진 거래도 하나로 봅니다 

이미 자녀들에게 증여한 재산이 많아 추가로 증여할 경우 50%의 세율이 적용되는 상황입니다.

이 때문에 형제 간에 논의하여 서로의 조카에게 각각 2억 원씩 추가로 증여하려고 합니다.

이렇게 하면 세율이 20%로 낮아져 약 30%에 해당하는 세금을 줄일 수 있을 것처럼 보입니다.

과연 이러한 방식이 세법상 문제없이 인정될 수 있을까요?

---

2) **국세기본법 제14조 【실질과세】**

① 과세의 대상이 되는 소득, 수익, 재산, 행위 또는 거래의 귀속이 명의일 뿐이고 사실상 귀속되는 자가 따로 있을 때에는 사실상 귀속되는 자를 납세의무자로 하여 세법을 적용한다.

② 세법 중 과세표준의 계산에 관한 규정은 소득, 수익, 재산, 행위 또는 거래의 명칭이나 형식과 관계없이 그 실질 내용에 따라 적용한다.

③ 제3자를 통한 간접적인 방법이나 둘 이상의 행위 또는 거래를 거치는 방법으로 이 법 또는 세법의 혜택을 부당하게 받기 위한 것으로 인정되는 경우에는 그 경제적 실질 내용에 따라 당사자가 직접 거래를 한 것으로 보거나 연속된 하나의 행위 또는 거래를 한 것으로 보아 이 법 또는 세법을 적용한다.

일반적으로 상속세 및 증여세는 누진세율 구조이기 때문에, 증여자 수를 늘리면 세금 부담을 줄일 수 있습니다. 이 사례에서도 자녀 입장에서는 아버지에게 이미 많은 증여를 받아 추가 증여 시 50%의 세율이 적용된다면 상당한 세 부담이 될 수 있습니다.

그래서 형제가 서로의 조카에게 동일한 금액을 교차하여 증여하는 방식이 유리해 보일 수 있습니다. 겉으로 보면 각 증여는 독립된 거래이고, 누구에게 증여할지는 계약 자유의 원칙에 따라 개인의 선택이기 때문입니다.

2 계약은 자유이지만

사적자치 원칙의 대전제 하에서 개인은 계약의 상대방을 선택하거나 계약체결, 계약내용, 계약방식을 자유롭게 선택할 수 있는 권리가 있습니다. 따라서 형제가 각자 자신의 자녀가 아닌 조카에게 증여하는 방법을 선택했다고 하여 그 효과가 부인되거나 법률적으로 문제가 되는 것은 아닙니다.

③ 거래 실질에 따라 과세합니다.

그러나 이 경우 각 증여자가 동일한 금액을 주고받는 구조가 형성되고, 그 실질은 결국 각자의 자녀에게 재산을 이전한 것과 다르지 않습니다. 과세관청은 이러한 거래를 조세회피 목적의 교차증여로 보고, 거래의 실질에 따라 재구성하여 증여세를 부과할 수 있습니다.

다시 말해, 처음부터 조세 부담을 줄이기 위한 수단으로 선택된 거래라면, 그 형식과 관계없이 재산 이전의 실질을 기준으로 과세가 이루어질 수 있습니다.

이러한 원칙은 실제 사례에서 다음과 같이 나타납니다.

■ 아이에게 헌집을 주었는데 새 집이 된다면

부동산 개발사업을 하는 박강배 씨는 재개발이 임박한 시점에 낡은 주택을 어린 자녀에게 사주려고 합니다.

현재는 약 5억 원 수준의 주택이지만, 재개발 이후에는 주변 아파트 시세를 감안할 때 20억 원을 넘는 자산으로 변할 가능성이 크다고 판단했기 때문입니다.

그렇다면 증여세는 5억 원에 대해서만 부담하면서, 20억 원 상당의 증여 효과를 얻는 것이 가능할까요?

이 경우 세법상 추가 과세의 대상이 될 수 있습니다.

일반적으로 증여를 하고 증여세 신고를 마쳤다면, 이후 재산 가치가 상승하더라도 추가로 증여세를 부담하지는 않습니다. 증여를 한 이상 그 재산은 수증자의 소유이기 때문에 증여 이후 재산가치 상승분은 온전히 수증자의 몫이기 때문입니다.

다만 상속세 및 증여세법에서는 일정 요건을 충족하는 경우, 재산 취득 후 단기간 내 발생한 자산 가치 증가분을 다시 증여로 보아 과세하는 규정을 두고 있습니다.[3]

특히 미성년 자녀가 재산을 취득한 후 개발, 형질변경, 인허가 등 외부 요인으로 자산 가치 증가의 이익을 얻은 경우에는 증여세가 추가 과세될 수 있습니다.

이러한 경우 자산 가치의 증가는 수증자 자신의 노력이나 판단에 따른 결과라기보다는, 부모의 기여에 의해 발생한 이익으로 평가될 수 있기 때문입니다.

---

3) **상속세 및 증여세법 제42조의 3 【재산 취득 후 재산가치 증가에 따른 이익의 증여】**

① 직업, 연령, 소득 및 재산상태로 보아 자력으로 해당 행위를 할 수 없다고 인정되는 자가 다음 각 호의 사유로 재산을 취득하고 그 재산을 취득한 날부터 5년 이내에 개발사업의 시행, 형질변경, 공유물 분할, 사업의 인가·허가 등 대통령령으로 정하는 사유로 인하여 이익을 얻은 경우에는 그 이익에 상당하는 금액을 그 이익을 얻은 자의 증여재산가액으로 한다. 다만, 그 이익에 상당하는 금액이 대통령령으로 정하는 기준금액 미만인 경우는 제외한다.
  1. 특수관계인으로부터 재산을 증여받은 경우
  2. 특수관계인으로부터 기업의 경영 등에 관하여 공표되지 아니한 내부 정보를 제공받아 그 정보와 관련된 재산을 유상으로 취득한 경우
  3. 특수관계인으로부터 차입한 지금 또는 특수관계인의 재산을 담보로 차입한 지금으로 재산을 취득한 경우

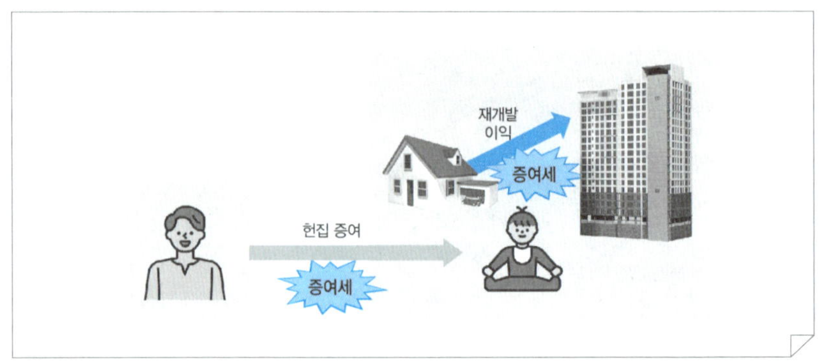

사례의 경우가 대표적인 증여세를 과세할 수 있는 사례입니다. 미성년 자녀에게 재개발사업 직전에 헌집을 증여하고, 증여한 이후 5년 이내에 재개발 사업이 시행된 경우라면 증여 이후라도 자녀가 추가로 얻게 되는 이익에 대해 증여세의 추가 과세가 가능합니다.

다만 이 경우에는 일정한 기준 이상의 이익에 대해서만 증여세가 과세되고 그 미만이라면 과세되지 않습니다.

재산가치 상승금액이 3억 원 이상 또는 일정 산식 금액 합계액의 30% 이상인 경우에 증여세가 과세되고, 그 미만이라면 과세되지 않습니다.[4]

---

4) 상속세 및 증여세법 시행령 제32조의 3【재산 취득 후 재산가치 증가에 따른 이익의 계산방법 등】

구분	내용
	재산가치상승금액 = ①사유발생일 현재 재산가액 − ②재산취득가액 + ③통상적가치상승분 + ④가치상승기여분 ①: 재산가치증가사유일 현재 시가 혹은 보충적 평가액 ②: 실제 취득가액 혹은 증여세 과세가액 ③: 기업가치 실질적 증가로 인한 이익 · 연평균지가상승률 · 연평균주택가격상승률 · 전국소비자 물가 상승률을 감안한 재산의 보유기간 중 정상적인 가치상승분에 상당하다고 인정되는 금액 ④: 개발사업의 시행, 형질변경, 사업의 인허가 등에 따른 자본적지출액 등
이익요건	재산가치상승금액 ≥ 3억 원 또는 재산가치상승금액 / (② + ③ + ④) ≥ 30%
증여재산가액	재산가치상승금액

■ 우리 아이 명의로 주식 투자, 증여 문제는 없을까?

대기업에 다니는 이한일 대리는 최근 회사 동료가 주식 투자로 큰 수익을 올려 강남 아파트를 매입했다는 이야기를 듣고 자극을 받았습니다. 이후 회사 내에서는 주식 투자가 화제가 되었고, 한일 씨 역시 소액으로 투자를 시작했습니다.

투자에 어느 정도 확신이 들 무렵, 한일 씨는 미성년 자녀에게 2천만 원까지는 증여세 없이 증여할 수 있다는 이야기를 듣게 됩니다. 이에 두 살배기 딸 명의로 계좌를 개설하고, 자녀 명의로 주식 투자를 시작했습니다.

나아가 올해 말부터는 1년간 육아휴직을 내고, 육아와 병행하며 본격적으로 주식 투자에 집중할 계획을 세우고 있습니다.

만약 한일씨가 주식투자에 성공해 자녀명의로 투자한 주식의 가치가 다음처럼 20배, 4억 원이 되었다고 가정해 봅시다. 이러한 경우에도 자녀에게 추가 증여세가 나오지 않을까요?

> **1단계** 한일씨가 미성년 자녀에게 2천만 원 계좌송금을 함.
> **2단계** 한일씨가 자녀의 계좌에서 주식투자를 함.
> **3단계** 한일씨가 투자한 주식가치가 20년 뒤 20배 4억 원이 되었음.

1 20년 전의 자녀계좌로 2천만 원 입금, 증여일까?

증여의 목적으로 자녀명의의 예금계좌를 개설하여 현금을 입금했다면 그 입금한 시기를 증여시점으로 합니다. 그러나 입금한 시점에 자녀가 증여받은 사실이 확인되지 않은 경우라면 그 금전을 자녀가 인출하여 실제 사용하는 날에 증여받은 것으로 보게 됩니다.

자녀명의의 예금계좌에 현금을 입금했다고 해서 당연히 증여했다고 볼 수는 없습니다. 부모가 자녀명의를 빌려서 계좌를 차명으로 활용한 것일 수도 있고, 자녀에게 금전을 빌려준 것일 수도 있습니다. 증여했다는 것은 증여계약을 한 당사자만이 알 수 있는 것이니 당사자가 증여한 사실을 입증해야 할 것입니다.

2천만 원 계좌를 만들 때 증여세 신고를 해뒀다면 증여에 대한 사실을 인정받을 수 있으니 그 금액이 미래에 4억 원이 되었든 40억 원이 되었든 과세당국이 증여세를 추가 과세할 수는 없습니다.

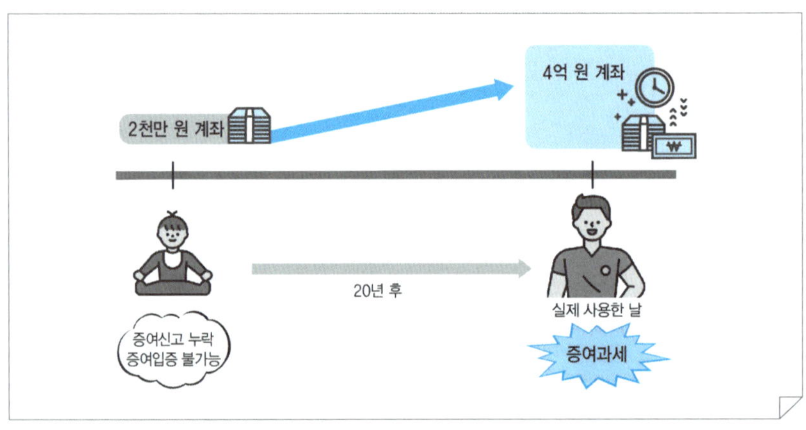

그러나 2천만 원을 주식계좌에 입금하고 증여세 신고 없이 조용히 20년의 시간이 흘러 그 주식가액이 4억 원이 되었고, 자녀가 그 돈으로 아파트라도 구입했다면 자녀의 자금출처 조사 시 불리하게 작용할 수 있습니다. 20년 전 입금했던 것이 증여의 의사였다는 것을 납세자가 입증하지 못한다면 과세당국은 자금 출금 시점의 가액인 4억 원에 대해 증여세를 부과할 수 있습니다.[5]

2 미성년자의 자산운용, 어디까지 인정될까?

미성년 자녀에게 주식을 증여하고 이에 대해 증여세 신고를 마친 경우라면, 이후 주식 가치가 상승하더라도 그 증가분에 대해 추가로 증여세를 부과할 수는 없습니다.

그러나 실제로 부모가 투자 결정을 하고 매매를 반복했다면 상황은 달라질 수 있습니다. 미성년 자녀가 스스로 투자 판단을 했다고 보기 어렵고, 자산 증가가 부모의 적극적인 개입에 의해 이루어졌다고 평가될 여지가 있기 때문입니다.

이러한 경우 자녀의 자산 가치 상승분은 추가 증여로 보아 과세될 가능성이 있습니다.

3 증여세 추가과세 위험을 피하려면

자녀에게 주식을 증여하면서 증여세 추가과세 위험을 줄이기 위해서는 몇 가지를 고려해야 합니다.

첫째, 증여 시점에 증여세 신고를 해두는 것이 중요합니다. 증여재산공제 범위 내라 하더라도 신고를 통해 증여 사실을 명확히 해두면, 이후 분쟁 소지를 줄일 수 있습니다.

---

5) **서면4팀-2051, 2004.12.15.**
증여목적으로 자녀 명의의 예금계좌를 개설하여 현금을 입금한 경우 그 입금한 시기에 증여한 것으로 보는 것이며, 입금한 시점에서 자녀가 증여받은 사실이 확인되지 아니한 때는 당해 금전을 자녀가 인출하여 실제 사용하는 날에 증여받은 것으로 보는 것임. 따라서 자녀명의의 예금계좌를 개설하여 입금한 자체가 증여로 단정되는 것은 아니기 때문에 자녀명의의 예금계좌에 입금한 때 그 금전을 자녀에게 증여했다는 사실을 입증해야 할 경우가 발생할 수 있고, 이 경우 재산을 증여받은 자가 세무서에 제출하는 증여세 신고서 등으로 입금시점에서의 증여사실을 인정받을 수 있는 것임.

둘째, 현금보다는 주식을 직접 증여하는 방식을 택합니다. 미성년 자녀가 현금을 증여받아 본인의 주식계좌에서 주식을 직접 사고팔고 하기는 쉽지 않으니까요. 또한 현금의 증여는 증여세를 물지 않고 취소하기가 어렵습니다.

셋째, 한번 증여했으면 마음을 비우세요. 자녀의 주식계좌에 너무 많은 노력을 기울이거나 과한 참견은 지양하는 게 좋겠습니다.

4 하락장이라면…

지금까지는 투자가 성공적으로 이루어진 경우를 전제로 살펴보았습니다. 그래서 자녀의 미래를 고려해 미리 증여를 해두는 방안을 검토했습니다.

그러나 상황이 반대라면 어떨까요. 자녀 명의로 투자한 주식이 상장 폐지되어 가치가 0원이 된다면, 자녀에게 남는 자산은 없지만 괜히 증여세 신고를 해둔 바람에 10년간 받을 수 있는 증여재산공제 2천만 원까지 날려버린 셈이 됩니다.

대한민국의 모든 아빠들을 응원합니다. 투자에 더 신중하시기 바랍니다.

한마디 요약

증여세는 '누구의 명의인가'보다,
실제로 누가 결정하고 누가 이익을 얻었는지를 기준으로 판단합니다.

I부.
구조를 이해하다

PART 02
상속의 구조 읽기

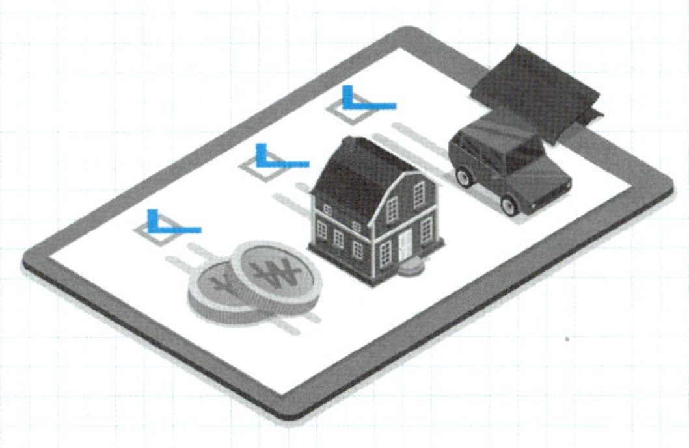

Chapter 03

누가 상속인이 되고,
결국 누가 세금을 부담하는가

상속과 상속인 

상속이란 **피상속인의 사망으로 일정한 상속인이 그 피상속인의 재산 등을 포함하는 권리의무를 포괄적으로 승계하는 것**을 의미합니다. 다만, 우리 민법은 **신분상속을 배제하고 재산상속만을 규정**하므로 피상속인의 일신에 전속된 권리는 상속의 대상이 되지 않습니다.

상속되다(相續되다) [동사]

1. 뒤가 이어지다.
2. 일정한 친족 관계가 있는 사람 사이에서, 한 사람이 사망한 후에 다른 사람에게 재산에 관한 권리와 의무의 일체가 이어져서 넘겨지다.

피상속인의 사망으로 상속재산을 상속받는 자를 "상속인"이라 합니다. 민법에서는 상속인이 될 수 있는 자를 기본적으로 피상속인의 혈족으로 정하고 그 순서를 규정합니다.

　그러나 민법과 달리, **세법에서 말하는 '상속인'은 상속세를 납부할 의무가 있는 자로서의 상속인**을 의미합니다. 이에 따라 상속을 포기한 자[6]이거나 상속의 자격이 박탈된 자[7]는 상속재산을 받을 권리가 없어 민법상 상속인에는 해당하지 않지만, **세법상으로는 상속세를 납부하는 상속인에 포함될 수 있습니다.**

　즉, 세법상 상속인의 범위는 **민법상 상속인의 범위보다 더 넓다고** 볼 수 있습니다.

　이하에서는 이러한 차이를 중심으로 세법상 상속인의 범위에 대하여 살펴보겠습니다.

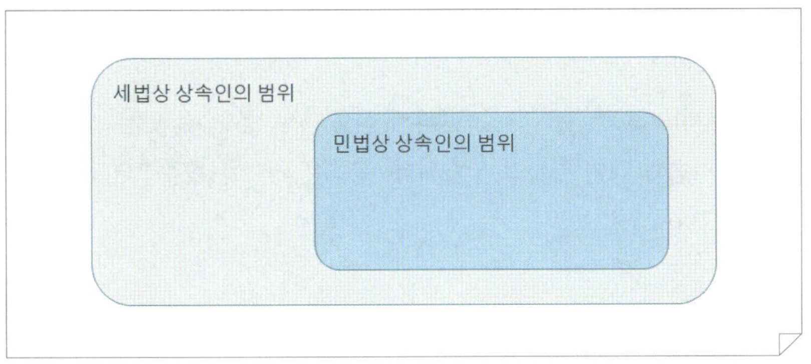

민법은 '누가 상속받는지'를 정하지만,
세법은 '누가 상속세를 내야 하는지'를 기준으로 상속인을 판단합니다.

---

6) 상속포기자
7) 상속결격자

민법상 상속인 규정

1. 상속인은 법률로 정해집니다

상속인이란 **피상속인의 재산상의 지위를 승계하는 자**를 말하며, 민법에서 정한 **법정상속인과 대습상속인, 그리고 피상속인의 배우자**를 포함합니다.

민법에서는 상속개시 시 유언이 없는 경우, 피상속인의 유산이 **직계비속, 직계존속, 형제자매, 4촌 이내의 방계혈족 및 배우자**에게 상속되도록 규정하고 있습니다.

2. 상속에는 순서가 있습니다

민법 제1000조[8] 는 피상속인의 유산을 상속받을 수 있는 상속인의 순위를 다음과 같이 정하고 있습니다. 상속은 가까운 혈족부터 순서대로 이루어집니다.

상속순위

순위	상속인
1순위	직계비속
2순위	직계존속
3순위	형제자매
4순위	4촌 이내 방계혈족

---

8) 민법 제1000조 【상속의 순위】

 혼자서 터득하는 상속세 및 증여세 실전 가이드

같은 순위의 상속인이 여러 명인 경우에는 공동상속인이 되며, 촌수가 다른 경우에는 촌수가 가까운 사람이 우선합니다.

예를 들어 피상속인에게 아들과 손자가 있는 경우 두 사람 모두 직계비속에 해당하지만 아들은 1촌, 손자는 2촌이므로 상속인은 아들만 됩니다.

태아는 상속순위에 관하여 이미 출생한 것으로 보므로 피상속인 사망 당시 배우자가 임신 중이었다면 태아 역시 제1순위 상속인이 됩니다.

3. 배우자의 상속지위

배우자는 상속순위에 포함되는 개념이 아니라, 다른 상속인과 함께 공동상속인이 되는 특별한 지위를 갖습니다.
배우자의 상속관계는 다음과 같습니다.

배우자의 상속관계

상황	상속관계
직계비속이 있는 경우	배우자 + 직계비속 공동상속
직계비속이 없고 직계존속이 있는 경우	배우자 + 직계존속 공동상속
직계비속과 직계존속이 모두 없는 경우	배우자 단독상속

따라서 피상속인에게 배우자가 있는 경우에는 **3순위** 및 **4순위에 해당하는 자는 상속인이 되지 못합니다.**

배우자를 포함한 상속순위 정리

순위	상속인
1순위	직계비속 + 배우자
2순위	직계존속 + 배우자
3순위	형제자매
4순위	4촌 이내 방계혈족

다만, 여기서 배우자는 **법률혼 배우자만을 의미합니다.** 따라서 사실혼 배우자에게는 원칙적으로 상속권이 인정되지 않습니다.

그러나 피상속인에게 다른 상속인이 없는 경우, 사실혼 배우자는 **특별연고자**로서 상속재산에 대한 분여청구권을 행사할 수 있습니다.

4. 상속인이 없는 경우

상속인이 없는 경우, 가정법원은 **특별연고자의 청구에 따라** 상속재산의 전부 또는 일부를 분여할 수 있습니다.

특별연고자란 피상속인과 생계를 같이하던 자(사실혼 배우자), 피상속인을 요양·간호한 자 및 그 밖에 특별한 연고가 있는 자를 말합니다.

특별연고자의 분여청구가 없거나, 분여 후 남은 재산이 있는 경우 그 상속재산은 **국가에 귀속**됩니다.

세법상 상속인은 상속세 납세의무자 

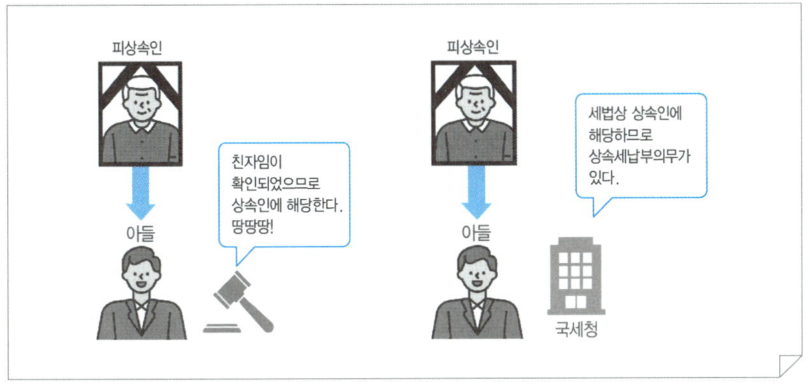

상속을 포기해도 세법상 상속인입니다

세법에서 말하는 상속인은 **상속세를 납부할 의무가 있는 자**를 의미합니다. 따라서 민법상 상속인의 지위 유무와 관계없이, **상속세 납세의무가 인정되는 경우 세법상 상속인에 해당**합니다.

세법은 상속인에 해당하는 자에게 피상속인으로부터 **사망 전·후 재산의 무상이전이 있었는지**, 있었다면 **그 규모가 어느 정도인지**를 평가하여 상속세를 과세하는 데에 법규의 초점을 두고 있습니다.

따라서 세법에서 상속세 납부의무가 있는 상속인에는 민법상 상속인(「민법」 제1000조, 제1001조, 제1003조 및 제1004조에 따른 상속인)뿐만 아니라 상속포기권자 및 특별연고자까지 포함됩니다.

세법상 상속인의 범위		
구분	상속인의 범위	관련 법조문
법정상속인	직계비속, 직계존속, 형제자매, 4촌 이내 방계혈족	민법 §1000
대습상속인	대습상속에 의해 상속인이 된 자	민법 §1001
배우자	피상속인의 배우자	민법 §1003
상속결격자	상속결격에 해당하는 자	민법 §1004
상속포기자·한정승인자	상속을 포기하거나 한정승인한 자	민법 §1019
특별연고자	특별연고자에 해당하는 자	민법 §1057조의2
근거 규정	세법상 상속인의 정의	상증세법 §2

상속을 포기하거나 상속의 자격이 없어 상속을 받지 못하는 자라 할지라도 **사전에 증여받은 재산이 있다거나 상속재산이 추정되는 경우** 상속세 계산구조에 의해 상속세액이 계산되므로 이에 따른 납세의무를 부담하게 됩니다.

이는 이미 사전증여 재산으로 인해 상속세가 발생하는 경우, **상속을 포기했거나 상속인의 지위를 상실했다는 사정만으로 상속세 납세의무까지 면제하는 것은 타당하지 않기 때문입니다.**

유언으로 재산을 받았어도 세법상 상속인입니다

피상속인의 사망을 원인으로 하여 피상속인의 재산을 받는 경우에는 **상속세 납세의무가 발생**합니다. 따라서 상속인은 물론이고 유증이나 사인증여에 의해 재산을 취득한 자[9] 역시 세법상 상속인에 해당합니다.

이들은 모두 피상속인의 사망을 원인으로 재산을 취득하므로 **상속세 납세의무자**가 됩니다.

쉽게 말해, **유언에 의해 재산을 주는 것을 유증**, 사망을 원인으로 재산을 증여하는 것을 **사인증여**라 하며, 이와 같은 방식으로 재산을 받은 자를 **수유자**라고 합니다.

---

9) 수유자
   가. 유증을 받은 자
   나. 사인증여에 의하여 재산을 취득한 자
   다. 유언대용신탁 및 수익자연속신탁에 의하여 신탁의 수익권을 취득한 자

유증과 사인증여는 모두 피상속인의 사망을 원인으로 재산이 무상이전
되므로, 세법에서는 이를 상속으로 보아 상속세를 과세합니다.

특히 상속인이 아닌 자가 유증이나 사인증여로 재산을 취득한 경우에는,
그가 취득한 재산의 비율에 따라 **상속인과 함께 상속세를 부담하며,**
연대납세의무도 부담하게 됩니다.

이는 상속인이 아닌 자가 **피상속인 생전에 사전증여로 재산을 취득한**
경우, 상속세 납세의무가 발생하지 않는 것과 대비됩니다.

상속인의 입장에서도 차이가 발생합니다. 상속인이 아닌 자가 사망
후 유증이나 사인증여로 재산을 받는 경우, 상속인과 함께 상속세를
부담하게 되지만, 피상속인 생전에 사전증여로 재산을 취득한 경우에는
그로 인한 추가 상속세 부담은 **상속인에게 귀속**됩니다.

결국 상속세 납세의무자에 해당하는 자를 정리하면 다음과 같습니다.

상속세 납세의무자 정리

구분	의미	특징
법정상속인	민법에 따라 상속순위에 해당하는 사람	직계비속, 직계존속, 형제자매, 4촌 이내 방계혈족
배우자	피상속인의 배우자	다른 상속인과 공동상속인이 되거나 단독 상속인이 될 수 있음
상속결격자·상속포기자	상속권이 없거나 상속을 포기한 사람	상속개시 전 증여재산 등이 있는 경우 상속세 납세의무 발생 가능
대습상속인	상속인이 될 사람이 먼저 사망한 경우 그 직계비속	원래 상속인의 지위를 대신하여 상속
특별연고자	상속인이 없는 경우 가정법원 결정으로 재산을 받는 사람	피상속인과 특별한 관계가 인정되는 경우
수유자	유증 또는 사인증여로 재산을 취득한 사람	상속인은 아니지만 상속세 납세의무 발생

세법에서 말하는 '상속인'의 범위는 민법상 상속인보다 더 넓을 수 있습니다.

실제로 상속을 받지 않았더라도 피상속인의 사망으로 재산을 취득한 경우에는 상속세 납세의무자가 될 수 있기 때문입니다.

한마디 요약

세법은 '상속받았는지'가 아니라
'사망을 원인으로 무상 이전되었는지'를 기준으로
상속세 납세의무자를 정합니다.

■ 상속을 포기했는데도 상속세를 내야 하나요?

사업가로 성공한 홍씨에게는 아들 종원씨가 있습니다.
종원씨는 사업을 이어받을 생각이 없어, 아버지 사망 후 상속을 포기하기로
합니다.

그런데 문제는 다른 곳에 있었습니다.
종원씨는 아버지가 생전에 상당한 재산을 증여해 준 사실이 있었고,
그 재산은 상속세 계산 시 **사전증여재산으로 합산되는 대상**이었습니다.

종원씨는 상속을 포기했기 때문에 상속세를 낼 필요가 없다고 생각했지만,
세법의 판단은 달랐습니다.

왜 이런 일이 발생할까요?

상속세법에서 말하는 **상속인**은 단순히 상속재산을 실제로 받은 사람만을
의미하지 않습니다.

피상속인의 사망으로 인해 **재산을 무상으로 이전받은 결과가 발생한
사람**도 상속세 납세의무자가 될 수 있습니다.

따라서 상속을 포기하였더라도 다음과 같은 경우에는 상속세 납세의무가
발생할 수 있습니다.

- 피상속인 사망 전 일정 기간 내에 증여받은 재산이 있는 경우
- 피상속인의 재산 처분 대금이 상속인에게 귀속된 것으로 추정되는
  경우

결국 기준은 '상속 여부'가 아닙니다.

세법은 **상속을 받았는지 여부**가 아니라 **피상속인의 사망으로 인해**

재산이 이전된 결과가 있는지를 기준으로 상속세 납세의무자를 판단합니다.

따라서 상속을 포기하더라도, 사망 전에 증여받은 재산이 상속재산에 합산되는 경우라면 상속세 납세의무에서 완전히 벗어날 수는 없습니다.

상속을 포기했더라도, 사망 전 증여받은 재산이 있다면
상속세 납세의무까지 사라지는 것은 아닙니다.

■ 상속결격자-상속은 못 받아도, 상속세는 냅니다

금수저씨는 부유한 집안에서 태어나 생전에 부모와 조부로부터 부동산, 유가증권, 예금 등 상당한 재산을 증여받은 이른바 '금수저'였습니다. 이미 많은 재산을 보유하고 있었던 금수저씨와 배우자 꽃님씨는 비교적 여유로운 생활을 이어오고 있었습니다.

그러던 중 금수저씨가 오토바이 사고로 갑작스럽게 사망하게 됩니다. 남편의 사망으로 꽃님씨는 큰 충격을 받게 되었고, 당시 임신 중이던 상황에서 이후 상속과 관련하여 심각한 갈등이 발생합니다.

금수저씨의 부모는 해당 사정을 이유로 꽃님씨에게 **상속권이 인정되지 않는다**는 입장을 밝히며, 그동안 금수저씨로부터 증여받은 재산에 대해 **증여세 및 상속세 납세의무가 발생할 수 있다**고 통보합니다.

이 사례에서 문제되는 쟁점은, **상속인의 지위를 상실한 경우에도 상속세를 부담해야 하는지** 여부입니다.

상속결격이란 무엇인가

민법은 공동상속인을 해하거나 상속 절차를 방해하는 등, **상속인으로서의 자격을 인정하기 어려운 중대한 사유가 있는 경우 상속권을 박탈**하도록 규정하고 있습니다.

이처럼 일정한 사유로 상속인의 자격을 상실하는 것을 '상속결격'이라 하며, 이에 해당하는 자를 '상속결격자'라고 합니다.

민법 제1004조는 다음과 같은 경우를 상속결격사유로 규정하고 있습니다.

1. 고의로 직계존속, 피상속인, 그 배우자 또는 상속의 선순위나 동순위에 있는 자를 살해하거나 살해하려 한 자
2. 고의로 직계존속, 피상속인과 그 배우자에게 상해를 가하여 사망에 이르게 한 자
3. 사기 또는 강박으로 피상속인의 유언 또는 유언의 철회를 방해한 자
4. 사기 또는 강박으로 유언을 하게 한 자
5. 유언서를 위조·변조·파기 또는 은닉한 자

상속결격자는 **민법상 상속인이 될 수 없으며**, 그 결과 상속재산을 취득할 권리를 상실하게 됩니다.

사례에서 금수저씨의 사망 당시 꽃님씨가 임신한 태아는 꽃님씨와 더불어 공동상속인의 지위입니다. 상속의 1순위는 피상속인의 직계비속, 2순위는 피상속인의 직계존속이며, 피상속인의 배우자는 1순위와 2순위의 자가 상속인이 되는 경우 공동으로 상속인이 됩니다.

태아는 아직 태어나지 않아 완전한 자연인이라고 볼 수는 없지만 상속 순위에 있어서는 이미 출생한 것으로 보고 상속순위를 따지므로, 태아를

임신하고 있었다면 배우자와 태아는 공동상속인에 해당합니다.

그러나 상속 1순위자인 직계비속(자녀)이 존재하지 않는다면 상속 2순위자인 직계존속인 부모가 배우자와 함께 공동상속권을 갖게 됩니다.

이제 태아가 존재하지 않으니 후순위상속인인 금수저씨의 직계존속(시부모님)이 상속인이 되어, 꽃님씨와 시부모님은 공동상속권자가 됩니다. 이 사례에서는 민법 제1004조에 따른 상속결격 사유에 해당하는 사정이 존재하여, 꽃님씨는 상속권을 상실하게 됩니다.

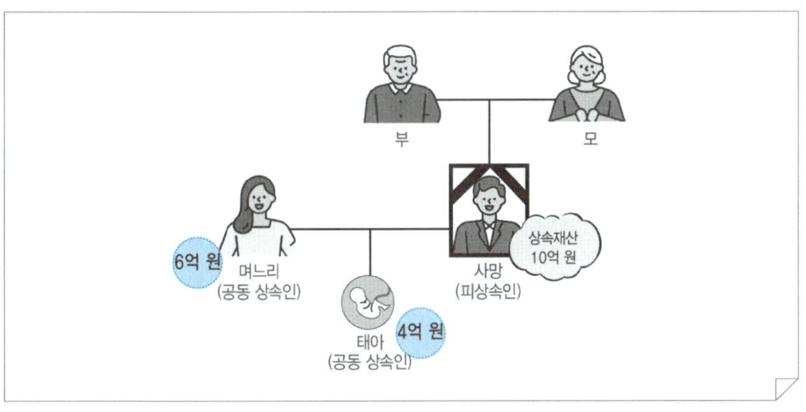

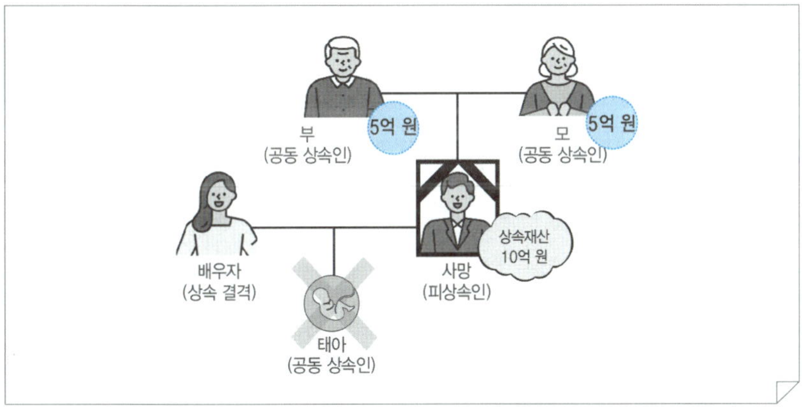

상속결격자도 상속세를 납부해야 하나요?

상속세법에서 말하는 상속인이란 **상속개시 당시 상속인의 지위에 있었던 자**를 의미합니다.

따라서 상속개시 이후 상속결격 사유가 확정되거나 상속인의 지위를 상실하였더라도, **상속개시일 전 일정 기간 내에 피상속인으로부터 증여받은 재산이 있거나 추정상속재산이 존재하는 경우에는 상속세 납세의무가 인정될 수 있습니다.**

즉, 상속결격자라 하더라도

- 상속개시일 전 10년 이내에 증여받은 재산이 상속재산에 가산되거나
- 사망 직전 1년 또는 2년 이내의 추정상속재산이 있는 경우

그에 대한 **상속세 납세의무에서 완전히 벗어날 수는 없습니다.**

이 사례에서도 꽃님씨가 금수저씨의 사망 전 배우자로부터 증여받은 재산이 있거나, 증여로 추정되는 재산이 있다면 해당 부분에 대하여 **증여세 및 상속세를 납부할 의무는 여전히 존재**합니다.

상속결격자는 상속재산을 받을 수는 없지만, 사망 전 증여받은 재산이 있다면 상속세 납세의무까지 면제되지는 않습니다.

■ 법인을 활용한 상속세 절세가 가능할까요?

'잔머리 대마왕' 김희정씨는 유튜브 채널을 구독하던 중, 각종 세금을 절세하는 데 법인을 활용할 수 있다는 이야기에 큰 관심을 갖게 되었습니다. 특히 해당 유튜버는 「상속세 및 증여세법 제3조」를 근거로, **법인은 상속세 납세의무자가 아니므로 상속세 절세에 활용할 수 있다**고 설명했습니다.

희정씨는 자신이 100% 지분을 투자하여 법인을 설립한다면, 그 법인은 결국 자신의 것과 다름없으므로 이를 상속세 절세에 활용할 수 있지 않을까 기대합니다.
과연 법인이 상속을 받을 수 있는지, 실제로 세금 부담 없이 상속이 가능한지 살펴볼 필요가 있습니다.

1 영리법인은 상속인이 될 수 없습니다

법인은 민법상 상속인이 될 수 없습니다.

다만, **특별연고자에 대한 상속재산 분여** 또는 **유증**에 의하여 피상속인의 재산을 취득할 수는 있습니다. 이때 특별연고자 또는 수유자가 **영리법인인 경우**, 해당 법인은 **상속세 납세의무자에서 제외**됩니다.[10]

즉, 형식적으로 보면 **영리법인이 상속재산을 취득하더라도 상속세는 부과되지 않는 구조**입니다.

---

10) **상속세 및 증여세법 제3조의 2 【상속세 납부의무】**

상속인(특별연고자 중 영리법인은 제외한다) 또는 수유자(영리법인은 제외한다)는 상속재산(제13조에 따라 상속재산에 가산하는 증여재산 중 상속인이나 수유자가 받은 증여재산을 포함한다) 중 각자가 받았거나 받을 재산을 기준으로 대통령령으로 정하는 비율에 따라 계산한 금액을 상속세로 납부할 의무가 있다.

2 다만, 법인세는 과세됩니다

영리법인에게 상속세 납세의무가 없다고 하더라도, 상속재산은 **법인이 무상으로 취득한 자산**에 해당합니다. 따라서 해당 재산은 **자산수증이익**으로 보아 법인세가 과세됩니다. 법인이 유증에 의해 취득한 자산수증이익은, **유언자가 사망한 날이 속하는 사업연도의 소득금액 계산 시 익금에 산입**됩니다.

법인세율(10%~24%)은 상속세율(10%~50%)보다 낮기 때문에, 겉보기에는 상속세 대신 법인세가 과세되어 **세 부담이 줄어드는 것처럼 보일 수 있습니다.**

3 결국 상속인에게 다시 과세됩니다

2014년 1월 1일 이후 개시된 상속부터는, 특별연고자 또는 수유자로서 영리법인이 상속재산을 취득한 경우 해당 법인에 대해 직접 상속세를 과세하지 않더라도, 그 법인의 주주나 출자자가 상속인 또는 그 직계비속에 해당하면 면제된 상속세 상당액을 해당 상속인 및 직계비속이 납부하도록 규정하고 있습니다.

구분	내용
2013.12.31. 이전	유증 등을 통해 상속재산을 취득한 영리법인에 대해 상속세 면제
2014.1.1. 이후 (현행)	영리법인에 대해서는 상속세를 직접 과세하지 않되, 상속인 또는 그 직계비속이 해당 법인의 주주·출자자인 경우, **면제된 상속세 상당액을 그 상속인 및 직계비속이 납부**

법인은 상속세 안 낸다 → 절반만 맞는 말
법인 단계에서 면제 → 주주 단계에서 다시 과세

Chapter 04

상속재산 나누기 – 법정상속분·협의분할·유언의 우선순위

상속인이 여럿인 경우, 피상속인이 남긴 상속재산을 **어떤 기준과 비율로 나눌 것인지**를 정해야 합니다. 상속재산에 대해 상속인들이 갖는 권리와 의무의 비율을 **상속분**이라 합니다.

상속분은

- 법률이 정한 기준에 따라 정해질 수도 있고(법정상속분)
- 피상속인의 유언에 따라 정해질 수도 있으며(지정상속분)
- 상속인들 사이의 협의로 달리 정할 수도 있습니다(협의분할).

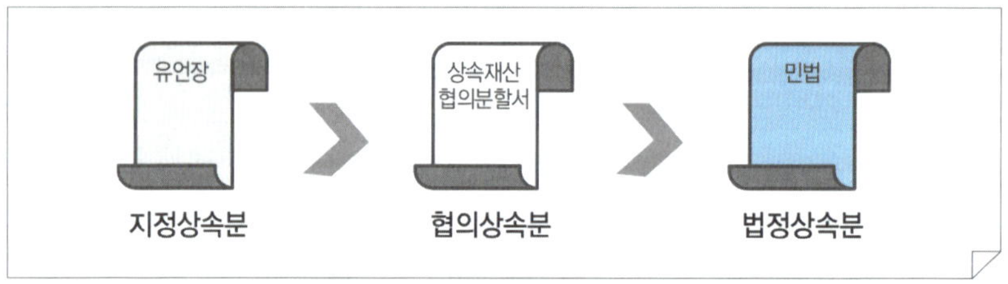

상속재산의 분배는 **법정상속분, 협의분할, 유언**이라는 세 가지 방식으로 결정되며, 이 세 가지 방식 사이에는 우선순위가 있습니다.

일반적으로 **유언에 의한 지정상속분** → **협의분할** → **법정상속분**의 순서로 적용됩니다.

법정상속분 

공동상속인들은 상속재산을 법률에 따라 균등하게 분할하여 받게 됩니다. 자녀가 공동상속인이라면 아들 딸 구별 없이 법정상속분은 동일하며, 다만 상속인에 피상속인의 배우자가 있는 경우에는 항상 **다른 상속인보다 50% 가산**된 상속분이 적용됩니다.[11]

예를 들어, 피상속인에게 자녀 2명과 배우자가 있어 이들이 공동상속인인 경우
　자녀1 : 자녀2 : 배우자 = 1 : 1 : 1.5의 비율이 되어,
　자녀는 각각 2/7, 배우자는 3/7을 상속받게 됩니다.

다음은 상속인의 구성에 따른 법정상속분의 예시입니다.

협의에 의한 상속분할 

공동상속인은 언제든지 **협의에 의해 상속재산을 분할**할 수 있으며 협의된 경우 협의분할된 상속분은 법정상속분보다 우선합니다.

---

11) **민법 제1009조 【법정상속분】**

상속인 구성에 따른 법정상속분

상속인 구성	상속분
배우자 + 자녀 1명	배우자 3/5, 자녀 2/5
배우자 + 자녀 2명	배우자 3/7, 자녀 각 2/7
배우자 + 자녀 3명	배우자 3/9, 자녀 각 2/9
배우자 + 부모	배우자 3/5, 부모 2/5
자녀 2명	각 1/2

상속재산 분할에 대한 협의는 공동상속인 전원이 참여해야 하며, 전원의 동의가 있어야 합니다. 공동상속인 중 미성년자가 있는 경우에는 주의가 필요합니다.

미성년자와 그 친권자는 상속재산 분할협의에 있어 이해관계가 상반될 수 있으므로, 미성년자를 보호하기 위해 **특별대리인을 선임**해야 합니다.

그렇다면 공동상속인들의 분할 협의에 따라 특정상속인에게 상속지분을 몰아서 배분하는 게 가능할까요?

협의분할은 공동상속인 전원의 합의로 이루어지는 것이므로, 그 결과 각 상속인이 어떠한 비율로 상속받더라도 원칙적으로 유효합니다. 상속인 간 상속 비율에 있어 현저한 차이가 나 상속재산이 특정상속인에게 집중되더라도, 그 자체만으로 상속에 하자가 있다고 보지 않으며, **상속인 간 증여가 있었던 것으로 보지도 않습니다**. 각자의 상속분에 대해서는 **상속개시일에 피상속인으로 부터 승계한 것으로** 봅니다.

협의분할은 자유지만 모든 분쟁의 출발점이 되기도 합니다. 그 내용과 절차 모두에 신중을 기할 필요가 있습니다.

지정상속분

피상속인은 **유언을 통해 상속재산의 분배방법이나 상속분을 미리** 정해둘 수 있습니다.

피상속인은 유언에 의한 **포괄적인 유증**[12]을 통해 상속재산의 전부 또는 일정 비율을 유증함으로써 상속분을 미리 정해둘 수 있습니다. 포괄적 유증을 받은 자는 상속인과 동일한 권리와 의무가 있으며 포괄유증은 상속인이 아닌 자에 대해서 뿐만 아니라, **상속인 일부 또는 전부에 대해서도 가능**합니다.

다만 유언으로써 **상속채무의 부담비율을 정하는 것은 무효**이며, 다른 상속인의 유류분을 침해하는 유언은 그 침해된 범위 내에서 **유류분 반환청구의 대상**이 될 수 있습니다.

피상속인의 유언에 의한 지정상속분은 상속인들의 협의분할보다 우선합니다. 따라서 공동상속인들은 협의분할하기 전에, 유효한 유언장이 존재하는지 여부를 먼저 확인해야 할 것입니다.

---

12) • **포괄유증**: 상속재산의 전부 또는 일정비율액(예를 들어 "상속재산의 50%")의 유증으로 포괄유증에 의한 포괄적수증자는 상속인과 동일한 권리의무가 있습니다. 유언의 효력발생과 동시에 상속재산 중 유증비율에 대해 법률상 당연히 승계합니다.
 • **특정유증**: 구체적인 재산을 목적으로 하는 유증입니다. 특정유증의 경우 특정유증물은 상속재산으로서 일단 상속인에게 귀속되며, 수증자는 상속인에 대하여 유증의 이행을 청구할 수 있는 권리를 취득합니다.

■ 어머니의 재산, 새아버지의 자녀에게 갈 수 있을까

인영 씨의 어머니는 재가하여 새아버지와 함께 생활하고 있습니다. 새아버지는 건강이 좋지 않아 몇 해 전부터 별다른 수입이 없는 상황입니다. 생활비와 병원비 부담이 커지자, 인영 씨는 자식 된 도리로 금전적인 도움을 드리고자 합니다.

다만 어머니의 연세를 고려할 때, 이러한 지원이 향후 상속 문제로 이어지지 않을지 우려됩니다. 예를 들어 어머니 명의로 전세금을 보태줄 경우, 그 재산이 결국 새아버지 측 자녀에게까지 상속되는 것은 아닐까요?

재혼가정에서 상속은 **자신의 혈연관계에 있는 자녀에게만 발생**하며, 재혼한 상대 배우자의 자녀에게는 상속이 발생하지 않습니다. 직계비속에 해당한다면 적자, 서자를 따지지 않고 친자 · 양자 · 혼외자를 불문하고 모두 동순위로 상속인이 되지만, 자녀가 혈육이 아닌 인척관계[13]에 해당하는 경우에는 상속인이 되지 않습니다.

---

13) 혼인 관계로 맺어진 친척

예를 들어, 재혼한 배우자가 전 배우자와의 사이에서 낳은 자녀, 즉 **가봉자**의 경우에는 인척에 해당하므로, 별도로 입양하지 않는 한 나의 재산이 그 자녀에게 직접 상속되지는 않습니다.

이 사례에서 인영씨 어머니의 재산은 **새아버지 쪽 자녀들에게 직접 상속되지는 않습니다.**

다만 새아버지보다 어머니가 먼저 사망하는 경우에는, 어머니의 재산 중 일부가 **배우자인 새아버지에게 상속**되고, 그 새아버지의 상속분에 해당하는 재산이 이후 새아버지의 친자녀들에게 **다시 상속될 가능성**은 있습니다.

재혼가정에서는 **직접 상속은 혈연에게만 발생**하지만,
배우자를 거쳐 우회적으로 상속되는 구조는 충분히 생길 수 있습니다.

■ 갑자기 발견된 유언장

자녀들은 아버지의 상속재산에 대해 어렵게 협의분할을 마치고, 상속세 신고까지 모두 완료하였습니다. 그런데 이후 아버지의 유품을 정리하던 중, 유언장이 새로 발견되었습니다.
문제는 그 유언장의 내용이 이미 마무리된 협의분할 내용과 전혀 다른 방향이라는 점입니다.

유언장은 협의분할보다 우선한다는데, 이미 모든 절차가 끝난 상황에서 유언장을 그냥 없애버리면 되는 것일까요?

공동상속인들 간의 협의상속분할 상속분은 법정상속분보다 우선하고, 유언에 의한 지정상속분은 상속인들 간의 협의상속분에 우선합니다. 따라서 피상속인의 유언장이 유효하다면 공동상속인들 간의 협의상속재산분할은 **원칙적으로 무효**가 됩니다.

이미 상속인들이 상속재산분할에 대한 협의를 마친 상태라면, 굳이 유언장의 내용대로 재산분배를 다시 조정하고 싶지 않을 수도 있을 것입니다.

그러나 유언장을 그냥 없애버리는 선택은 매우 위험합니다.

유언장을 파기하거나 은닉하는 행위는 **민법상 상속결격사유**에 해당하기 때문입니다.

유언장을 파기하거나 은닉한 상속인은 상속결격자가 되어 상속인이 될 수 없습니다.

상속재산 분배의 우선순위

상속재산을 어떻게 나눌 것인지는 다음 세 가지 기준에 따라 결정됩니다.

① **유언에 의한 지정상속분**

피상속인이 유언으로 상속재산의 분배방법이나 상속분을 정해 둔 경우, 그 내용이 가장 우선적으로 적용됩니다.

다만 다른 상속인의 유류분을 침해하는 범위에서는 유류분 반환청구의 대상이 될 수 있습니다. (바로 다음 13챕터에서 설명합니다)

② **공동상속인의 협의분할**

유언이 없는 경우에는 공동상속인 전원의 합의로 상속재산을 분할할 수 있습니다.

협의분할은 법정상속분과 다른 비율로 정하더라도 원칙적으로 유효합니다.

③ **법정상속분**

유언도 없고 협의도 이루어지지 않는 경우에는 민법에서 정한 법정상속분에 따라 재산이 분배됩니다.

따라서 상속재산 분배의 적용 순서는 다음과 같습니다.

유언에 의한 지정상속분→ 협의분할→ 법정상속분

유류분제도 – 이미 나눈 재산이 다시 흔들리는 순간

내 재산은 내 마음대로 줄 수 있을 것 같지만, 실제로는 그렇지 않은 경우도 있습니다.

대한민국 국민이라면 누구나 자신의 재산을 자유롭게 처분할 수 있어야 하고, 생전은 물론 사망 후에도 유언을 통해 재산의 귀속을 정할 수 있어야 합니다. 평생 힘들게 모은 재산을 누구에게, 얼마나 줄지 결정하는 일은 개인의 의사와 자유에 속하는 영역이기 때문입니다.

그러나 이 자유에는 **예외**가 있습니다.
바로 **유류분 제도**입니다.

유언이 있더라도, 생전에 재산을 모두 증여했더라도 상속인은 '최소한의 몫'을 되찾을 수 있습니다. 유류분 분쟁이 발생하면 이미 나누어진 재산이 다시 움직이기 시작합니다.

유언보다 먼저 보호되는 권리, 유류분 

사람은 자신의 재산을 누구에게 줄지, 얼마나 줄지 미리 정할 수 있습니다. 상대는 자녀일 수도 있고 친구나 제3자일 수도 있습니다.

예비 피상속인은 사망에 대비해 유언장을 작성할 수 있습니다. 특정 재산을 누구에게 준다거나[14] 재산의 일정 비율을 누구에게 준다는 방식[15]도 가능합니다. 사망 전에 미리 증여하되 사망 시 효력이 발생하도록 하는 사인증여 역시 자신의 재산을 원하는 사람에게 이전하기 위한 방법입니다.[16] 유증과 사인증여 모두 자신의 재산을 원하는 이에게 주기 위해서 상속 전 피상속인이 해놓을 수 있는 장치인 것이지요.

하지만 피상속인의 이러한 처분이 가족의 생계를 지나치게 위협할 수 있다는 점을 고려하여 법은 상속인에게 **법정상속분 중 일정 부분을 보장하는 권리**를 인정합니다. 이를 **유류분**이라고 합니다.

즉 유류분은 피상속인의 의사보다도 우선하여 상속인의 최소한의 권리를 보호하기 위한 제도입니다.

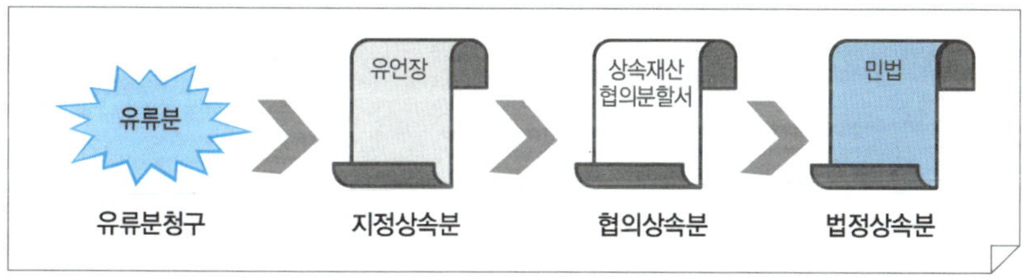

---

14) 특정유증
15) 포괄유증
16) 사인증여

그래서, 나는 얼마를 되찾을 수 있을까 

유류분을 가질 수 있는 사람과 그 비율은 법으로 정해져 있습니다.
- **직계비속·배우자**: 법정상속분의 1/2
- **직계존속·형제자매**: 법정상속분의 1/3

유류분권리자는 자신의 유류분에 부족한 범위 내에서 상대방이 받은 유증이나 증여 재산의 반환을 청구할 수 있습니다.

사전 증여도 유류분 계산에 포함된다

생전에 재산을 모두 넘겼다고 해서 유류분 분쟁에서 안전해지는 것은 아닙니다.

피상속인이 사망하기 전에 재산을 모두 증여해 상속 개시 시점에 남은 재산이 없다면, 남은 상속인 입장에서는 극히 억울한 상황이 됩니다.

그래서 유류분은 **상속개시 당시의 재산가액**뿐만 아니라, 일정 범위의 **사전 증여재산**까지 합산하여 계산합니다.[17]
- 사망 전 **1년 이내**에 증여한 재산은 전부 유류분 대상이 됩니다.
- 1년 이전의 증여라도, 증여자와 수증자가 유류분권리자에게 손해를 가할 것을 알았다면 그 역시 유류분 반환 청구의 대상이 됩니다.

"미리 다 줬으니 끝났다"는 생각은 유류분 앞에서는 통하지 않습니다.

---

17) **민법 제1114조 【산입될 증여】**

■ 팥쥐에게 넘어간 재산, 콩쥐는 되찾을 수 있을까

편애자씨에게는 두 딸, 콩쥐와 팥쥐가 있습니다.
편애자씨는 생전부터 콩쥐 몰래 팥쥐에게만 재산을 증여했고,
결국 모든 재산을 팥쥐에게 준다는 유언장을 남긴 채 사망합니다.

상속이 개시되자 콩쥐는 단 한 줄의 언급도 없는 유언장을 받아들고 큰 충격을 받습니다.
콩쥐는 아무것도 받을 수 없는 처지일까요?

반드시 그렇지는 않습니다.

유언이 존재하더라도 상속인의 권리가 완전히 사라지는 것은 아닙니다. 상속인에게는 법이 보장하는 **최소한의 상속분**, 즉 **유류분**이 있기 때문입니다.

콩쥐는 자신의 유류분에 부족한 범위 내에서 팥쥐에게 **유류분 반환청구**를 할 수 있습니다. 즉, 팥쥐가 받은 재산 중 일부를 돌려달라고 요구할 수 있는 것입니다.

또한 상속인의 유류분은 상속재산에만 한정되지 않습니다.

피상속인이 사망하기 전 **1년 이내에 증여한 재산**은 모두 유류분 산정에 포함되며, 그 이전의 증여라도 증여 당사자 쌍방이 유류분권리자에게 손해를 가할 것을 알고 있었다면 그 역시 유류분 청구의 대상이 됩니다.

따라서 편애자씨가 콩쥐 몰래 팥쥐에게 지속적으로 재산을 증여해 왔다면, 편애자씨와 팥쥐 모두 콩쥐에게 손해가 발생할 수 있음을 객관적으로 인식하고 있었던 것으로 볼 수 있습니다.

이 경우 콩쥐는 **사전에 증여된 재산에 대해서도** 자신의 유류분을 주장할 수 있습니다.

■ 못된 아들 심술이도 유산을 받을 수 있을까

심봉사에게는 효녀 딸 심청이 외에도, 오래전 가출하여 소식이 끊긴 아들 심술이가 있었습니다. 심술이는 동네 사람들을 속여 모은 돈으로 도망치듯 떠나 호의호식하며 살았고, 심봉사와 심청이가 힘겹게 살아가는 동안에도 아무런 관심을 보이지 않았습니다.

집안 형편이 극도로 어려워지자 심청이는 인당수에 제물로 바쳐지기로 결심합니다. 그러나 바로 전날 밤, 심봉사는 기적처럼 로또에 당첨되어 막대한 재산을 얻게 됩니다. 그 덕분에 심청이는 인당수에 몸을 던지지 않아도 되었고, 심봉사와 심청이는 이후 평온한 삶을 이어갑니다.

그로부터 30년이 흐른 뒤 심봉사가 사망하며 상속이 개시됩니다. 유언장을 확인한 심술이는 크게 분노합니다. 심봉사의 재산 전부를 심청이에게 남긴다는 내용이 적혀 있었기 때문입니다.

이 경우, 못된 심술이는 아버지의 재산을 상속받을 수 있을까요?

심봉사의 유언장에도 불구하고, 심술이는 민법상 유류분반환 청구 제도를 이용하여 유류분을 청구할 수 있습니다.

자녀의 유류분은 본래의 상속분의 1/2로서 심술이는 상속재산, 정확하게는 유류분산정의 기초재산에서 1/4을 청구할 수 있습니다. 썩 마음에 드는 상황은 아니지만, 만약 심봉사의 유언이 없었다면, 심술이는 법정상속분에 따라 **상속재산의 1/2을 상속받았을 수도 있습니다.**

다행히 최근 유류분제도는 헌법재판소의 위헌판결 이후 민법 개정이 준비 중에 있습니다. 이 개정안에는 패륜상속인의 유류분 청구를 막는 내용이 포함되어 있으며, 이른바 '구하라법'의 취지도 반영된 것으로 보입니다. 만약 심봉사의 유언이 평생 자신을 돌보며 고생해온 심청이를 위해 재산을 유증하는 내용으로 작성되었다면, 심술이의 유류분 청구 역시 일정한 제한을 받을 가능성이 있습니다.

▶ 유류분, 되찾고 나서 끝일까?

유류분을 반환받는다고 해서 모든 문제가 해결되는 것은 아닙니다. 먼저, 유류분 반환으로 증여받았던 재산을 다시 돌려주게 되면 그 재산에 대해서는 **처음부터 증여가 없었던 것으로 보아** 이미 납부한 증여세는 취소되어 환급됩니다. 다만, 유류분을 반환받은 유류분권자는 그 재산을 **상속개시일 당시 상속받은 것으로 보아** 다시 상속세 납세의무를 부담하게 됩니다.

▶ 유류분 분쟁이 있으면 상속세 부담은 더 커질 수 있다

유류분 반환액은 상속개시 당시 피상속인의 상속재산과 문제가 된 증여재산을 합산한 가액을 기준으로, 여기에 유류분권자의 유류분 비율을 곱해 산정합니다.

이 때문에 공동상속인 간에 유류분 분쟁이 발생한 경우, 유류분을 청구하는 상속인 입장에서는 상속재산이 **상속개시 시점에 높게 평가되기를** 바라게 됩니다. 그러나 이는 결국 **상속세 부담을 키우는 결과로** 이어질 수 있습니다.

공동상속인은 상속세에 대해 연대납세의무를 지므로, 상속세가 불필요하게 과다 계산되지 않도록 상속세 신고 전 상속인 간의 협의가 필요합니다.

▶ 유류분 반환에는 순서가 있다

유류분의 대상이 되는 재산에는 피상속인이 사전에 증여한 재산과 유언으로 유증한 재산이 포함됩니다.

다만 유류분 반환청구는[18]
① **유증을 받은 자**를 상대로 먼저 청구해야 하고,
② 그래도 부족한 경우에만 **증여를 받은 자**에게 그 부족분을 청구할 수 있습니다.

따라서 유증된 재산만으로 유류분이 충분히 충당된다면, 사전에 증여된 재산까지 반환을 요구할 수는 없습니다.

사례의 '콩쥐와 팥쥐편'에서 편애자씨가 팥쥐에게 꼭 물려주고 싶은 좋은 재산이 있었다면 유언이 아닌 생전증여로 이전했으면 더 안전했을 것입니다.

콩쥐는 자신의 유류분을 청구할 때 유증한 재산을 반환받고 나서도 모자란 부분에 대해서만 팥쥐가 증여받은 것을 반환 청구할 수 있습니다. 만약 유증한 재산으로도 충분히 콩쥐의 유류분액에 충당된다면 팥쥐가 증여받은 것을 돌려달라고 할 수는 없습니다.

▶ **양도소득세 문제도 함께 고려해야 한다**

유류분권리자가 유류분을 포기하는 대가로 다른 재산을 취득하는 경우에는 유류분권리자는 유류분에 상당하는 상속재산을 다른 재산과 **교환한 것으로 보아 양도소득세가 과세될 수 있습니다.**

또한 유류분을 다른 재산으로 반환한 수증자도 당초 피상속인에게 받은 증여재산이 아닌 다른 재산으로 반환하였다면 그 재산에 대해 양도소득세 납세의무를 부담할 수 있습니다.

▶ **유류분 반환청구권에는 시간제한이 있다**

유류분 반환청구권은 영원히 행사할 수 있는 권리가 아닙니다.
- 반환 대상이 되는 유증 또는 증여 사실을 **안 날로부터 1년**
- 상속개시일로부터 **10년**

이 기간이 지나면 유류분 반환청구권은 시효로 소멸합니다.[19]

사례에서 콩쥐와 심술이는 피상속인이 유증을 한 사실을 안 그 시점으로부터 반드시 1년이 지나기 전에 반환을 청구해야 할 것입니다. 그렇지 않으면 소중한 유류분 반환청구권이 시효로 소멸하게 될 것입니다.

---

18) 민법 제1115조 【유류분의 보전】, 민법 제1116조 【반환의 순서】
19) 민법 제1117조 【소멸시효】

 혼자서 터득하는 상속세 및 증여세 실전 가이드

Chapter 06

상속을 포기하면 정말 끝일까

상속이 개시되면 피상속인의 재산에 관한 권리·의무관계가 상속인에게 **포괄적으로 승계됩니다**. 상속인이 이를 알지 못하고 있었더라도 법률상 상속은 이미 이루어진 것으로 봅니다.

피상속인에게 채무가 있었다면, 그 채무 역시 상속과 동시에 상속인에게 이전됩니다. 따라서 상속재산보다 채무가 더 많다면 상속을 받지 않는 편이 더 유리할 수도 있습니다.

우리 민법은 이러한 상황을 고려하여, 상속인이 상속을 거부하거나 책임 범위를 제한할 수 있도록 **상속포기와 한정승인 제도**를 두고 있습니다.

상속포기

반드시 법원에 신고해야 합니다(3개월)

상속을 포기하려는 자는 **상속개시 있음을 안 날로부터 3개월 이내**에

가정 법원에 포기의 신고를 해야 합니다.[20]

여기에서 "안 날"이라 함은 **피상속인의 빚이 있다는 것을 안 날이 아니라** 피상속인의 **사망사실과 자신이 상속인이 된 사실을 인식한 날**을 의미하므로 주의해야 합니다.

이 기간 내에 상속포기를 하지 않으면 상속을 단순 승인한 것으로 보며, 한 번 상속포기를 한 이후에는 이를 철회할 수 없습니다.

상속포기를 하면 어떤 일이 벌어질까

상속포기는 피상속인으로부터 상속받을 수 있는 **재산상의 모든 권리와 의무를 포기하는 것**으로 상속인 지위 자체를 포기하는 것을 의미합니다.

1 동순위 상속인이 포기하면

상속인이 상속을 포기하면, 그 상속인은 **상속개시일부터 소급하여 상속인이 아니었던 것**으로 보며, 그 상속분은 **남은 동순위 공동상속인에게 각자의 상속분 비율에 따라 귀속**됩니다.

예를 들어, 아버지가 사망하고 상속인으로 아들과 두 딸이 있는 경우, 아들이 상속을 포기하면 아들이 포기한 상속분은 **공동상속인의 지위에 있는 두 딸에게 승계**됩니다.

---

20) 상속재산포기 심판청구서를 제출합니다.

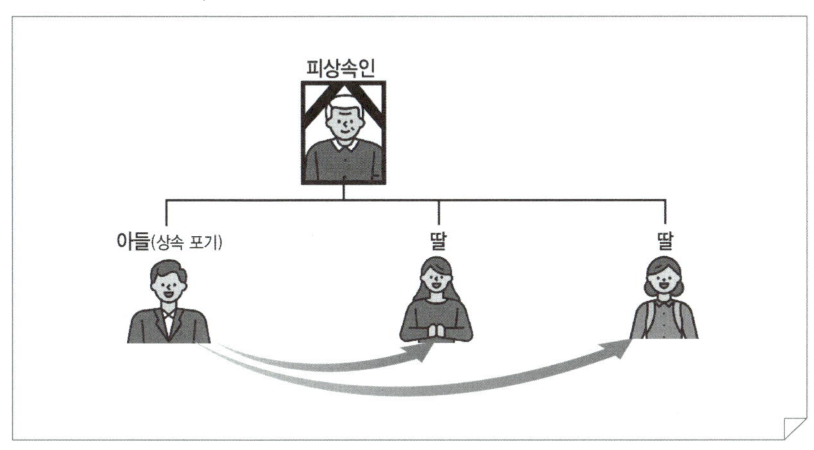

2 선순위 상속인이 모두 포기하면

상속인이 상속을 포기하면 그 상속분은 다른 상속인에게 넘어갑니다. 만약 동순위 상속인이 모두 상속을 포기하면 후순위 상속인이 새롭게 상속인이 되며, 상속재산과 채무도 함께 승계됩니다.

예를 들어, 아버지가 사망하고 상속인으로 아들, 딸이 있는 경우를 생각해 봅시다. 아들이 상속을 포기하면 그 상속분은 딸에게 귀속됩니다. 아들과 딸이 모두 상속을 포기하더라도, 피상속인의 손자나 형제 등 **후순위 상속권자가 있다면 그들에게 상속권이** 승계됩니다.

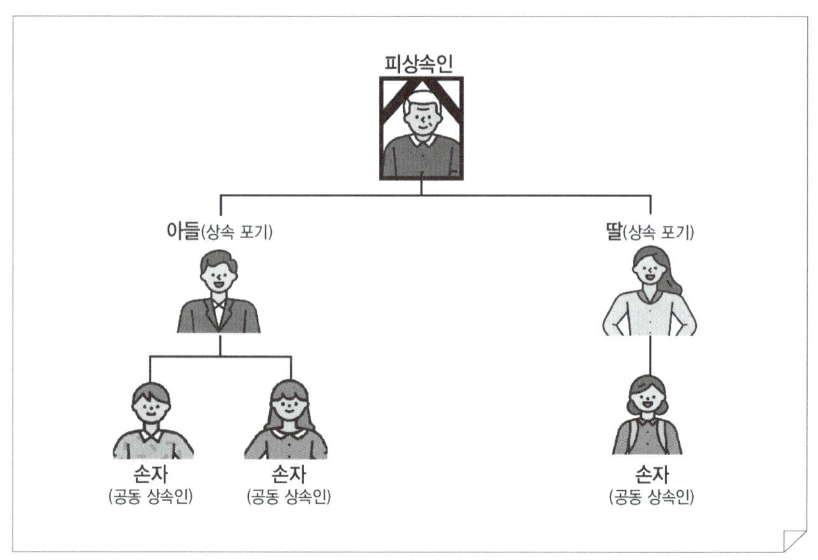

3 배우자의 상속순위

만약 피상속인의 배우자와 자녀 중 자녀가 전부 상속을 포기하는 경우 배우자만이 **단독 상속인**이 됩니다.

[대법원 2023. 03. 23. 선고, 2020그42, 전원합의체결정]

민법 제1043조는 공동상속인 중에 어느 상속인이 상속을 포기한 경우 그 사람의 상속분이 다른 상속인에게 귀속된다고 정하고 있다. 이때의 '다른 상속인'에는 배우자도 포함되며, 따라서 피상속인의 배우자와 자녀들 중 자녀 전부가 상속을 포기하면 그들의 상속분은 배우자에게 귀속된다고 보아야한다.

- 기존 판례(2013다48852 판결)는 배우자와 자녀 중 자녀 전원이 상속포기를 하는 경우 배우자와 손자녀(손자녀가 없는 경우 직계존속)가 공동상속인이 된다고 판시했으나 최근 전원합의체 결정으로 종래 판결을 변경하였습니다.

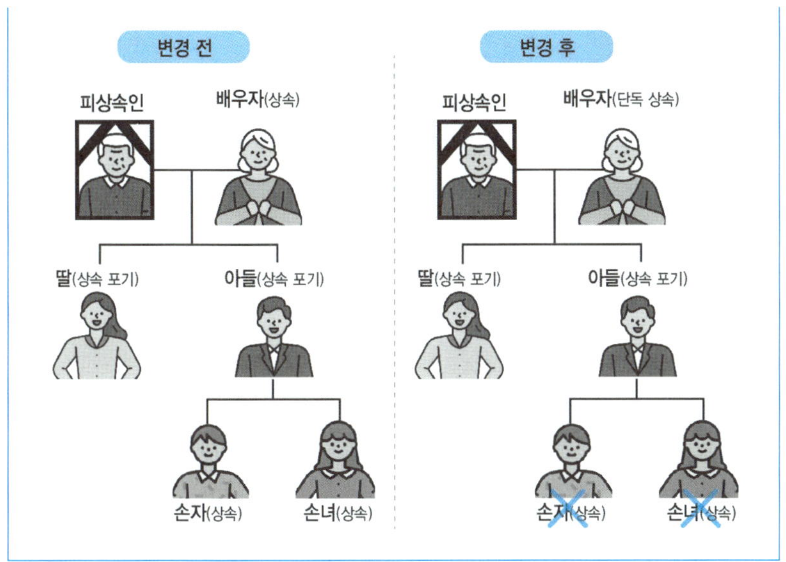

상속포기의 한계

피상속인에게 상속재산이 있어 재산이 이전되는 경우에는 큰 문제가 되지 않지만, 상속재산보다 채무가 더 많은 경우에는 **상속포기만으로 문제가 해결되지 않을 수 있습니다.**

선순위 상속인들이 상속을 포기할 경우, 그 다음 순위의 상속인에게 **채무가 자동으로 승계되는 것을 막기 위해서는** 1순위부터 4순위까지 모든 상속인을 찾아 **연속적으로 상속포기를 진행해야 하는데**, 이는 실무상 매우 번거로운 절차가 됩니다.

이러한 문제를 보완하기 위해, 우리 민법은 한정승인 제도를 두고 있으며, 그 내용은 다음과 같습니다.

상속포기로는 후순위 상속인에게 채무가 넘어가는 문제를 막을 수 없는 경우, 한정승인이 현실적인 대안이 됩니다.

한정승인 

반드시 법원에 신고해야 합니다

한정승인을 하려는 자는 **상속개시 있음을 안 날로부터 3개월 내에 가정 법원에 한정승인의 신고를 해야 합니다.**[21]

다만, 상속인이 **상속채무가 상속재산을 초과하는 사실을 중대한 과실 없이 알지 못한 경우**에는 그 사실을 안 날부터 **3개월 내에 한정승인을 할 수 있습니다.**

한정승인의 효과

한정승인이란, 피상속인으로부터 물려받은 **상속재산의 한도 내에서만 상속채무를 승계하는 제도**입니다. 따라서 상속재산보다 채무가 더 많더라도, 상속인은 **상속재산을 초과하는 채무까지 부담하지는 않습니다.**

이 경우 상속채무는 상속재산의 범위 내에서만 정리되며, **후순위 상속인에게 채무가 넘어가지도 않습니다.** 선순위 상속인이 한정승인을

---

21) 한정승인 심판청구서를 제출합니다.

하면, 그 시점에서 상속채무 문제는 **법적으로 종결**됩니다. 이는 상속포기와의 가장 큰 차이점입니다.

실무에서는 이러한 효과를 활용하여, 상속채무가 후순위 상속인에게 승계되는 것을 막기 위해 **상속인 전원이 상속포기를 하되, 그중 최소 1인이 한정승인을 선택하는 방식**을 사용하기도 합니다.

이를 통해 피상속인의 채무의 상속문제를 마무리하는 것입니다.

한정승인, 여기서 가장 많이 실수합니다

한정승인 시 양도소득세의 문제

한정승인을 하는 경우에는 사전에 상속재산의 양도소득세 문제를 반드시 함께 고려해야 합니다.

상속포기를 하는 경우에는 상속포기자는 처음부터 상속인의 지위 자체가 없으니 상속재산이 경매로 넘어간다고 해도 문제될 것이 없습니다. 하지만 상속인이 한정승인을 한 경우에는 상황이 다릅니다. 한정승인은 상속을 전제로 한 제도이므로, 상속재산이 경매로 강제 매각된 후 매각대금이 상속채권자들에게 배당되고 상속인들에게 전혀 배당되지 않았다고 하더라도 당해 물건에 대한 양도소득세가 과세될 수 있습니다.[22]

---

22) **대법원 2012.9.13. 선고, 2010두13630**

원고들이 부담하는 이 사건 양도소득세 채무는 상속채무가 아닌 원고들 고유의 채무로서 한정승인제도는 채무의 존재를 제한하는 것이 아니라 단순히 그 책임의 범위를 제한하는 것에 불과하므로, 원고들이 한정승인을 하였다고 하여 이 사건 양도소득세 채무가 당연히 원고들이 상속으로 인하여 취득할 재산의 한도로 제한되는 것은 아니다. 따라서 이 사건 양도소득세 채무가 상속채무의 변제를 위한 상속재산의 처분과정에서 부담하게 된 채무로서 민법 제998조의 2에서 규정한 상속에 관한 비용에 해당하고, 상속인의 보호를 위한 한정승인 제도의 취지상 이러한 상속비용에 해당하는 조세채무에 대하여는 상속재산의 한도 내에서 책임질 뿐이라고 볼 여지가 있음은 별론으로 하고, 원고들의 한정승인에 의하여 이 사건 양도소득세 채무 자체가 원고들이 상속으로 인하여 취득할 재산의 한도로 제한된다거나 위 재산의 한도를 초과하여 한 양도소득세 부과처분이 위법하게 된다고 볼 수 없다.

한정승인은 채무를 지지 않는 제도가 아니라,
상속재산의 범위 내에서만 책임을 지는 제도입니다.

상속포기의 방식에 따라 효력은 달라집니다

상속인이 이미 채무를 부담하고 있는 상태에서 상속포기나 상속재산 분할을 통해 자신의 상속분을 포기하거나 축소하는 경우, 이는 채권자의 입장에서 **채무자의 재산을 의도적으로 감소시키는 행위**로 문제 될 수 있습니다.

이 경우 채권자는 상속인의 선택을 그대로 받아들이지 않고, **사해행위 취소 소송**을 통해 이를 다툴 수 있습니다.

다음 사례는 상속포기가 언제, 어떤 이유로 문제 될 수 있는지를 가장 극명하게 보여주는 사례입니다.

■ 내 채무자의 상속포기를 취소합니다
(상속포기와 사해행위 취소 소송)

> 조수산 씨는 아버지 조갑부 씨가 사망하자 깊은 고민에 빠졌습니다.
> 조갑부 씨는 보유하고 있던 시골 땅이 개발되면서 단기간에 상당한 재산을 형성한 사람이었습니다.
> 수산 씨는 이러한 아버지의 재산을 배경으로 비교적 호화로운 생활을 해 왔고, 주변 사람들 역시 조갑부 씨의 재력을 믿고 수산 씨에게 여러 차례 투자와 대출을 해주었습니다.
> 그러나 수산 씨의 사업은 번번이 실패했고, 그때마다 빚은 늘어나 결국 감당하기 어려운 수준의 채무를 부담하게 되었습니다.
> 아버지의 사망 이후, 수산 씨는 가족회의를 통해 **상속재산분할협의 과정에서 자신은 상속을 포기하겠다는** 의사를 밝혔습니다.
> 본인이 상속을 받아 보아야 채권자들에게 모두 넘어갈 것이 분명하니, 차라리 다른 가족들이 상속을 받아 아버지가 남긴 재산을 지키는 것이 더 낫다고 판단했기 때문입니다.
> 그렇다면 이러한 방식의 상속포기로 수산 씨의 가족은 채권자들로부터 아버지의 상속재산을 지켜낼 수 있을까요?

   민법상 **법원에 신고한 상속포기**[23)]와 **상속재산분할협의에 의한 상속포기**[24)]는 외형상 결과는 비슷해 보일 수 있지만, 그 **법률적 효과는 전혀 다릅니다.**

---

23) 대법원 2011.6.9. 선고, 2011다29307

   상속의 포기는 비록 포기자의 재산에 영향을 미치는 바가 없지 아니하나 상속인으로서의 지위 자체를 소멸하게 하는 행위로서 순전한 재산법적 행위와 같이 볼 것이 아니다.

   상속의 포기는 민법 제406조 제1항에서 정하는 "재산권에 관한 법률행위"에 해당하지 아니하여 사해행위취소의 대상이 되지 못한다.

24) 대법원 2007.7.26. 선고, 2007다29119

   상속재산의 분할협의는 상속이 개시되어 공동상속인 사이에 잠정적 공유가 된 상속재산에 대하여 그 전부 또는 일부를 각 상속인의 단독소유로 하거나 새로운 공유관계로 이행시킴으로써 상속재산의 귀속을 확정시키는 것으로 그 성질상 재산권을 목적으로 하는 법률행위이므로 사해행위취소권 행사의 대상이 될 수 있고, 한편 채무자가 자기의 유일한 재산인 부동산을 매각하여 소비하기 쉬운 금전으로 바꾸거나 타인에게 무상으로 이전하여 주는 행위는 특별한 사정이 없는 한 채권자에 대하여 사해행위가 되는 것이므로, 이미 채무초과 상태에 있는 채무자가 상속재산의 분할협의를 하면서 자신의 상속분에 관한 권리를 포기함으로써 일반 채권자에 대한 공동담보가 감소한 경우에도 원칙적으로 채권자에 대한 사해행위에 해당한다.

상속재산분할협의는 상속이 개시되어 공동상속인 사이에 잠정적으로 공유된 상속재산을 각 상속인에게 귀속시키는 **재산권을 목적으로 하는 법률행위**에 해당합니다.

따라서 채무자가 채무초과 상태에서 상속재산분할협의를 통해 자신의 상속분을 포기하였다면, 이는 일반 채권자에 대한 공동담보를 감소시키는 행위로서 **채권자취소권의 대상이 될 수 있습니다.**

즉, 가족 간 합의에 따라 이루어진 상속포기라 하더라도 그 방식이 **법원에 신고한 상속포기가 아닌 경우**에는 채권자의 다툼으로부터 자유로울 수 없습니다.

상속의 결과가 비슷해 보이더라도, 그 선택의 **방식에 따라 법적 효과는 결정적으로 달라집니다.**

💡 참고

사해행위취소 판결, 세금도 함께 취소될까

사해행위취소 판결로 인해 이전에 한 증여가 취소되거나 상속인의 상속포기가 취소되면 그로 인해 냈던 **증여세와 상속세는 돌려받을 수 있을까요?**

1) 증여에 대한 사해행위취소 판결로 인한 증여세 취소의 문제

증여에 대한 사해행위취소 판결로 인해 증여가 취소된 경우 증여로 인해 과거에 냈었던 증여세도 취소되는지에 대해서 과세당국과 법원의 입장은 서로 다릅니다.

① 과세당국의 입장

기획재정부와 국세청은, 사해행위취소 판결로 인해 증여재산의 소유권이 증여자에게 원상회복되더라도 **증여 당시 이미 성립한 증여세 납세의무는 소멸하지 않는다**는 입장입니다. [25] 즉, 사해행위취소의 효력은 채권자와 수익자(또는 전득자) 사이에서만 발생할 뿐, 증여라는 과세요건 자체를 부정하는 것은 아니라는 것입니다.

② 법원의 입장

반면, 법원은 보다 실질적인 관점에서 판단하고 있습니다.

사해행위취소 판결의 결과, 수증자가 **실질적으로 아무런 재산상 이익을 취득하지 못한 상태**라면 그럼에도 불구하고 증여세를 과세하는 것은 부당하다고 보아야 한다는 입장입니다.[26]

2) 상속포기에 대한 사해행위취소 판결과 상속세

그렇다면 상속의 경우는 어떨까요?

상속인 중 일부가 상속을 포기하여 나머지 상속인들이 상속받고 상속세를 납부했지만 채권자의 사해행위취소 판결로 상속포기자의 상속포기가 취소되었다면, 이미 납부한 상속세 중 일부를 돌려받을 수 있을까요?

결론적으로, 이미 성립한 상속세는 취소되지 않습니다.

상속세는 상속개시 시점에 성립하고, 공동상속인은 이에 대해 **연대납세의무**를 부담합니다.

따라서 사해행위취소 판결로 상속포기자의 지위가 사후적으로 문제 되더라도, 이미 납부한 상속세를 환급받기는 어렵습니다.

다른 상속인들이 자신의 상속분을 초과하여 상속포기자의 상속세 부담분까지 납부하였다 하더라도, 이에 대한 환급 역시 현실적으로 곤란합니다.

---

25) **조심 2011서477, 2011.8.31.**

당초 증여재산인 쟁점부동산의 소유권이 채무자에게 원상회복되었다하여도, 그것으로 인하여 청구인이 쟁점부동산을 증여받아 발생하는 증여세 납세의무까지 소멸한다고 보아서는 아니된다고 판단됨.
채권자취소권의 행사에 기인한 사해행위의 취소와 일탈재산의 원상회복은 채권자와 수익자 또는 전득자에 대한 관계에 있어서만 그 효력이 발생할 뿐이고 채무자가 직접 권리를 취득하는 것이 아니므로, 채권자가 수익자와 전득자를 상대로 사해행위취소와 일탈재산의 원상회복을 구하는 판결을 받아 그 등기 명의를 원상회복시켰다고 하더라도 법률행위의 목적재산이 형식상 채무자에게 환원되는 것에 불과하여 그로 인하여 권리를 새로이 취득하는 것은 아닌바, 사해행위 취소의 판결에 따라 증여자에게 당초 증여재산의 소유권이 원상회복되어도 당해 재산에 대한 증여세 납세의무자는 수증자(수익자)가 된다 할 것이다.

26) **대법원 2014두1406, 2014.7.10.**

사해행위로 인정되어 취소된 증여계약 부분에 관하여 아직 그 효력이 남아 있는 것으로 보아 증여세를 부과할 수는 없다.

대법원 2015두48471, 2015.11.12.

증여자 명의의 예금이 납세자 명의의 예금계좌 등으로 예치된 경우 그 예금은 납세자에게 증여된 것으로 추정되고, 사해행위취소 소송의 결과 반환된 금원에 대하여도 증여세를 과세함은 위법함.

상속을 받지 않는 선택도,
방식과 절차를 정확히 지키지 않으면
세금과 책임은 오히려 더 크게 돌아올 수 있습니다.

Chapter 07

대습상속 - 다시 등장하는 상속인

상속인이 될 자가 상속개시 전에 사망하거나 결격자가 된 경우, 그에게 **직계비속이나 배우자가 있으면** 그 직계비속과 배우자가 사망하거나 결격된 자의 순위에 갈음하여 상속인이 됩니다. 이를 **대습상속**이라 합니다.[27]

대습상속이 성립하려면 상속인이 **상속개시 전에 사망하거나 결격자가** 될 것을 요하므로 **상속포기는 대습상속의 원인이 되지는 않습니다.**

이때 먼저 사망하여 상속을 받지 못하는 자를 **피대습자**라 하고, 피대습자를 대신하여 상속받는 자를 **대습상속인**이라 합니다. 대습상속인은 피대습자에 예정되어 있던 **상속분을 그대로 승계합니다.**

대습상속은 '사라진 상속인의 몫'을 이어받는 제도이지, **새로 생기는 권리는 아닙니다.**

---

27) 민법 제1001조【대습상속】

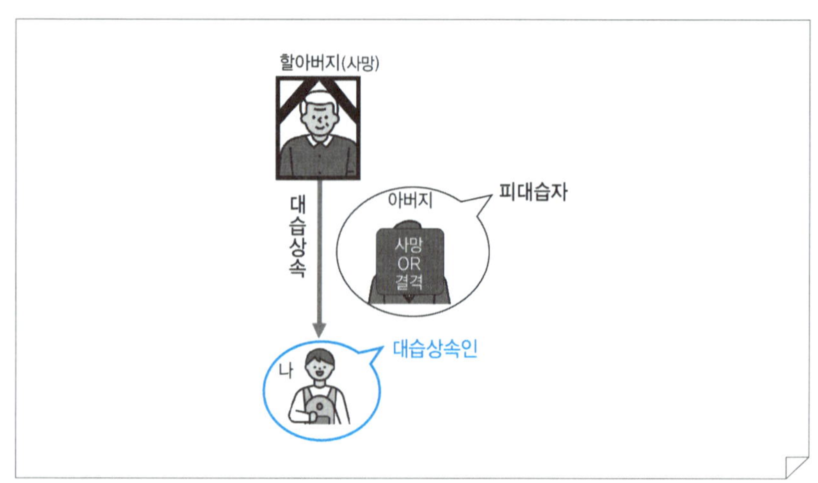

일반적으로 아버지가 사망한 경우의 상속

아버지가 사망했고, 상속인으로 배우자인 어머니와 아들, 딸이 있는 경우 아들과 딸은 직계비속으로 1순위 상속인에 해당합니다. 배우자는 직계비속과 함께 공동상속인이 되므로, **어머니·아들·딸 모두 아버지의 법정상속인**이 됩니다.

상속비율은 배우자 1.5, 자녀 각 1의 비율이므로, 상속재산이 35억 원이라면 어머니 15억 원, 아들 10억 원, 딸 10억 원씩 상속받게 됩니다.

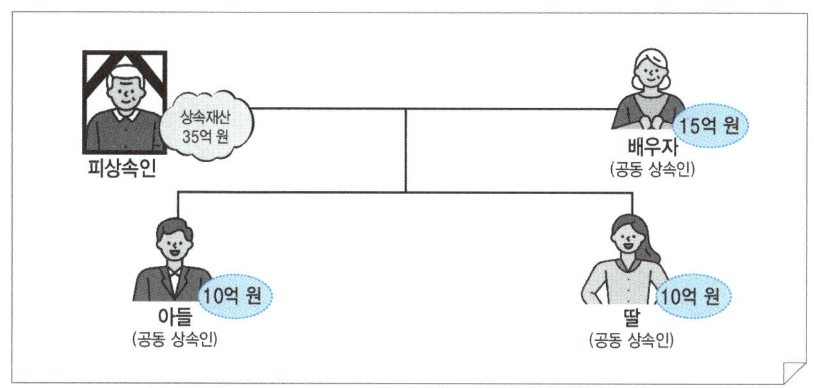

아들이 아버지보다 먼저 사망한 경우의 상속

상속인이 피상속인보다 일찍 사망했다면 남겨진 상속인들이 상속재산을 받게 될까요?

반드시 그렇지는 않습니다.

대습상속인이 없는 경우

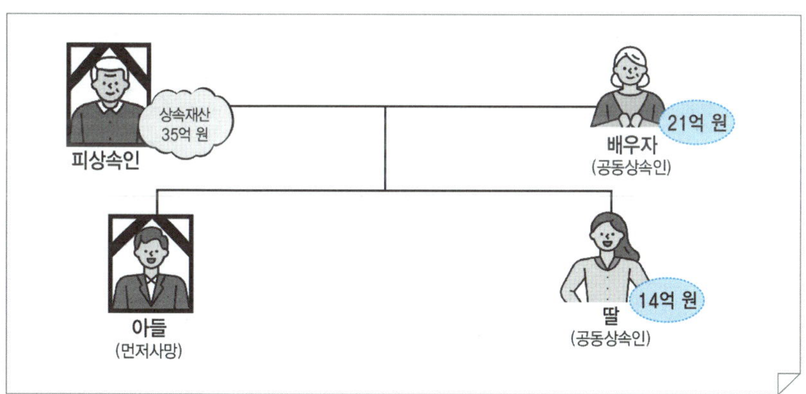

아들이 이미 사망해서 없다면 남은 상속인만이 상속권을 가집니다.

상속재산이 35억 원인 경우, 먼저 사망한 아들의 몫을 포함하여 상속재산을 배분하게 되며, 배우자의 상속분은 21억 원, 딸의 상속분은 14억 원이 됩니다.

대습상속인이 있는 경우

아들이 결혼을 해서 가정을 이뤘다면 상황은 달라집니다.

아들의 아내인 며느리와 손주는 **대습상속인**이 되어, 아들에게 예정되어 있던 상속분 10억 원을 대습하여 상속받게 됩니다.

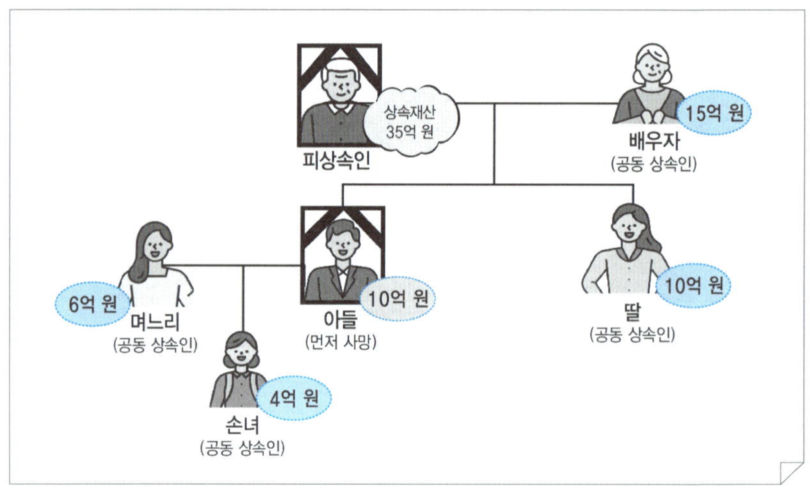

아들이 살아있었다면 아들은 상속권이 있었을 것이고, 그 재산은 다시 며느리, 손주에게 상속이 되는 게 순리에 맞으니, 아들의 빈자리를 대신해 며느리와 손주가 상속받는 것입니다. 상속인이 될 자가 상속개시 전에

이미 사망했거나, 상속결격자가 될 경우에는 상속인이 될 자의 상속인인 자녀나 배우자가 대습상속을 하게 됩니다.

정리하면, 상속인이 먼저 사망한 경우

▶ 대습상속인이 없으면 그 몫은 다른 공동상속인에게 귀속되고

▶ 대습상속인이 있으면 그 몫은 그대로 대습상속인에게 이전됩니다.

■ 재가하지 않는 며느리의 안부전화

여든을 넘긴 노부부에게는 애지중지하던 외동아들이 있었습니다.

그러나 아들은 25년 전, 젊은 나이에 외국 유학 중 교통사고로 세상을 떠났습니다. 그런데 아들에게는 부모도 모르게 혼인한 아내가 있었고, 아들의 사망 이후에야 노부부는 며느리의 존재를 알게 되었습니다.

일면식도 없던 사이였지만, 갑작스럽게 남편을 잃은 어린 며느리가 안쓰러웠던 노부부는 아들 명의로 되어 있던 부동산 등을 처분해 넉넉한 현금을 챙겨 주며 새 출발을 권했습니다.

그 후로 별다른 연락 없이 십수 년이 흘렀습니다. 그러던 어느 날, 잊고 지냈던 그 며느리에게서 안부를 묻는 전화가 걸려오기 시작했습니다. 어린 나이에 사별한 남편을 아직 잊지 못해 재혼하지 못한 채 혼자 살고 있다는 이야기였습니다.

처음에는 반가움과 안쓰러움이 반반이었습니다. 그러나 통화를 거듭할수록 묘한 느낌이 들었습니다. 단순한 안부 인사가 아니라, 마치 **노부부의 생사를 확인하려는 전화**처럼 느껴졌기 때문입니다.

1년에 한두 번, 잊을 만하면 걸려오는 전화. 그 이유는 무엇일까요?

이 며느리가 전화를 이어가는 이유는, 아마도 **본인이 노부부의 대습상속권자임을 인지하고 있기 때문일 가능성**이 큽니다.

아들의 사망으로 과거에 상속분을 받았더라도, **재혼하지 않았다면**

인척관계는 소멸하지 않고 대습상속권도 유지됩니다.

노부부 중 먼저 사망하는 분 재산의 1/2.5지분(노부부 중 1인과 공동상속하므로)을 대습상속 받고, 이후 남은 한 분이 사망하면, 그 재산에 대해서는 **단독 대습상속인**이 됩니다.

노부부는 강남에 아파트 한 채와 빌딩을 소유하고 있어, 그 가액은 적게 잡아도 200억 원이 훌쩍 넘을 것 같습니다. 과거 며느리의 재등장은 상속을 기대하고 있던 다른 친척들에게 적지 않은 충격이었을 것입니다.

며느리가 여전히 혼자 사는 이유가, 사랑했던 남편을 잊지 못해서이기를 믿고 싶습니다. 설마 대습상속이라는 현실적인 문제 때문에 새 출발을 미뤄온 것은 아니겠지요.

다만 200억 원에 대한 상속이 예정된 상황이라면, 새 출발을 망설이게 만드는 **적지 않은 유인**임은 분명합니다.

관계가 끝난 줄 알았던 사람도,
법적으로는 여전히 상속인일 수 있습니다.
자산이 클수록 상속인 범위 확인이 먼저입니다.

■ 대습상속권자 꽃분이와 인감도장

꽃분이는 어려서부터 외할머니와 함께 살며 자라왔습니다. 미혼모였던 어머니는 꽃분이가 초등학생이던 시절 사고로 갑자기 세상을 떠났지만, 다행히 외할머니와 외삼촌의 보살핌 속에서 꽃분이는 바르게 성장할 수 있었습니다.

그런데 외할머니가 돌아가신 지 몇 해가 지난 뒤, 요즘 들어 외삼촌이 꽃분이에게 **인감도장을 자주 빌려 달라**고 합니다. 어디에 쓸 데가 있다며 대수롭지 않게 말하지만, 이유는 명확하지 않습니다.

처음에는 몇 차례 인감을 빌려주었지만, 반복되는 요구가 이상하게 느껴진 꽃분이는 주변에 자문을 구하게 됩니다. 그 과정에서 뜻밖의 이야기를 듣게 됩니다. **자신이 외할머니의 상속인일 수 있다는 것입니다.**

외삼촌이 살아 있는데, 어떻게 꽃분이가 외할머니의 상속인이 될 수 있을까요?

그 이유는 꽃분이가 **외할머니의 대습상속권자**이기 때문입니다.

꽃분이는 먼저 사망한 어머니의 상속권을 대신하여, 외할머니의 상속재산에 대한 **지분을 보유한 공동상속인**입니다. 만약 외할머니의 재산에 부동산이 포함되어 있다면, 그 처분에는 **공동상속인 전원의 동의**가 필요합니다. 외삼촌이 꽃분이의 인감도장을 필요로 했던 이유도 여기에 있습니다.

그동안 꽃분이를 보살펴 준 고마운 외삼촌과의 관계가, 이번 일로 틀어지지 않기를 바랍니다.

한마디 요약

관계보다 먼저 확인해야 할 것은,
법이 정한 상속 순위입니다.

대습상속인의 상속세

대습상속인은 상속세 및 증여세법에 따른 상속인에 해당하므로 상속인에 적용되는 규정이 대부분 그대로 적용됩니다. 따라서 피상속인이 사망하기 전에 상속인인 아들이 먼저 사망하여 그의 아들, 즉 손자가 대습상속으로서 상속재산을 상속받는다면, 다음과 같은 세무상 규정이 적용됩니다.

① **연대 납세의무**

대습상속인도 상속재산 중 받았거나 받을 재산의 비율에 따라 상속세를 연대하여 납부할 의무가 있습니다.

② **대습상속 포기와 사전증여재산 합산**

대습상속을 포기한다 해도 사전증여재산이 있을 경우 상속세 납세의무가 발생할 수 있습니다. 손자가 할아버지 생전에 증여받은 사전증여재산 합산은 상속개시일로부터 5년이 아닌 10년 이내의 증여받은 모든 재산이 합산됩니다.

③ **세대생략 상속·증여 할증과세 적용 여부**

세대를 건너뛴 증여나 상속은 납부세액에 30%를 할증하여 과세하는 것이 원칙입니다. 다만, 대습상속으로서 피상속인의 손자가 상속받는 경우 할증과세를 적용하지 않습니다.

④ **상속세 인적공제 적용 여부**

대습상속인인 손자는 자녀공제 대상에는 해당하지 않습니다. 다만, 피상속인이 대습상속인을 사실상 부양하고 있었다면 그 대습상속인에 대하여 미성년자공제는 적용받을 수는 있습니다.

II부.
가치를 계산하고 평가하다

PART 03
증여세의 계산

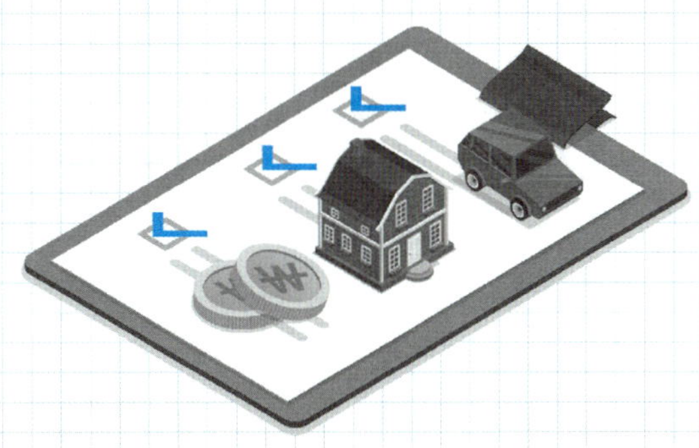

증여재산공제
- 세금 없이 줄 수 있는 한도

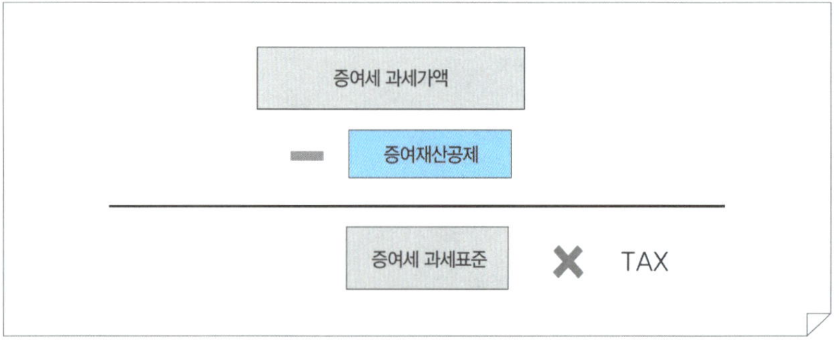

증여세는 모든 증여에 대해 무조건 부과되는 세금은 아닙니다.

세법에서는 일정 범위 내의 증여에 대해서는 과세하지 않도록 증여재산공제 제도를 두고 있습니다. 이 장에서는 증여재산공제가 어떤 기준으로 적용되는지, 그리고 실제 상담에서 자주 문제가 되는 쟁점들을 중심으로 살펴보겠습니다.

10년 기준으로, 증여자별 공제한도가 정해집니다

거주자가 증여를 받는 경우, **10년 동안 증여받은 금액 중 증여자별로 일정 금액까지는 증여세가 과세되지 않습니다.** 이를 증여재산공제라고 합니다.

대표적으로 자녀가 부, 모에게 받은 금액이 5천만 원(미성년자의 경우 2천만 원) 이하라면 전체금액에 대해 증여재산공제가 적용되어 증여세가 과세되지 않습니다. 배우자로부터 증여를 받은 경우 6억 원까지, 기타 친족(6촌 이내의 혈족, 4촌 이내의 인척)으로부터 증여를 받은 경우 1천만 원까지 증여재산을 공제하여 증여세가 과세되지 않습니다.[28] 수증자가 증여자의 친족에 해당하지 않는 경우 공제되는 금액은 없습니다.

증여재산공제는 단순히 한 번 적용되는 규정이 아니라, 10년 단위로 반복 활용할 수 있는 제도입니다.
이러한 증여재산공제 규정은 실제 증여 계획에서 다양하게 활용될 수 있습니다.

---

28) **상속세 및 증여세법 제53조【증여재산 공제】**
거주자가 다음 각 호의 어느 하나에 해당하는 사람으로부터 증여를 받은 경우에는 다음 각 호의 구분에 따른 금액을 증여세 과세가액에서 공제한다. 이 경우 수증자를 기준으로 그 증여를 받기 전 10년 이내에 공제받은 금액과 해당 증여가액에서 공제받을 금액을 합친 금액이 다음 각 호의 구분에 따른 금액을 초과하는 경우에는 그 초과하는 부분은 공제하지 아니한다.

증여자	배우자	직계존속(부·모)	직계비속(아들·딸)	기타친족	그 외
공제한도	6억 원	5천만 원 미성년자 2천만 원	5천만 원	1천만 원	0원

■ 아이에게 얼마짜리 적금을 들어주면 절세에 유리할까?

샐러리맨 강우주씨는 올해부터 자녀명의의 통장을 개설해서 매월 일정금액을 계좌 이체 형식으로 증여할 계획입니다. 그런데 막상 증여를 하자니 매월 계좌 이체하는 금액에 대하여 증여세 신고를 해야 하는 것인지 고민됩니다.

이 경우 만약 세금이 없는 한도만큼만 증여한다면 세금신고를 하지 않아도 되고 내야 할 세금도 없을 테니 부담이 없을 것입니다. 자녀명의의 통장, 어느 시점부터 얼마 정도의 적금을 들어주면 세금부담이 없을까요?

① 증여재산공제를 활용합니다.

친족 간의 증여에서 일정 금액까지는 증여세 과세 대상에서 제외하는 증여재산공제 규정이 있습니다.

우주씨가 자녀에게 10년 동안 증여해도 증여세가 과세되지 않는 금액은 2천만 원입니다. 자녀가 성인이 된 후라면 5천만 원으로 금액이 증가합니다.

② 세금 없이 1억4천만 원 증여할 수 있습니다.

부모가 자녀가 태어난 직후부터 자녀 명의의 통장을 개설하고, **10년마다 증여재산공제** 한도 **내에서 증여**를 반복한다면 상당한 금액을 세금 없이 이전할 수 있습니다.

예를 들어 다음과 같이 증여하는 경우를 가정해 보겠습니다.

1세: 2천만 원

11세: 2천만 원

21세: 5천만 원

31세: 5천만 원

이 경우 자녀가 사회생활을 시작할 무렵에는 **총 1억 4천만 원과 그 이자**가 자녀 명의 계좌에 쌓이게 됩니다.

이 금액은 모두 증여재산공제 범위 내이므로 **증여세 부담 없이 이전**이 가능합니다.

만약 동일한 금액인 1억 4천만 원을 한 번에 증여한다면, 증여재산공제를 적용하더라도 약 1,400만 원의 증여세가 발생합니다. 이러한 점에서 분할 증여는 상당한 절세 효과가 있습니다.

③ 매월 얼마까지 계좌이체하면 증여세가 없을까요?

증여재산공제 금액을 10년간 나누어 매월 이체하는 방식도 고려할 수 있습니다.

이를 단순 계산해 보면 다음과 같습니다.

미성년 자녀:

→ 2천만 원 ÷ 120개월 ≈ **매월 16만 6천 원**

성년 자녀:

→ 5천만 원 ÷ 120개월 ≈ **매월 41만 6천 원**

이 금액을 매월 자녀 명의 계좌로 이체하더라도, **10년간의 합계가 증여재산공제 한도를 넘지 않는다면 증여세는 과세되지 않습니다.**

4 일부 세금을 부담하면 절세 효과가 더 커질 수도 있습니다

현실적으로는 증여세를 전혀 내지 않는 것보다, 최저 증여세율[29] **구간에서 일부 세금을 부담하면서 증여하는 것이 더 큰 절세 효과를 가져오는 경우도 많습니다.**

예를 들어 자녀가
1세와 11세에 각각 1억 2천만 원,
21세와 31세에 각각 1억 5천만 원을 증여받고,

각각 **최저세율 10%의 증여세를 부담**했다고 가정해 보겠습니다. 이자를 고려하지 않더라도, 자녀가 서른 살 무렵에는 **총 5억 4천만 원의 자산**이 형성되고, 부모가 부담한 증여세는 **약 3,880만 원**에 불과합니다.

반면 동일한 금액 5억 4천만 원을 한 번에 증여할 경우에는 **약 8,536만 원의 증여세**가 발생하므로, 결과적으로 **약 4,656만 원의 세금을 절약**하게 됩니다.

자녀 명의 적금은
'언제·어떻게 나누어 주느냐'에 따라 절세 효과가 크게 달라집니다.

---

29) **증여세와 상속세의 세율은 동일하게 적용합니다.**

과세표준	세율
1억 원 이하	과세 표준의 10%
1억 원 초과 5억 원 이하	1천만 원 + 1억 원 초과금액의 20%
5억 원 초과 10억 원 이하	9천만 원 + 5억 원 초과금액의 30%
10억 원 초과 30억 원 이하	2억 4천만 원 + 10억 원 초과금액의 40%
30억 원 초과	10억 4천만 원 + 30억 원 초과금액의 50%

증여재산공제는 '그룹별 합산'을 주의해야 합니다

① 부모님, 조부모님 합해서 5천만 원

이혜주씨는 작년에 조부로부터 시가 5천만 원 상당의 토지를 증여받았지만 5천만 원 증여재산공제를 적용하여 증여세는 신고납부하지 않았습니다. 혜주씨는 올해에도 증여재산공제를 활용하여 부친에게 상장 주식을 증여받을 계획을 하고 있습니다.

부친에게 주식을 5천만 원 증여받아도 증여재산공제 5천만 원이 적용되어 증여세 납부의무는 없을 것으로 예상하고 증여 절차를 진행하려고 하는데 과연 괜찮을까요?

부모와 자녀 간 증여의 경우 직계존속 증여재산공제로 **10년간 5천만 원까지는 증여세가 과세되지 않습니다.**
다만 위 사례에서 혜주 씨가 부친으로부터 추가로 **상장주식을 증여**받는 부분에 대해서는 이 증여재산공제를 적용할 수 없어, **추가 증여분 전액에 대해 증여세가 과세됩니다.**

그 이유는 증여재산공제 한도가 **증여자 개인별 기준이 아니라, 수증자를 기준으로 증여자 '그룹별'로 적용되는 최대 한도**이기 때문입니다. 즉, 직계존속 증여재산공제 5천만 원은 **조부·부모 등 모든 직계존속으로부터 받은 증여를 합산하여 적용됩니다.**

겉으로 보면 조부에게서 5천만 원, 부친에게서 5천만 원을 각각 증여받았으니 별도로 공제될 수 있을 것처럼 보일 수 있습니다. 그러나 세법상으로는 **조부와 부친 모두 직계존속이라는 동일한 증여자 그룹에**

해당하므로, 해당 그룹에서 공제 가능한 금액은 **10년간 합산하여 5천만 원이 한도**입니다.

따라서, 여러 명의 친족에게 증여를 받더라도 **증여자별로 각각 공제되는 것이 아닙니다.**

예를 들어 이모(기타친족)에게 1천만 원, 삼촌(기타친족)에게 1천만 원을 증여받았다면, 두 사람 모두 기타친족 그룹에 해당하므로 **총 2천만 원이 아니라 10년간 최대 1천만 원만 공제**됩니다.

결국 증여재산공제란 **특정 증여자 그룹으로부터 10년간 받을 수 있는 최대 공제 한도**로 이해해야 합니다.

이를 극단적으로 적용하면, 수증자 기준으로 모든 친족으로부터 증여를 받는 경우 **배우자 6억 원, 직계존속 5천만 원, 직계비속 5천만 원, 기타친족 1천만 원, 총 7억 1천만 원까지는 증여세 없이 증여가 가능**합니다.

사례로 돌아가 보면, 혜주 씨 기준에서 조부와 부친은 모두 **직계존속 그룹**에 해당합니다. 이미 조부로부터 증여를 받으면서 공제 한도를 모두 사용했다면, 이후 부친으로부터 증여를 받는 경우 추가로 적용할 수 있는 공제는 없습니다.

따라서 부친으로부터 증여받은 주식 평가액 5천만 원 전액에 대해 증여세가 과세됩니다.

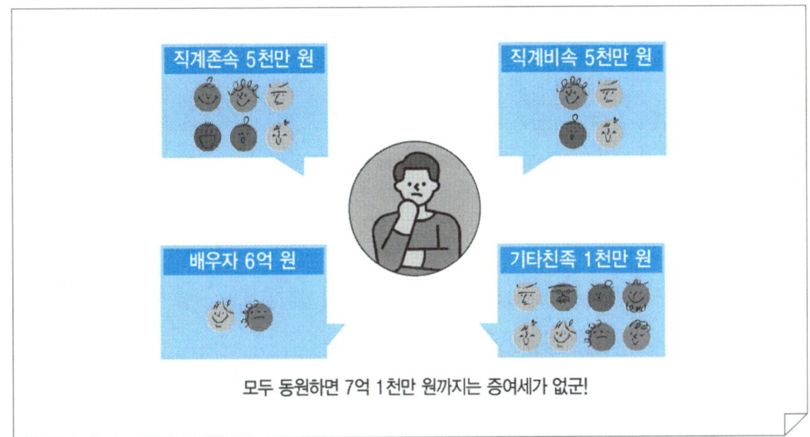

② 배우자 공제는 '혼인관계기준'으로 판단합니다

도지수 씨는 전남편과 이혼한 뒤, 현재는 재력가인 새 배우자 이만복 씨와 함께 생활하고 있습니다.
전남편과의 이혼 과정에서 이미 증여로 처리한 재산이 있는 상황에서, 현 배우자로부터 재산을 증여받을 경우 배우자 증여재산공제 6억 원을 다시 적용받을 수 있는지 궁금합니다.

증여재산공제에서 말하는 '배우자'는 상속세 및 증여세법상 민법에 따른 혼인관계에 있는 배우자를 의미합니다. 민법상 혼인은 가족관계등록법에 따라 혼인신고를 함으로써 성립하므로, 혼인신고를 하지 않은 사실혼 관계의 배우자에게는 배우자 증여재산공제가 적용되지 않습니다.

따라서 도지수 씨가 현재 이만복 씨와 단순히 살림만 합친 사실혼 관계라면, 배우자 증여재산공제는 애초에 검토 대상이 되지 않습니다.

이하에서는 도지수 씨가 이만복 씨와 혼인신고를 마친 법률혼 관계임을 전제로, 전남편과 현 남편의 증여가 배우자 공제에 어떻게 반영되는지를 살펴보겠습니다.

앞서 살펴본 것처럼, 증여재산공제는 수증자를 기준으로 증여자가 동일한 그룹에 해당하는지를 기준으로 판단합니다.

수증자인 지수 씨 입장에서, 배우자로부터 과세 없이 증여받을 수 있는 금액은 10년간 최대 6억 원입니다.

전남편과 현 남편은 각각 다른 사람이지만, 증여 당시 모두 민법상 혼인관계에 있던 배우자였다는 점에서 동일한 증여자 그룹에 해당합니다. 따라서 배우자 증여재산공제는 전남편과 현 남편을 구분해 각각 적용할 수 있는 것이 아니라, 합산하여 적용해야 합니다.

예를 들어, 과거 혼인 기간 중 전남편으로부터 4억 원을 증여받고 해당 금액 전액에 대해 배우자 증여재산공제를 적용해 증여세를 신고하지 않았다면, 그 증여일로부터 10년이 지나지 않은 상태에서 현 남편으로부터 다시 증여를 받는 경우에는 남아 있는 공제 한도인 2억 원(6억 원 − 4억 원)까지만 배우자 증여재산공제를 적용받을 수 있습니다.

즉, 배우자 증여재산공제 역시 '누구에게서 받았는지'가 아니라, '배우자라는 동일한 그룹으로부터 10년간 얼마를 받았는지'를 기준으로 판단해야 합니다.

즉, 10년이라는 기간을 기준으로 이 금액까지는 증여세 부담 없이 자금을 이전할 수 있습니다.

■ 배우자에게 증여해서 양도세 0원?

정원빈 씨는 주택을 여러 채 보유하고 있습니다. 이 중 한 채를 처분하려고 하는데, 해당 주택은 1억 원에 취득해 현재 시가가 약 6억 원으로 상승한 상태입니다. 이 경우 양도소득세를 고려하면 매각 시 상당한 세금 부담이 예상됩니다. 만약 해당 주택을 그대로 매도한다면, 세입자의 보증금 4억 원을 반환하고도 양도소득세를 납부해야 해 실질적으로 손에 남는 금액은 크지 않습니다. 게다가 보유 주택 수에 따라 다주택자 중과세까지 적용될 가능성도 있습니다. 이런 상황에서 정원빈 씨는 **배우자에게 증여하는 방안**을 고민하게 됩니다.

최근 이와 유사한 사례는 실무에서도 자주 접할 수 있습니다. 만약 배우자가 정원빈 씨로부터 증여받은 주택을 **10년 이내에 다시 증여자에게 되돌려주는 일이 없다면**, 증여 자체에는 증여세가 발생하지 않습니다. 배우자 증여재산공제는 **10년간 6억 원까지 적용**되기 때문입니다(세입자 보증금 등 채무 승계 부분은 제외).

① 배우자에게 증여하는 경우 장점이 있습니다.

① 양도소득세 부담을 줄일 수 있습니다

배우자에게 주택을 증여하면, 해당 주택의 **취득가액이 증여 당시의 시가로 재산정**됩니다. 이후 배우자가 해당 주택을 양도할 경우, 증여 시점의 시가를 기준으로 양도차익을 계산하게 되므로 양도소득세 부담이 크게 줄어들 수 있습니다.

예를 들어 배우자가 증여받은 주택을 시가 6억 원 기준으로 취득한 뒤 같은 금액에 매도한다면, 양도차익이 발생하지 않아 **양도소득세가**

과세되지 않습니다. 결과적으로 증여자가 직접 매도하는 경우보다 절세 효과가 발생할 수 있습니다.

② 종합부동산세 부담도 줄일 수 있습니다

종합부동산세는 6월 1일 현재 주택을 보유한 사람을 기준으로 과세되며, **인별로 9억 원의 기본공제가** 적용됩니다.

따라서 주택을 배우자에게 증여하면 부부 각각에게 9억 원의 공제 한도가 적용되어, 종합부동산세 부담이 분산되는 효과가 있습니다. 정원빈 씨의 경우, 배우자가 증여받은 주택의 공시가격이 9억 원 이하라면 종합부동산세 부담이 발생하지 않을 수도 있습니다.

③ 상속세 사전증여재산에서 제외할 수 있습니다

증여 후 **10년이 경과한 시점에 증여자가 사망**하는 경우, 해당 주택은 상속재산에 합산되지 않습니다.

만약 증여를 하지 않았다면 사망 시점의 시가(인플레이션 등을 고려한 상승가액)가 상속재산에 포함되었을 텐데, 사전 증여로 인해 이 주택이 제외되면서 상속세 부담도 줄어들게 됩니다.

설령 증여 후 10년 이내에 사망하더라도, 상속재산에 합산되는 금액은 **사망 시점의 시가가 아니라 증여 당시의 가액**이므로, 장기적으로는 사전 증여가 유리한 경우가 많습니다.

② 단, 증여 후 10년 이내 양도에는 주의해야 합니다.

배우자 또는 직계존속·직계비속으로부터 **증여받은 부동산을 10년 이내에 양도**하는 경우에는 주의가 필요합니다.[30] 이 경우 양도소득세 계산 시 증여자의 취득가액을 그대로 승계하여 적용하는데, 이를 **이월 과세**라고 합니다.

즉, 증여를 통해 양도소득세를 줄인 것으로 보고, 세법상 그 효과를 부인하고 원래 취득가액 기준으로 과세합니다. 따라서 배우자 증여는 **단기 매각 목적이 아닌, 중·장기 보유를 전제로 검토**해야 합니다.

---

30) **소득세법 제97조의 2【양도소득의 필요경비 계산 특례】**
    거주자가 양도일부터 소급하여 10년 이내에 그 배우자(양도당시 혼인관계가 소멸된 경우를 포함) 또는 직계존비속으로부터 증여받은 부동산 및 기타자산을 양도하는 경우 당초 증여자가 취득한 당시의 취득가액을 적용한다.(2022.12.31. 개정)
    2023.1.1.시행 전 증여받은 부동산 및 기타자산 양도 시 5년 적용

　증여받은 재산을 양도할 때 배우자와의 혼인관계가 이혼 등으로 소멸된 경우에도 이월과세는 적용되며, 증여자가 사망한 경우에는 적용되지 않습니다.

배우자 증여는 10년간 6억 원까지 0원이지만,
10년 이내 양도 시 이월과세에 유의해야 합니다.

Chapter 09

나누어 증여하면, 세금을 절약할 수 있을까

"여러 명"에게 분산증여, 절세 효과 있을까?

수증자가 많아질수록 증여세는 낮아집니다

증여세는 증여자를 기준으로 과세되는 세금이 아니라, **재산을 받는 수증자별로 과세되는 세금**입니다.

따라서 각 수증자마다 **증여재산공제와 누진세율이 각각 적용**됩니다.

이 때문에 같은 가액의 재산이라 하더라도 한 사람에게 전부 증여하는 것보다 여러 명의 수증자에게 나누어 증여하면, 적용되는 세율 구간이 낮아질 수 있어 **전체적인 증여세 부담이 줄어드는 효과**를 기대할 수 있습니다.

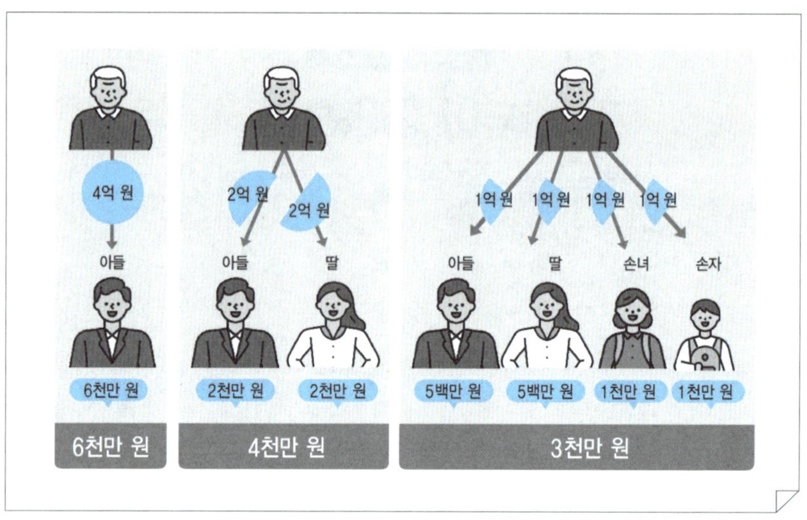

예를 들어 아버지가 아들 한 명에게 4억 원을 증여하는 경우 약 6천만 원의 증여세가 산출되지만, 아들과 딸에게 각각 2억 원씩 나누어 증여한다면 각자 약 2천만 원의 증여세가 계산되어, 합산 세액은 약 4천만 원으로 줄어듭니다.

여기에 손녀와 손자에게까지 증여 대상을 넓혀 분산한다면, 전체 증여세 부담은 약 3천만 원 수준까지 낮아질 수 있어 1천만 원 가량 더 절세됩니다.[31]

여러 명에게 분산하여 증여하는 경우 세금이 절약되는 이유

① 증여재산공제를 여러 번 활용할 수 있습니다

---

31) 손녀와 손자의 경우 증여재산공제 2천만 원 적용되고 세대생략 할증과세 30% 가산 적용되어 아들과 딸에게 증여하는 경우보다 증여세가 더 높게 계산되었음에도 총 합산 증여세는 낮아졌습니다.

증여재산공제는 **수증자 기준**으로 적용됩니다.

따라서 수증자가 여러 명이라면, 각 수증자별로 증여재산공제를 각각 적용할 수 있습니다.

위 사례에서 아들이 단독으로 증여받는 경우에는 5천만 원의 증여재산공제만 적용되지만, 아들과 딸이 공동으로 증여받는다면 각각 5천만 원씩, 총 1억 원의 공제를 받을 수 있습니다.

여기에 미성년 손자·손녀까지 추가된다면 각 2천만 원씩 총 4천만 원의 추가 공제도 가능합니다.

② 낮은 세율 구간을 여러 번 활용할 수 있습니다

과세표준	세율
1억 원 이하	과세표준의 10%
1억 원 초과 5억 원 이하	1천만 원+1억 원 초과금액의 20%
5억 원 초과 10억 원 이하	9천만 원+5억 원 초과금액의 30%
10억 원 초과 30억 원 이하	2억4천만 원+10억 원 초과금액의 40%
30억 원 초과	10억4천만 원+30억 원 초과금액의 50%

여러 명에게 증여하면 수증자별로 각각 세율을 적용하므로 낮은 세율 구간에 해당되는 금액이 많아집니다.

앞서 본 바와 같이 증여세를 계산할 때 곱하여지는 세율은 증여하는 금액이 늘어남에 따라 높은 세율을 적용받는 누진세율 구조입니다. 낮은 금액의 구간에서는 10%를 적용받고 금액에 따라 점차 높아져 30억 원이 넘는 부분에 대해서는 50%의 세율도 적용됩니다.

아버지로부터 4억 원을 아들 한 명이 증여받으면 증여재산공제를

5천만 원 적용하여 3억 5천만 원에 대해 세금이 과세되는데 이 중 1억 원까지는 10%, 1억 원이 넘는 구간에 대해서는 20%의 세율을 적용합니다.

아버지로부터 아들과 딸이 2억 원씩 나누어 증여받으면 아들의 과세표준의 1억 원, 딸의 과세표준의 1억 원 총 2억 원에 대해 10%의 낮은 세율이 적용됩니다. 결국 수증자가 여러 명으로 늘어날수록 10%의 세율로 적용되는 금액이 인원수만큼 늘어나는 결과가 되어 전체 세금은 줄어 듭니다.

여러 명에게 나누어 증여하면
절세효과가 있습니다.

"여러 번" 분산증여, 절세 효과 있을까? 

증여세율의 누진세율 체계를 이해했다면, 2억 원을 증여하는 경우와 4억 원을 증여하는 경우가 증여세 부담에서는 두 배 이상 차이가 난다는 점을 알 수 있을 것입니다.

그렇다면 최저의 세율을 적용받기 위해서 한꺼번에 증여하지 않고 여러 번에 나누어 증여하면 저율의 세율적용구간을 늘릴 수 있을까요. 예를 들어 올해 1억 원 증여하고 내년에 1억 원 증여하면 절세가 가능한지 살펴보겠습니다. 이는 증여재산 "동일인 합산과세의 원칙"과 관련이 있습니다.

매년 하는 분산증여는 효과가 없습니다

증여일 전 10년 이내에 동일인으로부터 받은 증여재산가액을 합친 금액이 1천만 원 이상인 경우에는 그 가액을 증여세 과세가액에 가산[32] 하게 됩니다. 따라서 매년 나누어 증여하더라도 분산증여 효과는 발생하지 않습니다.

즉, 증여세를 과세할 때는 해당 시점의 증여금액만을 기준으로 계산하는 것이 아니라, 10년간 동일인으로부터 증여받은 재산가액을 모두 누적하여 증여세를 계산합니다.

이를 세법상 용어로 정리하면 '동일인 합산과세'라고 합니다.

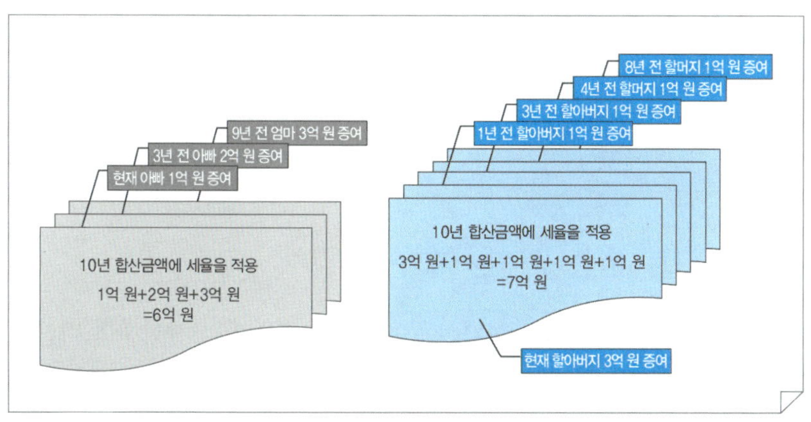

또한 증여세 동일인 합산과세에서 일컫는 "동일인"에는 증여자가 직계존속인 경우 그 직계존속의 배우자도 포함됩니다. 따라서 수증자를

---

32) 상속세 및 증여세법 제47조 【증여세 과세가액】

　　② 해당 증여일 전 10년 이내에 동일인(증여자가 직계존속인 경우에는 그 직계존속의 배우자를 포함한다)으로부터 받은 증여재산가액을 합친 금액이 1천만 원 이상인 경우에는 그 가액을 증여세 과세가액에 가산한다.

기준으로 보면 아버지와 어머니, 할아버지와 할머니는 각각 동일인으로 증여재산가액을 합산하게 됩니다. 결국 아버지와 어머니로부터 10년간 증여받은 재산은 모두 누적 합산하여 증여재산가액에 포함되며, 이로 인해 낮은 개별 금액이 아닌 합산된 높은 금액에 해당하는 증여세율이 적용되게 됩니다.

10년 단위로 분산 증여는 효과적입니다

한편, 증여세 산정 시 증여재산을 합산하는 동일인 합산과세의 기간은 10년입니다.

즉, 10년간 증여한 재산가액만이 합산되며, 증여받은 지 10년이 경과한 재산은 기존 증여재산가액과 합산되지 않습니다.

따라서 10년 전에 증여세 신고를 했다면, 과거에 얼마를 증여했는지와 관계없이 현재 증여하는 재산가액에 대해서는 다시 10%의 최저 세율부터 적용받을 수 있습니다.

자녀에게 재산 증여가 필요한 경우, 동일인이 증여한 재산가액은 10년 동안만 합산되고, 10년이 지나면 합산되지 않을 뿐만 아니라 증여재산공제 역시 새로 적용받을 수 있습니다.

그러니 지금부터라도 10년 단위로 증여 계획을 세운다면 분산증여를 통한 절세가 가능합니다.

동일인 합산과세 원칙과 관련하여, 필자가 상담했던 사례 중 이혼을 준비 중인 고객의 사례가 있습니다.

해당 고객은 이혼을 앞두고 재산분할, 재산 처분, 자녀에 대한 증여 문제와 관련해 세무 상담을 요청했습니다.

상담의 핵심은, 이혼을 예정한 부모가 자녀에게 미안한 마음에 부모 각자가 일부 재산을 자녀에게 증여하려는 경우,
① 이혼 후 재산분할을 하고 자녀에게 증여하는 경우와
② 이혼 전에 증여를 하고 이후 이혼 및 나머지 재산분할을 진행하는 경우 중
어느 쪽이 세법상 더 유리한지에 대한 것이었습니다.

결론적으로, 이혼을 고민 중인 상황이라면 '이혼 후' 자녀에게 증여하는 것이 더 유리할 가능성이 높다는 판단입니다.

증여 시점이 이혼 이후라면, 자녀의 어머니와 아버지는 더 이상 서로의 배우자가 아니므로 「상속세 및 증여세법」 제47조 제2항에서 규정하는 동일인 합산과세의 '동일인'에 해당하지 않게 됩니다.

그 결과, 부모 각각에 대해 기간별 동일인 합산과세 원칙을 별도로

적용받을 수 있는 장점이 생기게 됩니다.

즉, 부모가 이혼한 날 이후라면 어머니가 주는 증여재산과 아버지가 주는 증여재산은 서로 합산하여 과세하지 않습니다.[33]

분산증여는 매년 나누면 효과가 없지만,
10년 단위로 계획하면 절세가 가능합니다.

"여러 세목"으로 분리, 절세 효과 있을까?

민법상 부담부증여

부담부증여란 수증자가 증여를 받는 동시에 일정한 부담, 즉 채무를 함께 부담하는 증여를 말합니다. 예를 들어 건물을 증여하면서 선조의 제사를 모실 의무를 부담시키거나, 증여자 및 그 배우자의 부양 의무를 부담하도록 하는 경우가 이에 해당합니다.

부담부증여는 일반적인 증여계약과 달리, 수증자가 일정한 의무를 부담한다는 점에서 매매계약과 유사한 쌍방유상·쌍무계약의 성격을 가집니다.

---

33) **서면상속증여-2264, 2020.7.30.**
동일인으로부터 증여받은 증여재산가액 합산규정(「상속세 및 증여세법」 제47조 제2항) 적용 시 동일인의 배우자 여부는 각 증여시점별로 판단하는 것임

이러한 성격 때문에 부담부증여는 민법상으로도 단순한 무상 이전이 아닌 유상 이전의 요소를 함께 포함하게 됩니다.

세법상 부담부증여

상속세 및 증여세법에서는 증여를 무상으로 재산을 이전받는 것으로 정의하고 있습니다. 따라서 증여와 동시에 수증자가 인수해야 하는 채무에 대해서는 증여세를 과세할 수 없습니다.

이처럼 세법상 부담부증여는 채무 인수가 증여세 계산에 직접적인 영향을 미치기 때문에, 모든 채무가 증여세 과세가액에서 공제되는 것은 아닙니다.

세법에서 말하는 부담부증여의 '부담'은 민법상의 채무와 달리, 금융기관 자료 등 객관적인 자료에 의해 명확히 입증되어야 합니다.

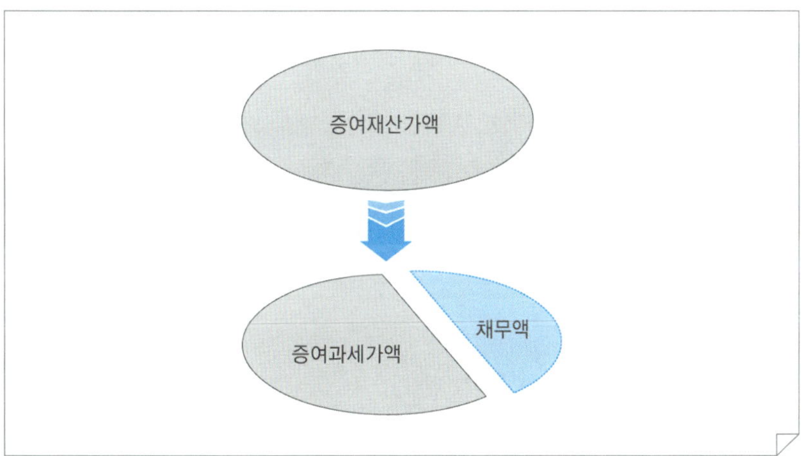

1 세법상 인정되는 채무에 해당해야 합니다.

증여재산가액에서 차감되는 채무는 증여재산에 담보된 증여자의 채무를 수증자가 인수한 경우에 한합니다. 특히 배우자 또는 직계존비속 간의 부담부증여에 대해서는, 채무가 수증자에게 실제로 인수되지 않은 것으로 추정되므로, 부담부증여를 주장하려면 금융자료, 계약서 등 객관적인 자료를 통해 적극적으로 입증해야 합니다.[34]

2 증여세는 줄어들지만, 양도소득세가 발생합니다.

부담부증여의 경우, 증여재산가액 중 채무 인수액을 제외한 부분만 증여세 과세 대상이 됩니다. 채무 인수 부분은 증여세 과세 대상에서는 제외되지만, 세법상 유상양도에 해당하므로 증여자는 해당 부분에 대해 양도소득세를 신고해야 합니다.

증여자 입장에서는 재산을 이전하면서 동시에 채무 부담을 덜게 되므로, 양 당사자 간에 대가관계가 존재한다고 보기 때문입니다.

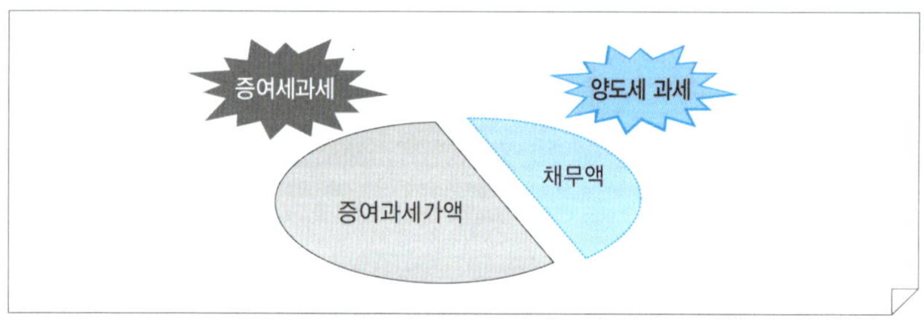

---

34) 상속세 및 증여세법 제47조, 시행령 제36조 【증여세 과세가액에서 공제되는 채무】

구분	채무의 입증방법
① 국가·지방자치단체·금융 기관에 대한 채무	당해 기관에 대한 채무임을 확인할 수 있는 자료
② ①외의 자에 대한 채무	금융거래 증빙, 채무부담계약서, 채권자확인서, 담보설정 및 이자지급 관련 서류

그렇다면 부담부증여는 단순한 증여보다 절세 측면에서 유리할까요?

다음 사례를 통해 살펴보겠습니다.

■ 양도, 증여 어떤 것이 더 유리할까요?

시가 15억 원의 아파트를 자녀에게 이전하는 경우
그 아파트에는 현재 임차인이 거주하고 있고 전세보증금은 10억 원인 상황입니다.
아파트 시가: 15억 원
보증금 채무: 10억 원
아파트 취득금액: 7년 전 4억 원

1 양도가 유리할까?

사회초년생 자녀에게 위 부동산을 일반적인 매매 방식으로 이전하는 것은 현실적으로 쉽지 않습니다.

자녀가 어린 나이에 큰 재력을 갖추었을 가능성은 낮고, 그런 상황이라면 이런 고민조차 없을 것이니, 위 상황에서 부모가 자녀에게 아파트를 일반 매매계약으로 양도하는 것은 쉽지 않습니다.

전세보증금을 고려하더라도 자녀는 최소 5억 원(전세보증금을 인수하고 차액만 지급하는 경우), 또는 15억 원의 현금을 마련해야 하며, 부모는 15억 원을 기준으로 양도소득세를 부담해야 합니다. 이러한 점에서 매매는 쉽게 선택하기 어려운 방식입니다.

② 증여가 유리할까?

아파트 전체를 증여할 경우 양도소득세는 발생하지 않으며, 자녀의 자금 능력을 고려할 필요도 없습니다. 그러나 아파트 전체가 증여 대상이 되므로 증여세율 30% 구간이 적용되어 상당한 증여세 부담이 발생합니다. 증여세는 수증자가 부담하므로, 아파트만 증여받은 자녀가 증여세를 납부할 재원을 마련하기도 쉽지 않습니다.

③ 부담부증여가 있다던데?

이 경우 부담부증여를 고려할 수 있습니다. 부담부증여는 전세보증금에 해당하는 부분은 양도로, 나머지 부분은 증여로 보아 두 가지 세목으로 나누어 과세합니다.

① 보증금가액은 증여재산가액에서 제외됩니다.

위 사례와 같이 보유 부동산에 금융기관 대출이나 전세입자의 보증금 등 **채무가 함께 존재하는 경우**에는 부담부증여를 고려해 볼 수 있습니다.

부담부증여란 자녀에게 부동산을 증여하면서, 그 부동산에 딸린 **채무까지 함께 인수하도록 하는 방식**입니다.

예를 들어 해당 아파트에 전세입자의 전세보증금 10억 원이 설정되어 있고, 자녀가 이 보증금 반환 채무를 함께 인수하기로 한다면, 형식상 증여가액이 15억 원이더라도 실질적인 증여는 **채무를 차감한 5억 원**에 대해 이루어진 것으로 보게 됩니다.

이 경우 자녀는 15억 원 전체가 아니라 **5억 원에 대해서만 증여세를 부담**하게 되며, 누진세율 구조상 적용되는 세율 구간이 낮아져 **증여세 부담이 크게 줄어드는 효과**를 기대할 수 있습니다.

② 자녀에게 인수한 채무에 대해 양도세를 부담합니다.

부모 입장에서는 과거에 전세입자에게 받은 보증금 10억 원이 있었을 텐데 아파트를 자녀에게 넘기면서 전세입자가 퇴거하면 돌려줘야 할 보증금 10억 원에 대한 부담을 덜게 되었습니다.

아파트 15억 원 중 10억 원에 대하여는 부모가 자녀에게 아파트를 주면서 10억 원에 대한 보증금 반환의무도 면하게 되었으니 이는 자녀에게 재산을 무상으로 이전했다고 볼 수 없습니다. 거래에서 대가관계가 존재하면 세법에서는 이를 유상양도라고 봅니다. 따라서 부모는 10억 원에 해당하는 부분에 대해 양도소득세를 부담해야 합니다.

정리하면 다음과 같습니다.

부모는 자녀에게 5억 원 상당의 아파트는 무상으로 증여하고, 10억 원 상당의 아파트는 유상으로 이전한 것으로 보게 됩니다.

이에 따라 자녀는 5억 원에 대한 증여세를 부담하고, 부모는 10억 원에 대해 취득가액과 양도가액을 기준으로 계산한 양도소득세를 부담하게 됩니다.

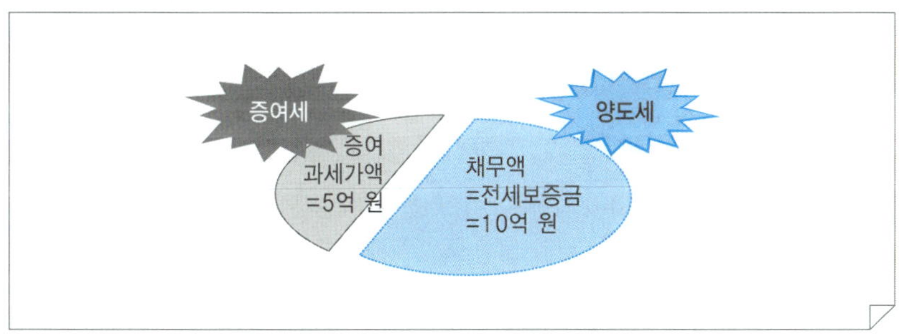

세목을 나누는 것은 절세의 핵심 중 핵심입니다. 절세의 기본원칙 중 하나는 세금을 여러 종류로 쪼개는 것입니다. 증여세, 상속세, 소득세 등 우리나라 국세는 모두 누진세율 구조를 가지고 있어, 소득이나 재산 이전을 여러 세목으로 분리할 수 있다면 각 세목의 낮은 세율 구간을 활용할 수 있습니다.

결국 부담부증여는 증여세와 양도소득세를 분리해 적용함으로써, 합법적인 절세 수단이 될 수 있습니다.

한마디 요약

증여 시 채무를 함께 이전하면
양도와 증여로 구분해 세금을 계산합니다.

참고

부담부증여 유리한 경우, 불리한 경우

① 부담부증여는 모든 경우에 유리한 선택은 아닙니다.

예를 들어 주택 가격이 크게 상승해 양도차익이 크고, 부모가 다주택자에 해당하는 경우라면 오히려 부담부증여가 불리할 수 있습니다. 다주택자의 경우 양도소득세율은 기본 세율에 20% 또는 30%의 중과세율이 추가로 적용됩니다.

만약 기본 세율이 45% 구간에 해당한다면, 여기에 중과세율이 더해져 65% 또는 75%의 세율이 적용됩니다. 여기에 다시 지방소득세 10%가 추가되면, 실제 부담하는 세율은 71.5% 또는 82.5%에 이르게 됩니다. 이처럼 증여세 최고세율인 50%를 피하기 위해, 오히려 양도소득세로 세율 71.5% 또는 82.5%를 선택할 이유는 없습니다. 이러한 경우에는 오히려 증여세율이 상대적으로 낮게 느껴질 수 있으며, 부담부증여를 선택해서는 안되는 대표적인 사례에 해당합니다.

② 부담부증여를 고려해볼 수 있는 경우

그렇다면 부담부증여가 유리한 경우는 언제일까요?

이는 앞서 살펴본 상황과 반대의 상황일 때 고려해 볼 수 있습니다. 주택 가격이 크게 오르지 않아 실제 양도차익이 크지 않은 경우이거나, 부모가 1세대 1주택 요건을 충족해 양도소득세 비과세가 적용되는 경우라면 양도소득세 부담이 크지 않기 때문에 부담부증여를 적극적으로 검토해볼 수 있습니다.

③ 부담부증여를 진행할 때 유의할 사항

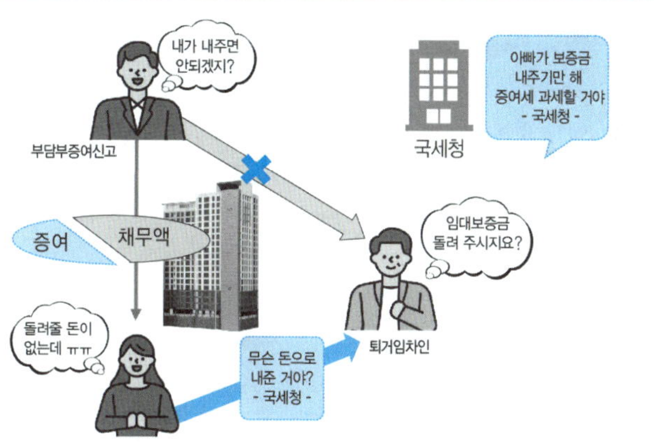

부담부증여를 진행할 때에는 다음 사항에 특히 유의해야 합니다.

첫째, 과세관청은 부담부증여를 가장한 조세 회피를 방지하기 위해, 수증자가 인수한 채무가 가공채무가 아닌 실제 채무인지에 대해 사실관계를 확인합니다.

따라서 금융자료, 계약서 등 객관적인 입증자료를 사전에 철저히 준비해야 합니다.

둘째, 부담부증여로 증여세와 양도소득세 신고를 마쳤다고 해서 모든 절차가 끝난 것은 아닙니다. 부담부증여는 실제로 자녀가 채무를 인수하는 거래라는 점을 반드시 인식해야 합니다.

"일단 세금만 절세해서 신고해 두고, 나중에 부모가 대신 갚아주면 된다"는 생각은 매우 위험합니다.

국세청은 차세대 국세행정시스템(NTIS)을 통해 부담부증여를 지속적으로 모니터링하고 있으며, 채무 내역, 상환 만기일, 채권자·채무자 변경 여부 등을 사후관리 대상으로 삼고 있습니다. 실제 전세기간 만료일이 경과하면 과세관청은 세입자와의 갱신계약서 등 관련 자료에 대한 소명을 요구합니다. 이 과정에서 전세입자가 이미 퇴거한 사실이 확인될 경우, 부담부증여로 인정되지 않아 추가 증여세가 과세될 수 있습니다

따라서 부담부증여 이후에는 자녀가 인수한 채무를 반드시 자녀 스스로 갚도록 해야 합니다,

그리고 만약 자녀가 전세보증금을 임차인에게 내어 주거나 금융기관의 채무를 갚는다면 그 금액의 자금출처까지도 명확하게 입증할 수 있어야 할 것입니다.

부담부증여는 '나눠서 과세'만큼 '나눠서 책임'도 따릅니다

Chapter 10

대신 내준 세금,
또 다른 증여가 된다

우리 아이는 증여세를 낼 능력이 될까? 

자녀에게 증여할 계획이 있다면, 부모의 입장뿐 아니라 자녀가 실제로 부담해야 할 세금과 각종 이전 비용을 함께 고려해야 합니다.

부모가 자녀에게 12억 원짜리 아파트를 증여한 경우, 예를 들어 부모가 자녀에게 **12억 원짜리 아파트**를 증여하는 경우, 증여재산공제를 적용하더라도 자녀는 **약 3억 원의 증여세**를 부담하게 됩니다.

연부연납[35]을 신청해 허가를 받아 5년에 걸쳐 6회로 나누어 납부하더라도, 매년 **약 5천만 원의 납부세액과 연부연납가산금**을 부담해야 합니다. 일반적인 직장인의 연봉 수준을 고려하면, 세금만 납부하기에도 적지 않은 금액입니다.

---

35) 증여세와 상속세는 일시 현금 납부가 원칙이며, 특례사항으로 분할납부, 연부연납의 방식이 있습니다. 증여세는 5년, 상속세는 10년 동안 연부연납이 가능합니다. 상속세의 경우 물납도 가능합니다.

원칙	특례	
일시납부	분할납부	연부연납

원칙	특례
현금납부	물납

여기에 더해 자녀는 부동산 취득 과정에서 발생하는 **취득세, 교육세, 농어촌특별세, 국민주택채권 매입 등 소유권 이전 비용**도 함께 부담해야 합니다.

증여를 받는 순간의 감사한 마음이, 매년 도착하는 증여세 고지서와 함께 점차 부담과 원망으로 바뀌는 것은 결코 과장된 이야기가 아닙니다.

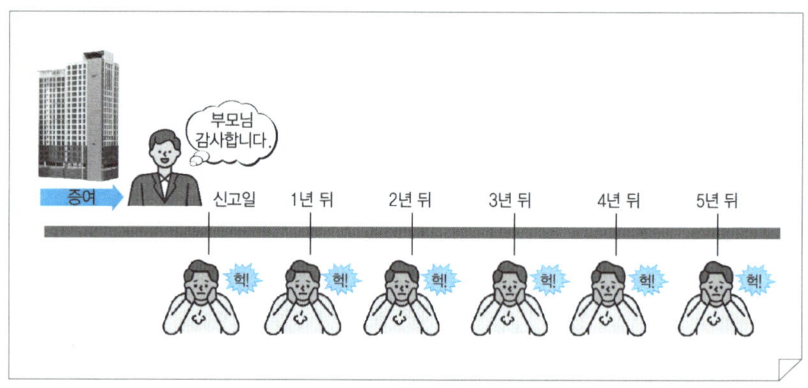

부모가 증여세를 대신 내줘도 될까? 

그렇다면 이러한 자녀의 부담을 덜어주기 위해, 자녀가 납부해야 할 증여세를 **부모가 현금으로 대신 납부해도 되는지**를 묻는 경우가 많습니다.

소액의 경우까지 국세청이 모든 자금 이동을 일일이 적발하기는 어렵습니다. 그러나 최근처럼 부동산 취득과 관련한 관리가 강화되고, 부동산 가격 상승으로 증여세 규모가 큰 경우에는 **증여세 납부를 위한 현금 증여 사실이 적발될 위험**도 결코 낮지 않습니다.

실제로 국세청은 부모와 자녀 사이에 증여나 양도가 발생한 경우, 부동산 거래 시점을 전후해 **부모와 자녀 양측의 금융계좌를 일정 기간 점검**하는 경우가 많습니다.

사후 점검 과정에서 자녀의 증여세나 취득 비용이 부모의 계좌에서 출금된 사실이 확인되거나, 자녀의 소득과 재산 상태를 종합적으로 검토한 결과 **자력으로 세금을 납부할 경제적 능력이 없다고 판단되는 경우**, 해당 금액에 대해 **추가적인 증여세와 가산세가 과세**될 수 있습니다.

대신 내준 세금, 또 다른 증여가 됩니다

증여자가 재산을 증여하면서 그에 수반되는 비용까지 대신 부담해 주었다면, 그 금액 역시 **수증자가 받은 추가적인 경제적 이익**으로 보아 원칙적으로 **증여에 해당**합니다.

따라서 부동산을 증여하면서 취득세 등 각종 이전 비용이나 증여세 자체를 증여자가 대신 납부한 정황이 확인되는 경우, 그에 대해 **별도의 증여세가 추가로 과세**될 수 있습니다.
즉, 최초에 증여한 부동산 가액에 부모가 대신 납부해 준 증여세와 관련 비용을 더한 금액을 기준으로 **다시 한 번 증여세가 계산되는 구조**입니다.

이러한 문제를 피하기 위해 최근에는, 부동산을 증여할 때 관련 비용과 세금에 해당하는 금액까지 **처음부터 현금으로 함께 증여한 후**, 이를 포함해 증여세 신고와 납부를 마무리하는 방식이 실무에서 많이 활용되고 있습니다.

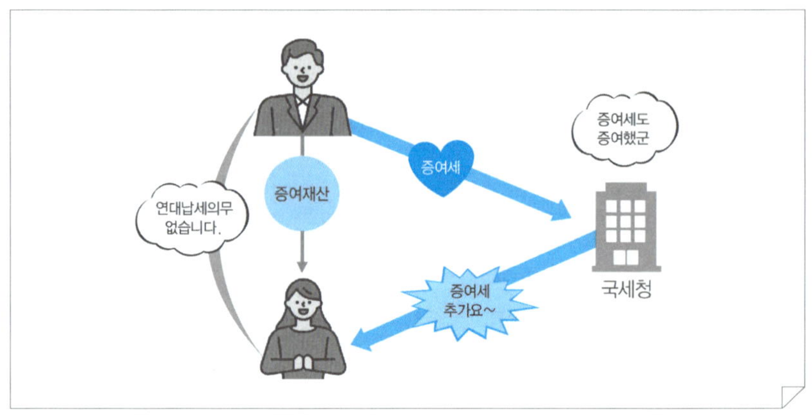

대신 내줘도 증여가 되지 않는 경우 

그렇다고 해서 상대방의 세금을 대신 납부하는 모든 경우가 증여로 보아 과세되는 것은 아닙니다.

공동의 납세의무자들이 연대납세의무를 부담하는 경우에는, 그들 사이에서 세금을 대신 납부하더라도 이를 증여로 보지 않습니다.

이는 타인의 세금을 대신 납부한 것이 아니라, **자신에게 부과된 연대납세의무를 이행한 것**에 불과하기 때문입니다.

연대납세의무란?

연대납세의무란 하나의 납세의무가 **여러 사람에게 동시에 귀속되는 경우**를 말합니다.

세법은 일정한 경우 공동납세자 간에 연대납세의무를 규정하여 납세의무자의 범위를 확장하고 있으며, 이에 따라 국세청은 연대납세의무자 중 **어느 누구에게라도 세액의 일부 또는 전액을 부과**할 수 있습니다.

민법상 연대채무

민법상 연대채무란 채권자가 공동의 채무자 중 어느 한 채무자에 대하여 채무를 이행할 것을 청구할 수 있는 채무입니다. [36] 이 경우 공동의 채무자는 각자 자신의 채무를 이행할 의무가 있으나 공동채무자 중 어느 1인이 채무 전부를 이행하면 모든 채무자의 채무가 소멸됩니다. [37]

채권자는 연대채무자 중의 어느 한사람에 대하여 채무의 전부나 일부의 이행을 청구할 수 있고, 또는 모든 채무자에 대하여 동시에 또는 순차로 채무의 이행을 청구할 수 있습니다.

만약 연대채무자 중 1인이 전체 채무를 이행했다면 자기의 부담 부분을 넘은 부분에 대해서는 다른 연대채무자에게 상환을 청구할 수 있는 구상권을 갖게 됩니다.

세법에서는 국세를 연대하여 납부할 의무에 관하여 「민법」의 규정을 준용하고 있습니다.

예를 들어 공동사업을 영위하는 공동사업자는 그 사업과 관련된 국세에 대해 연대하여 납부할 의무를 지며, [38] 공동상속인들도 전체 피상속인의 상속재산에 대한 상속세에 대하여 받거나 받을 재산의 한도에서 납세에 대한 연대납세 의무를 부담합니다.

증여에서 인정되는 예외적 연대납세의무

증여세는 원칙적으로 **재산을 증여받은 수증자가 납부**하며, 증여자와 수증자 사이에는 연대납세의무가 인정되지 않습니다.

---

36) 민법 제414조 【각 연대채무자에 대한 이행청구】
37) 민법 제413조 【연대채무의 내용】
38) 국세기본법 제25조 【연대납세의무】

다만 세법은 예외적으로, 수증자에게 증여세를 부과하기 곤란한 경우에는 증여자에게 수증자의 증여세에 대해 **연대하여 납부할 의무를 부과**하고 있습니다.[39]

대표적인 경우가 수증자가 **비거주자**이거나 그 밖에 **조세채권 확보가 어려운 경우**입니다. 이 경우 증여자가 수증자의 증여세를 대신 납부하더라도, 그 금액을 다시 증여로 보아 과세하지는 않습니다.

비거주자에게 증여하면 무엇이 달라질까?

■ 해외로 떠나는 자녀, 지금 증여해도 괜찮을까

소정 씨는 독일인 남자친구 루카스와 올해 결혼을 앞두고 있으며, 결혼 후에는 독일로 거주지를 옮길 예정입니다. 소정 씨의 부모는 결혼 선물로 소정 씨 명의의 아파트를 증여하는 방안을 고민하고 있습니다. 이 아파트는 오래전에 마련해 둔 것으로, 현재 시가는 약 12억 원에 이릅니다.

외국으로 거주지를 옮기게 되는 만큼 아파트를 매도해 현금으로 증여하는 방법도 검토해 보았지만, 부모가 다주택자인 상황에서 양도소득세 중과 부담은 만만치 않습니다. 더욱이 향후 소정 씨 부부가 다시 한국으로 돌아와 직장을 구할 가능성도 배제할 수 없어, 부모로서는 국내 주택 한 채는 유지해 주고 싶다는 생각을 가지고 있습니다. 이런 상황에서 세무사와 상담을 진행한 결과, **아파트 증여 시점을 결혼 이후로 미루는 것이 오히려 유리할 수 있다는** 조언을 듣게 됩니다.

이 조언의 핵심은 **수증자의 거주자 여부**에 있습니다. 비거주자에게 재산을 증여하는 경우, 수증자인 비거주자의 증여세에 대해 증여자는 수증자와 함께 **연대납세의무**를 부담합니다. 따라서 자녀가 비거주자인

---

39) **상속세 및 증여세법 제4조의 2 제6항 【증여세 납부의무】**

경우, 부모가 자녀의 증여세를 대신 납부하더라도 그 금액에 대해 추가적인 증여세는 과세되지 않습니다. 이는 증여자가 타인의 세금을 대신 납부한 것이 아니라, **자신에게 부과된 연대납세의무를 이행한 것**으로 보기 때문입니다.

비거주자 판단 기준과 주의할 점

비거주자 여부는 국적이나 단순한 해외 체류 사실만으로 결정되지 않습니다. 과세기간 중 183일 이상 국내에 체류하거나, 국내에 주거용 주택·직장·가족 등 생활의 근거가 남아 있는 경우에는 해외에 거주하더라도 거주자로 판단될 수 있습니다. 특히 증여 직전 단기간 해외 체류만으로 비거주자 요건을 맞추는 방식은 사후 조사에서 쉽게 부인될 수 있으므로, 증여 시점 이전부터 생활의 중심이 실질적으로 해외로 이전되었는지에 대한 점검이 필요합니다.

다만 비거주자는 배우자 6억 원, 직계존비속 5천만 원 등과 같은 **증여재산공제를 적용받을 수 없다는 단점**이 있습니다. 그럼에도 불구하고 증여자가 추가 증여세 부담 없이 수증자의 증여세를 정리할 수 있다는 점에서, 사안에 따라서는 오히려 비거주자에게 증여하는 구조가 더 유리해질 수 있습니다.

이를 소정 씨의 사례에 적용해 보겠습니다. 결혼 전, 소정 씨가 거주자인 상태에서 시가 12억 원의 아파트를 증여하면서 부모가 증여세를 대신 납부해 준다면, 그 대납 금액 자체가 다시 증여로 보아 과세됩니다. 해당 아파트는 40% 증여세율 구간에 해당하므로, 약 3억 원의 증여세를 대신 납부할 경우 그 금액에 대해서도 단순 계산으로 **약 1억 2천만 원의 추가 증여세**가 발생하게 됩니다.

반면 소정 씨가 결혼 후 독일에 정착해 **비거주자로 판단되는 시점**에 증여를 받는 경우에는 상황이 달라집니다. 증여재산공제가 적용되지 않더라도, 부모가 소정 씨의 증여세를 대신 납부하면 추가적인 증여세 부담 없이 증여를 마무리할 수 있습니다.

비거주자에 대한 조세채권을 확보하기 위해 마련된 증여자의 연대납세의무 규정이, 결과적으로는 거주자보다 비거주자에게 증여하는 경우 더 유리하게 작용하는 구조를 만들고 있다는 점은 다소 아이러니한 부분입니다.

세금을 대신 내주는 순간,
또 하나의 증여가 시작됩니다.

Chapter 11

생활비와 교육비-어디까지 비과세일까
(부제: 증여세비과세 대상인 생활비, 얼마까지?)

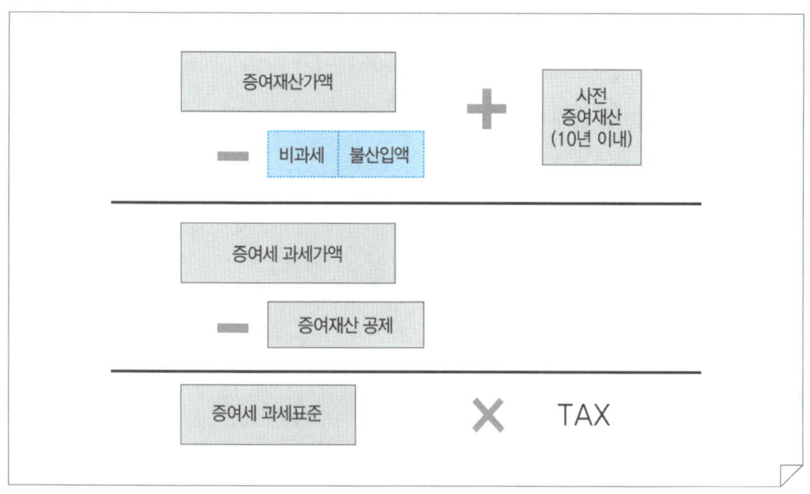

　재산을 무상으로 이전하면 원칙적으로 증여세가 과세됩니다. 그러나 모든 무상이전이 증여세 과세대상은 아닙니다.

　국가나 지방자치단체로부터 받은 생계지원비나 재난지원금은 물론, 가족 간의 용돈이나 친구 사이의 소소한 식사비 정산, 결혼식에서 오가는 축의금까지 일일이 증여세를 부과하지는 않을 것입니다.

세법 역시 이러한 현실을 반영하여 **증여세가 과세되지 않는 증여재산을** 별도로 규정하고 있습니다. 상속세 및 증여세법 시행령 제35조[40]는 사회통념상 인정되는 이재구호금품, 치료비, 피부양자의 생활비와 교육비, 그밖에 이와 유사한 성격의 금품에 대해서는 증여세를 과세하지 않도록 정하고 있습니다.

문제는 이 규정이 **금액 기준을 명확하게 제시하지 않고 있다는** 점입니다. 법은 "사회통념상 인정되는 범위"라고만 규정할 뿐, 얼마까지가 비과세이고 얼마부터 과세 대상인지에 대해서는 구체적으로 밝히고 있지 않습니다.

결국 증여세 비과세 여부는 금액이 아니라, 그 금품의 목적과 관계, 그리고 실제 사용에 따라 판단됩니다. 이 때문에 생활비, 교육비, 혼수비용, 축의금과 같은 일상적인 금전 이전이 어느 순간 증여세 과세 문제로 이어지는 경우도 적지 않습니다.

---

40) **상속세 및 증여세법 제46조 【비과세되는 증여재산】**
   상속세 및 증여세법 시행령 제35조 【비과세되는 증여재산의 범위 등】
   1. 국가나 지방자치단체로부터 증여받은 재산
   2. 우리사주조합원이 취득한 이익
   3. 「정당법」에 따른 정당이 증여받은 재산
   4. 「근로복지기본법」에 따른 사내근로복지기금 등의 단체가 증여받은 재산
   5. 사회통념상 인정되는 이재구호금품, 치료비, 피부양자의 생활비, 교육비, 그 밖에 이와 유사한 것
      ▷ 학자금 또는 장학금 기타 이와 유사한 금품
      ▷ 기념품 · 축하금 · 부의금 기타 이와 유사한 금품으로서 통상 필요하다고 인정되는 금품
      ▷ 혼수용품으로서 통상 필요하다고 인정되는 금품
      ▷ 타인으로부터 기증을 받아 외국에서 국내에 반입된 물품으로서 당해 물품의 관세의 과세가격이 100만 원 미만인 물품
      ▷ 불우한 자를 돕기 위하여 언론기관을 통하여 증여한 금품
   6. 신용보증기금 등이 증여받은 재산
   7. 국가, 지방자치단체 또는 공공단체가 증여받은 재산의 가액
   8. 「장애인복지법」에 의해 등록한 장애인 및 「국가유공자등 예우 및 지원에 관한 법률」에 의하여 등록한 상이자를 수익자로 한 보험의 보험금으로서 연간 4천만 원 이하의 보험금
   9. 「국가유공자 등 예우 및 지원에 관한 법률」에 따른 국가유공자의 유족이나 「의사상자 등 예우 및 지원에 관한 법률」에 따른 의사자의 유족이 증여받은 성금 및 물품 등 재산
   10. 비영리법인의 설립근거 법령변경으로 승계받은 재산

이 장에서는 **증여세가 과세되지 않는다고 오해하기 쉬운 영역**을 중심으로, 어디까지가 허용되고 어디서부터 과세가 시작되는지를 하나씩 살펴보겠습니다.

생활비·교육비는 어디까지 비과세일까

피부양자의 생활비나 자녀의 교육비는 각 가정의 경제적 여건에 따라 큰 차이가 있습니다. 월 200만 원으로 4인 가족의 생활비를 충당하는 가정이 있는 반면, 부유한 가정의 경우에는 자녀의 해외유학 비용만으로도 한 달에 수천만 원이 소요되기도 합니다.

이처럼 가계 상황이 다양한 만큼, 생활비나 교육비를 이유로 **어느 금액까지는 비과세하고 얼마부터 과세한다는 식의 획일적인 기준을 정하기는 어렵습니다.**

결국 증여세 비과세 여부는 금액 자체가 아니라, **개별 사정을 종합적으로 고려해 판단**하게 됩니다. 증여자와 수증자의 관계, 수증자가 민법상 피부양자에 해당하는지 여부, 수증자의 직업·연령·소득·재산 상태 등 구체적인 사실관계가 함께 검토 대상이 됩니다.

또한 형식상 생활비나 교육비 명목으로 지급된 금액이라 하더라도, **실제로 그 목적에 사용되었는지가 무엇보다 중요합니다.** 해당 금원이 필요할 때마다 생활비나 교육비로 직접 지출되지 않고, 예·적금으로 저축되거나 주식·부동산 등의 취득자금으로 사용되었다면, 애초 지급 목적이 생활비나 교육비였다고 하더라도 증여세 비과세를 인정받기 어렵습니다.

즉, 생활비나 교육비는 **지급 목적·금액의 적정성·실제 사용처가 모두 충족되어야만** 증여세 비과세 대상이 될 수 있습니다.

> - 해외 대학에 재학 중인 자녀의 등록금 및 현지 생활비로 직접 지급한 금액이 금융거래 기록과 환전 내역으로 확인되고, 해당 국가의 물가 수준에 비추어 합리적인 범위로 인정된 경우 → **비과세되는 교육비로 인정**
> - 결혼식장 대여비용 등 결혼과 직접 관련된 비용을 카드 결제 등으로 직접 지급하고 지출 목적이 객관적으로 입증되는 경우 → **비과세되는 혼수비용으로 인정**
>
> 반면, 사용처가 불분명한 현금 인출액이나 제3자 이체 금액, 막연히 교육비·결혼비용이라고 주장하는 금액 → **증여세 과세 대상**

생활비와 교육비는 금액이 아니라
목적과 실제 사용 여부가 비과세 판단의 기준이 됩니다.

혼수비용과 축의금은 누구의 것일까 

혼수비용

부모가 결혼하는 자녀의 혼수용품을 마련해 주는 경우, 어느 금액부터 증여세 과세 대상으로 볼 것인지는 세법에 명확한 기준이 정해져 있지 않습니다. 다만 사회통념상 결혼 생활에 필요하다고 인정되는 범위의 가사용품이라면, 부모로서 자녀의 결혼을 돕는 행위로 이해될 수 있습니다.

반면, 결혼과 직접적인 관련이 없는 고가의 사치품이나 신혼주택 마련 자금, 차량 구입 자금 등은 사회통념상 혼수비용으로 보기 어려워 증여세 과세 대상에 해당합니다.

혼수비용의 비과세 여부는 **결혼과의 관련성, 품목의 성격, 금액의 적정성**을 종합해 판단하게 됩니다.[41]

축의금

자녀의 결혼식에서 하객들이 내는 축의금은 그 귀속 주체에 따라 증여세 과세 여부가 달라질 수 있습니다.

축의금은 원래 결혼식이라는 큰 행사를 치르는 과정에서 일시에 발생하는 비용 부담을 서로 나누기 위해 형성된 관습이므로, 혼주인 부모의 재산으로 볼 여지도 있습니다.

한편, 결혼이라는 개인적 사건을 축하하기 위해 결혼 당사자에게 직접 전달된 금원이라면 자녀에게 귀속되는 결혼축하금으로 볼 수 있습니다. 이 경우 사회통념상 통상적인 범위라면 증여세 과세 대상에서 제외됩니다.

다만 하객과의 친분 관계가 부모에게 있고, 부모에게 귀속되는 성격의 축의금을 자녀가 사용하였다면, 이는 부모로부터 자녀에게 증여가 이루어진 것으로 보아 증여세 과세 대상이 될 수 있습니다.

결국 축의금의 과세 여부는 **누구와의 친분 관계에 기초해 지급되었는지**, **실제 귀속 주체가 누구인지**에 따라 판단됩니다.[42]

부의금은 누구의 것일까 

부의금은 피상속인의 재산으로 보지 않습니다. 따라서 피상속인의 사망으로 발생한 부의금은 상속재산에 포함되지 않습니다.

부의금은 문상객들이 사망을 애도하며 유가족에게 직접 건네는 금품으로, 사회통념상 통상 필요하다고 인정되는 범위라면 증여세도 과세되지 않습니다.

결국 부의금은 그 성격상 상속재산에도 해당하지 않고, 특별한 사정이 없는 한 증여세 과세 문제도 발생하지 않는 것이 일반적입니다.[43]

한마디 요약

혼수 · 축의금 · 부의금은
결혼이나 장례와의 관련성, 그리고 실제 귀속 주체에 따라 과세 여부가 달라집니다.

---

42) **조심 2016서1353, 2017.2.8.**
결혼축하금은 혼사가 있을 때 일시에 많은 비용이 소요되는 혼주인 부모의 경제적 부담을 덜어주려는 목적에서 그들과 친분 관계에 있는 하객들이 부모에게 성의의 표시로 조건 없이 무상으로 건네는 금품을 가리킨다고 볼 수 있으므로, 그 중 청구인과의 친분 관계에 기초하여 결혼 당사자에게 직접 건네진 것이라고 볼 부분을 제외한 나머지는 혼주인 부모에게 귀속된다고 봄이 상당하고 청구인의 부모에게 귀속되는 금액을 청구인이 사용하였다면 청구인이 부모로부터 해당 금액을 증여받은 것이므로 증여세 과세대상에 해당된다 하겠다.
따라서, 청구인의 결혼축하금 중 청구인의 친인척과 지인으로부터 받은 금원은 청구인과의 친분 관계에 기초하여 청구인에게 직접 건네진 것이므로 증여세 과세대상에서 제외되나, 이를 제외한 나머지 금액은 청구인의 부모에게 귀속되는 금액을 청구인이 증여받은 것에 해당한다.

43) **서면4팀-358, 2005.3.10.**
사회통념상 통상 필요하다고 인정되는 부의금에 해당하는 경우 증여세가 비과세되는 것임

■ 조부의 재력, 세금 안내도 될까?

사이좋은 시부모와 아들, 며느리로 이루어진 한 가족이 있었습니다.
결혼 후에도 시아버지는 며느리의 통장으로 매달 150만 원씩, 5년간 생활비를 송금해 주었습니다.

시아버지가 사망한 뒤 아들 내외는 상속세 신고를 준비하던 중, 그동안 며느리 통장에 꾸준히 입금된 내역이 혹시 상속세나 증여세 과세 대상이 될 수는 없는지 고민하게 되었습니다.
5년간 입금된 금액은 거의 1억 원에 이르는 적지 않은 금액이었기 때문입니다.

한때 입시 관련 드라마가 한창 인기를 끌면서 자녀의 입시에 성공하는 필수요소가 "첫째는 엄마의 정보력, 둘째는 아빠의 무관심, 셋째는 조부의 재력"이라는 말이 유행했습니다.

조부의 재력이 손자녀의 학업과 생활을 뒷받침하는 현실을 풍자한 표현이지만, 이러한 지원이 언제나 세금 문제에서 자유로운 것은 아닙니다.

1 피부양자의 생활비는 비과세이지만

손자·손녀의 생활비나 교육비를 조부가 대신 부담하면 증여세가 과세되지 않는다고 오해하는 경우가 많습니다. 세법상 피부양자의 생활비나 교육비는 일정 요건을 충족하는 경우에 한해 비과세 증여재산으로 인정됩니다.

다만 이는 증여자가 **수증자를 부양할 의무**[44) 45)]**가 있는 경우를** 전제로 합니다. 즉, 조부가 손자녀를 부양해야 할 특별한 사정이 있어야 하며, 지원 금액 역시 **사회통념상 인정되는 범위**여야 합니다.

2 다른 용도로 쓰였다면 증여세 비과세는 어렵다

생활비 또는 교육비 명목으로 받았다 하더라도 이를 예·적금으로 모아 두거나 주식, 토지, 주택 등의 매입자금 등의 취득 자금으로 사용했다면 증여세 비과세 대상에서 제외됩니다. 생활비나 교육비는 필요할 때마다 실제로 그 용도에 사용되어 소진되는 금액이어야 하며, 남는 돈이 발생한다면 증여로 볼 가능성이 높습니다.

정리하면, 조부가 손자녀의 생활비나 교육비를 지원하면서 증여세 비과세로 인정받기 위해서는 다음 요건이 모두 충족되어야 합니다.

첫째, 조부에게 손자녀를 부양해야 할 사정이 있을 것
둘째, 금액이 사회통념상 과하지 않을 것
셋째, 받은 돈이 실제 생활비나 교육비로 사용될 것

사례에 적용해 보면 아들 내외는 1억 원에 가까운 금액을 무상으로

---

44) **민법 제974조【부양의무】**
다음 각 호의 친족은 서로 부양의 의무가 있다.
1. 직계혈족 및 그 배우자간
2. 삭제
3. 기타 친족 간(생계를 같이 하는 경우에 한한다)

45) **민법 제975조【부양의무와 생활능력】**
부양의 의무는 부양을 받을 자가 자기의 자력 또는 근로에 의하여 생활을 유지할 수 없는 경우에 한하여 이를 이행할 책임이 있다.

지원받았으므로 일반적으로는 증여세 과세 대상이 될 가능성이 높습니다. 다만 모든 사정이 동일하게 평가되는 것은 아닙니다.

이 사례에서 아들은 결혼 후 직장을 그만두고 오랜 기간 국가고시를 준비하며 소득이 없는 상태였고, 며느리 역시 재취업이 쉽지 않은 상황이었습니다. 손자녀들이 성장하면서 생활비와 교육비 부담이 커지자 시아버지는 "몇 년만 더 버텨보자"며 매달 150만 원씩 가족의 생활비와 교육비를 지원했습니다.

해당 금액이 실제로 아들 내외와 손자녀의 생활비·교육비로 사용되었고, 아들의 경제적 능력이 부족한 상황에서 조부가 부양을 대신할 수밖에 없는 사정이 인정되었으며, 월 150만 원이라는 금액 역시 4인 가족의 생활비로 과하지 않다고 판단되어 증여세 과세를 피할 수 있었습니다.

다만 이러한 판단은 **예외적인 사정이 모두 충족된 경우**에 한합니다. 원칙적으로 조부에게는 손자녀를 부양할 의무가 없다고 보는 경우가 많으며, 부모에게 충분한 소득이나 재산이 있다면 조부가 부담한 생활비나 교육비는 증여세 과세 대상으로 판단될 가능성이 높습니다.[46]

---

46) **조심 2010서3950, 2011.2.23.**
할아버지가 손자의 교육비를 부담한 경우, 아들 내외가 근로소득 및 사업소득이 있으므로 할아버지가 손자를 부양할 의무가 없는 것이므로 동 교육비에 대해서는 증여세 과세대상임
조심 2020서143, 2020.7.21.
상증세법 제46조 제5호에서 규정하는 '사회통념상 인정되는 피부양자의 교육비'란 부양의무가 있는 자가 피부양자에게 지출한 돈을 말하는데, 부양의무가 없는 조부모가 손자녀의 교육비를 부담한 경우에는 비과세되는 증여재산에 해당하지 않는다 할 것인바
청구인의 유학 당시 부모의 경제적 부양능력이 전혀 없어 피상속인이 그 부모를 대신하여 자신의 손녀인 청구인을 부양할 의무가 있었다고 보기는 어려운 점, 유학 당시 성년에 이르렀던 청구인의 경우 그가 소유한 상가의 임대수입 규모를 감안하면 유학경비를 자력으로 감당할 수 있었던 것으로 보이는 점 등에 비추어 동 교육비는 증여세 과세대상임

조부의 지원은
부양의무와 실제 사용 여부가 세금을 가릅니다.

장애인을 위한 세제 혜택 

(이 제도는 모든 가족에게 필요한 제도는 아닙니다.
하지만 한 가족에게는 인생 전체를 좌우할 만큼 큰 제도입니다.)

장애가 있는 가족을 둔 경우, 가장 큰 고민은 당장의 지원보다 **오랜 기간 안정적으로 생활을 유지할 수 있는 구조를 어떻게 마련할 것인가**입니다. 이를 위해 세법은 장애인의 생계 보장을 목적으로 일반적인 증여·상속과는 다른 몇 가지 특별한 혜택을 두고 있습니다.

이 제도는 모든 가정에 필요한 내용은 아니지만, 해당되는 경우에는 **증여세와 상속세 부담을 크게 줄일 수 있는 중요한 장치**가 됩니다.

① 정기적인 생활비 지원: 보험금 비과세

장애인을 수익자로 한 보험금은 **연간 4천만 원까지 증여세가 과세되지 않습니다.** 보험의 종류나 명칭과 관계없이, 장애인이 보험금을 직접 수령한다면 적용됩니다.

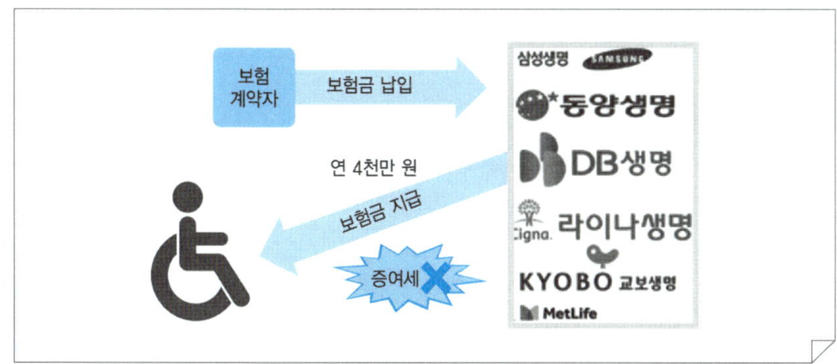

보험의 명칭이나 상품 종류와 관계없이, 장애인을 수익자로 하는 보험이라면 이 규정이 적용됩니다. 연간 4천만 원을 초과해 보험금을 수령하더라도 초과되는 금액에 대해서만 증여세가 과세되며, 비과세로 인정된 금액은 향후 10년간 증여세 합산과세 대상에도 포함되지 않습니다.

이 제도는 장애인의 **매달 생활비나 치료비를 안정적으로 마련하기 위한 수단**으로 적합합니다. 연금 형태로 보험을 설계하면 증여세 부담 없이 정기적인 현금 지원이 가능합니다.

② 큰 재산을 남기는 경우: 신탁을 활용한 과세 제외

장애인에게 일정 규모의 재산을 남기고자 하는 경우에는 **신탁을 활용한 방식**이 활용됩니다. 요건을 갖춰 장애인을 수익자로 신탁을 설정하면, **최대 5억 원까지 증여세 과세 대상에서 제외**됩니다.

이 방식은 일시적인 지원이 아니라 장애인의 **평생 생활 안정을 염두에 둔 장기 설계**에 적합합니다.

증여 단계뿐 아니라, 이후 증여자가 사망하더라도 해당 재산은 상속세 과세 대상에도 포함되지 않습니다.[47]

> **증여세 과세가액 불산입 금액=Min[①, ②]**
> ① 그 장애인이 살아 있는 동안 증여받은 재산가액을 합친 금액
> ② 5억 원

③ 대신 반드시 지켜야 할 조건

혜택이 큰 만큼, 관리 요건은 엄격합니다. 신탁으로 설정된 재산은 원칙적으로 **장애인의 사망 시까지 유지**되어야 하며, 중간에 해지되거나 수익자가 변경되면 즉시 증여세가 과세됩니다.

따라서 이 제도는 원금을 자유롭게 쓰는 구조가 아니라, **원금은 묶어 두고 그 수익을 장애인의 생활비로 사용하는 구조**로 이해하는 것이 맞습니다.

④ 세법상 '장애인'의 범위는 생각보다 넓다

세법에서 말하는 장애인은 장애등급을 가진 사람에 한정되지 않습니다.

---

47) 상속세 및 증여세법 제52조의 2 【장애인이 증여받은 재산의 과세가액 불산입】

1. (자익신탁) 장애인이 재산을 증여받고 증여세 과세표준 신고기한까지 다음의 요건을 모두 갖추어 신청하는 경우에는 그 증여받은 재산가액은 증여세 과세가액에 불산입 된다.
   ① 증여받은 재산 전부를 신탁업자에게 신탁하여야 한다.
   ② 장애인이 신탁의 이익 전부를 받는 수익자이어야 한다.
   ③ 신탁기간이 그 장애인이 사망할 때까지로 되어 있어야 하며 장애인이 사망하기 전에 신탁기간이 끝나는 경우에는 그 신탁기간을 장애인이 사망할 때까지 계속 연장하여야 한다.
2. (타익신탁) 타인이 장애인을 수익자로 하여 재산을 신탁하고 최초로 증여받은 신탁의 수익에 대한 신고기한까지 다음의 요건을 모두 갖추어 신청하는 경우에는 장애인이 증여받은 그 신탁의 수익은 증여세 과세가액에 불산입 된다.
   ① 신탁업자에게 신탁하여야 한다.
   ② 장애인이 신탁의 이익 전부를 받는 수익자이어야 한다. 다만, 장애인이 사망한 후의 잔여재산에 대해서는 그러하지 아니한다.
   ③ 다음의 내용이 신탁계약에 포함되어 있어야 한다.
      가. 장애인이 사망하기 전에 신탁이 해지 또는 만료되는 경우에는 잔여재산이 그 장애인에게 귀속될 것
      나. 장애인이 사망하기 전에 수익자를 변경할 수 없을 것
      다. 장애인이 사망하기 전에 위탁자가 사망하는 경우에는 신탁의 위탁자 지위가 그 장애인에게 이전될 것

장애인 등록이 되어 있거나, 항시 치료를 요하는 중증환자 역시 포함됩니다.[48]

중요한 점은, 증여 당시 요건을 충족했다면 이후 장애가 완치되더라도 이미 적용된 세제 혜택이 취소되지는 않는다는 점입니다.[49] 이를 적극적으로 활용해 보는 것도 좋겠습니다.

⑤ 상속 단계에서도 이어지는 혜택

장애인이 상속인이나 동거가족에 해당하는 경우에는 상속세 계산 시 **상당한 금액의 인적공제**를 받을 수 있습니다.

장애인공제는 기대여명을 기준으로 계산되며, 연령에 따라 수억 원 단위의 공제가 발생할 수 있습니다. 예를 들어 40대 장애인의 경우에도 수억 원 규모의 공제가 적용됩니다.

또한 다른 인적공제와도 중복 적용이 가능합니다.

한마디 요약

구분	세제 혜택 한도
증여세 비과세	장애인에게 **매년 쓰는 생활비** → 연 4천만 원
증여세 과세가액 불산입	장애인을 위해 큰 재산을 묶어두는 설계 → 생전 5억 원

장애인 생활비는 비과세, 큰돈은 신탁.
목적이 다르면 제도도 다릅니다.

---

48) **소득세법 통칙 50-107…2**
　"항시 치료를 요하는 중증환자"라 함은 지병에 의해 평상시 치료를 요하고 취학·취업이 곤란한 상태에 있는 자를 말한다.
49) **서면4팀-3802, 2006.11.17**

Chapter 12

이미 준 재산,
되돌리면 세금도 사라질까

증여계약을 해제할 수 있는 경우

증여를 해제했다고 해서 그 효과가 그대로 증여세까지 이어지는 것은 아닙니다. 오히려 해제 시점을 잘못 판단하면, 증여세를 한 번 더 부담하게 되는 경우도 있습니다.

따라서 증여계약의 해제 가능성과 증여세의 취소 여부는 처음부터 구분하여 살펴볼 필요가 있습니다.

증여계약의 특수해제권

민법에서는 증여와 관련해 특수한 해제권을 규정합니다.

증여계약은 당사자 간 구두합의에 의해서도 성립하지만, 이처럼 서면에 의하지 않은 구두증여계약의 경우 당사자는 이를 해제할 수 있습니다.[50]

---

50) 민법 제555조 【서면에 의하지 아니한 증여와 해제】

또한 수증자가 증여자 등에 대하여 범죄행위를 하거나 부양의무가 있음에도 이를 이행하지 않는 경우 증여자는 증여를 해제할 수 있습니다.[51] 한편 증여계약을 체결한 후에 증여자의 재산상태가 악화되어 생계에 중대한 영향을 미치는 경우에도 증여자에게 해제권을 인정합니다.[52] 단 판례는 생계에 중대한 영향을 미치는 경우를 매우 엄격하게 판단합니다.

위 내용은 이른바, 서면에 의하지 않은 증여계약, 망은행위가 있는 증여계약 및 증여자의 재산상태의 변화가 있는 증여계약에 관한 내용입니다. 이 경우 당사자 또는 증여자에게 특수해제권이 발생하는 경우에도 이미 이행한 부분에 대해서는 해제가 영향을 미치지 못합니다.[53]

부담부증여의 법정해제권

일반증여와 달리 부담부증여는 수증자가 증여를 받는 동시에 일정한 부담이나 일정한 급부를 하여야 할 채무를 부담하는 증여로 이에 대하여 쌍무계약에 관한 규정이 준용됩니다. 만약 수증자가 부담부증여의 내용인 의무를 이행하지 않은 경우라면 증여자는 부담부증여를 해제할 수 있습니다.

단, 부담부증여 해제의 경우 증여의 특별해제권 규정이 적용되지 않습니다. 이 경우 매매계약과 같이 쌍무유상계약의 원리가 적용되므로 해제되었다면 이미 증여가 이행된 부분에 대해서도 해제할 수 있어 증여재산의 원상회복이 가능합니다.

---

51) **민법 제556조 【수증자의 행위와 증여의 해제】**
52) **민법 제557조 【증여자의 재산상태변경과 증여의 해제】**
53) **민법 제558조 【해제와 이행완료 부분】**

증여세를 취소할 수 있는 경우 

증여를 취소하더라도 언제 반환했는지에 따라 증여세의 과세 여부는 달라집니다. 이를 정리하면 다음과 같습니다.

	반환 또는 재증여시기	당초 증여에 대한 증여세 과세 여부	반환 증여재산에 대한 증여세 과세 여부
금전	금전(시기에 관계없음)	과세	과세
금전 외	증여세 신고기한 이내 (증여받은 날이 속하는 달의 말일부터 3개월 이내)	과세 제외	과세 제외
	신고기한 경과 후 3개월 이내 (증여받은 날이 속하는 달의 말일부터 6개월 이내)	과세	과세 제외
	신고기한 경과 후 3개월 후 (증여받은 날이 속하는 달의 말일부터 6개월 후)	과세	과세
	증여재산 반환 전 증여세가 결정된 경우	과세	과세

증여세 신고기한[54]까지 취소할 것

금전을 제외한 재산의 경우, 증여받은 후 증여세 신고기한 내에 증여를 해제하여 증여자에게 반환한다면 처음부터 증여가 없었던 것으로 보아 증여세를 과세하지 않습니다. 다만 이때 증여재산이 부동산인 경우, 소유권 이전 과정에서 발생한 **취득비용까지 취소되는 것은 아니라는 점**은 유의할 필요가 있습니다.

---

[54]

신고의무자	신고기한
수증자	• 증여받은 날이 속하는 달의 말일부터 3개월 이내

증여세 신고기한 이후 취소한다면

한편 **증여세 신고기한 이후**에 증여를 취소하는 경우에는 반환 시점에 따라 과세 결과가 달라집니다.

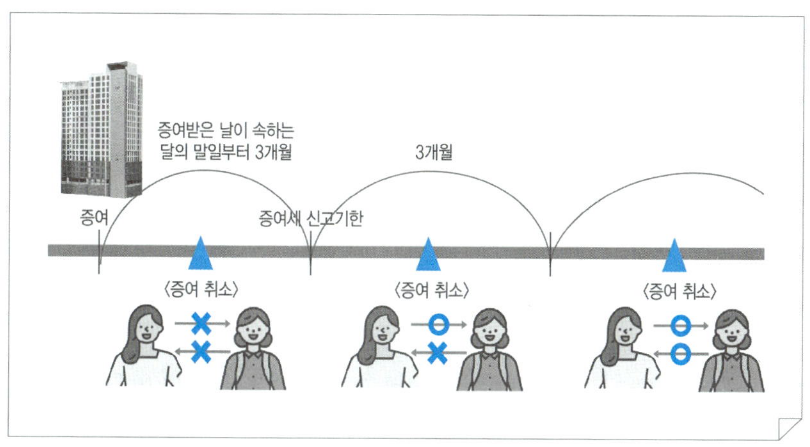

신고기한이 지난 후 **3개월 이내**에 증여를 취소한 경우에는 당초 증여에 대한 증여세는 취소되지 않지만, 증여자가 재산을 반환받는 것에 대하여 별도의 증여세는 과세되지 않습니다. 즉, 이 경우에는 **한 번의 증여세만 부담**하게 됩니다.

그러나 신고기한 경과 후 **3개월이 지난 뒤** 증여를 취소하는 경우에는 당초 증여에 대한 증여세는 물론, 증여취소로 재산을 반환받는 것 역시 **새로운 증여로 보아 다시 증여세가 과세**됩니다.

결국 증여의 취소가 지나치게 늦어질 경우에는 증여세를 줄이기는커녕 **두 번의 증여세를 부담하는 결과**가 될 수 있습니다.

증여세와 상속세의 기본적 신고와 납부 절차

① 세금을 언제까지 신고하고 언제까지 납부해야 하나요?

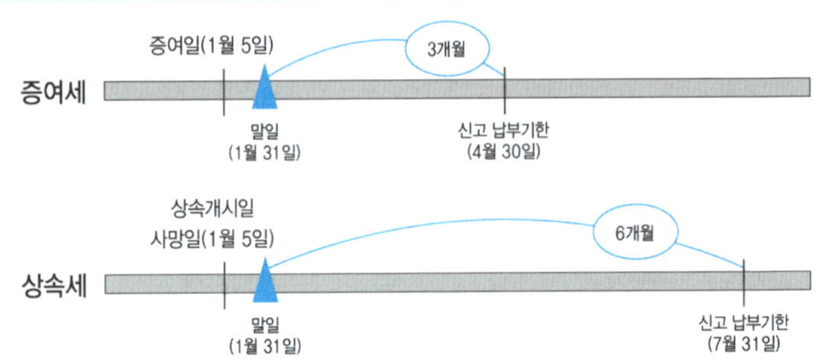

증여재산을 받은 수증자는 증여받은 날이 속하는 달의 말일부터 3개월 이내에 납세지 관할 세무서장에게 증여세를 계산하여 신고하고 납부해야 합니다.

상속인들은 피상속인의 사망일(상속개시일)이 속하는 달의 말일부터 6개월 이내에 상속세를 계산하여 신고하고 납부해야 합니다.

제때 신고만으로 세액공제[55]를 받을 수 있지만, 신고시기를 놓쳤다면 가산세의 부담이 있습니다.

② 세금을 신고·납부했다고 끝난 것이 아닙니다.

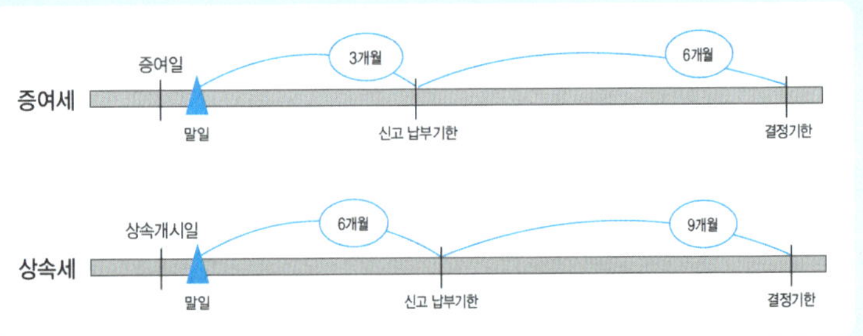

■ 대기업 CEO 자녀 주식증여 신고기한 하루 전 취소 후 재증여하다

사례는 최초 증여 이후 코로나19 사태 등의 영향으로 주식가치가 급락하자, 증여 당시보다 현저히 낮아진 주식가액을 기준으로 증여세 부담을 줄이기 위해 증여취소 제도를 활용한 경우로 볼 수 있습니다.

주식의 증여재산가액은 증여일 전 2개월과 증여일 후 2개월, 총 4개월간의 **전일 종가 평균액**을 기준으로 산정됩니다.

---

55) 산출된 증여세·상속세에서 3%

56) **상속세 및 증여세법시행령 제78조**

　　상속세 과세표준 신고기한부터 9개월, 증여세 과세표준 신고기한부터 6개월

57) 상속세와 증여세의 과세는 정부부과 과세방식을 따릅니다.

이 때문에 주식 증여의 경우에는 증여 시점에는 증여재산가액이 확정되지 않고, 증여일 이후 2개월이 경과한 뒤에야 비로소 증여세를 산출할 수 있습니다.

이와 같은 평가방식을 고려할 때, 증여 후 **증여세 신고기한** (증여일이 속하는 달의 말일부터 3개월) 내에 증여를 취소하게 되면, 당초 증여한 재산에 대한 증여세 역시 함께 취소하는 것이 가능합니다.

위 사례에서는 이러한 제도를 활용하여 증여 자체를 철회하고 증여 시점을 다시 선택함으로써, 주식가액 하락이 반영된 시점에 새로 증여가 이루어질 수 있도록 하였습니다.

그 결과, 증여세 부담을 **상당 부분 절감**할 수 있었습니다.

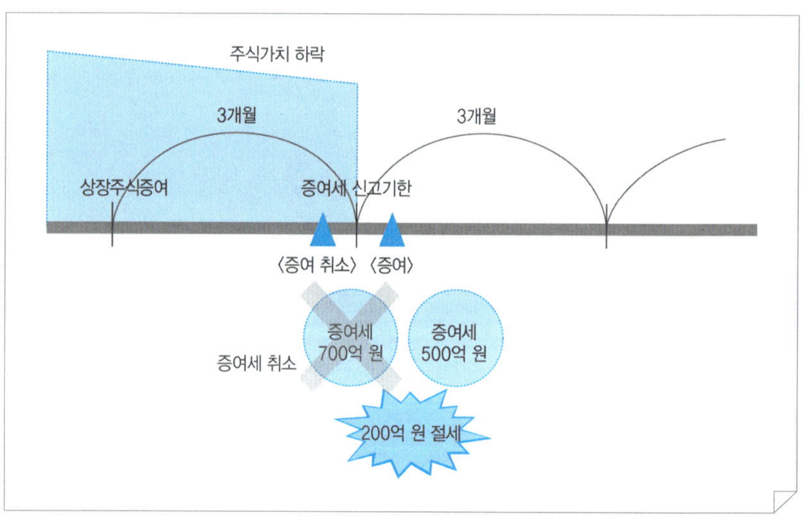

■ 현금의 증여는 증여세가 취소되지 않습니다

"손녀에게 1억 원을 증여로 보내줬어요.
그런데 생각해보니 다른 방법으로 주는 게 나을 것 같아서 취소하고 돌려받았죠.
그런데 세무서에서 증여세를 내야 한다는 겁니다.
이게 말이 되나요?"

세무서의 설명이 도무지 납득되지 않는다며 사무실에 들어선 할머니는 몹시 격앙된 상태였습니다. 자초지종을 들어보니 상황은 이러했습니다.

할머니는 배우자인 할아버지가 사망한 이후 상속세 조사를 받고 있었는데, 그 과정에서 손녀에게 1억 원이 이체된 예금 거래 내역이 확인되었습니다. 약 반년 뒤 해당 금액은 다시 할아버지의 통장으로 되돌아왔지만, 그럼에도 불구하고 해당 금액에 대한 **증여세와 가산세**, 그리고 이와 연동된 **추가 상속세까지 고지**된 상태였습니다.

처음 들으면 억울하게 느껴질 수 있지만, 이 사례에서의 과세는 법리적으로 잘못되었다고 보기 어렵습니다.

증여를 받은 자가 증여계약의 해제 등을 이유로 증여받은 재산을 다시 반환하는 경우라 하더라도, 그 반환 시점과 증여재산의 종류에 따라 증여세의 과세 방식은 달라지기 때문입니다.

일반적으로 금전을 제외한 재산의 경우에는 증여세 신고기한 내에 증여를 취소하고 반환하면 처음부터 증여가 없었던 것으로 보아 증여세를 과세하지 않습니다. 그러나 신고기한이 지난 후에 반환하는 경우에는 시점에 따라 과세 결과가 달라지며, 반환이 늦어질수록 추가적인 증여세 부담이 발생할 수 있습니다.

문제는 **증여재산이 현금이나 예금인 경우**입니다.

금전의 증여는 예외적으로, 반환 시점과 관계없이 당초 증여에 대해서도, 반환받은 것에 대해서도 모두 증여세가 과세됩니다.

이는 금전이 재화의 교환수단으로서 당초 증여된 금전과 반환된 금전을 동일한 대상으로 특정하기 어렵기 때문입니다.

대법원 역시 이러한 이유로 금전을 증여세 과세제외 반환대상에서 제외한 것이 납세자를 부당하게 차별한 것이라고 볼 수 없다고 판단하고 있습니다.[58)]

이 사례는 바로 이러한 **금전 증여의 예외**에 해당합니다.

따라서 손녀에게 금전을 증여한 시점에 한 번, 이를 다시 돌려받은 시점에 또 한 번, 총 두 번의 증여세가 과세될 수밖에 없는 구조였습니다.

만약 할머니가 금전 증여에는 이러한 예외 규정이 적용된다는 사실을 미리 알고 있었다면 결과는 달라졌을까요. 적어도 "증여했다가 취소했다"는 설명을 조사 과정에서 쉽게 꺼내지는 못했을 것입니다.

안타까운 사정이 충분히 공감되는 사례였지만, 법 규정이 명확한 만큼 현실적으로 도움을 드리기 어려웠다는 점에서 아쉬움이 남는 상담이었습니다.

---

58) **대법원 2013두6411, 2013.4.30.**
   증여세 과세제외 반환대상에서 '금전'을 제외한 것은 합리적인 이유 없이 납세자를 차별하고 있는 것이라고 볼 수는 없다.

증여의 취소와 증여세 과세 정리[59]

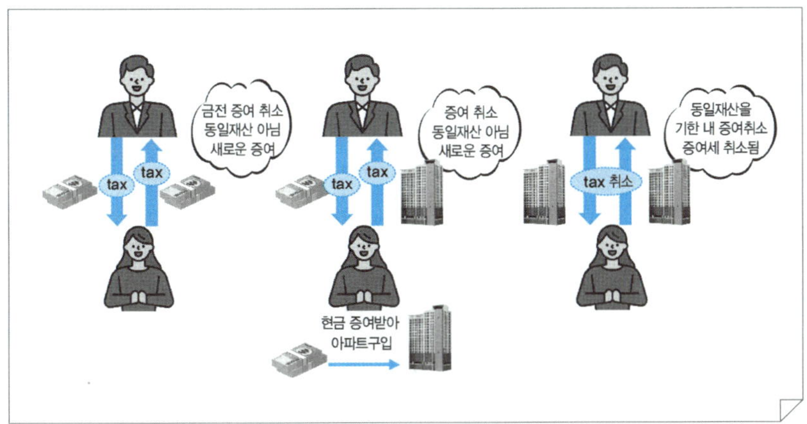

이처럼 **현금의 증여는 되돌릴 수 있다는 전제 자체가 성립하지 않습니다.** 다른 재산과 달리, 금전의 증여는 취소 여부와 관계없이 처음 증여한 시점부터 증여세 부담이 확정되는 구조이기 때문입니다.

따라서 금전 증여는 "일단 증여한 뒤 상황을 보겠다"는 접근이 아니라, **처음부터 취소를 고려하지 않을 수 있는 선택인지를** 전제로 판단해야 합니다.

한마디 요약

현금 증여는 단순해 보이지만,
세법상 되돌리기 가장 어려운 증여 방식입니다.

---

59) **서일 46014-10394, 2003.3.28.**
부가 취득하여 자에게 증여한 부동산을 증여세신고기한(3월)내에 부가 반환받은 경우에는 처음부터 증여가 없는 것으로 보아 당초 증여 및 반환분에 대하여 증여세를 부과하지 아니하는 것이나, 부로부터 현금을 증여받은 자가 그 금전으로 취득한 부동산을 부명의로 소유권 이전하는 때에는 증여세과세가 제외되는 증여재산의 반환에 해당하지 아니하는 것임.

요양보호사에게 넘긴 집, 증여는 취소될까

증여를 취소하면 세금도 함께 취소될 것이라 생각하기 쉽습니다. 그러나 증여의 성격과 그에 따른 부담의 내용에 따라 세법의 결론은 전혀 달라질 수 있습니다.

이 사례는 부담부증여로 인정된 경우, 예외적으로 증여를 처음부터 없었던 것으로 볼 수 있음을 보여줍니다.

> 80세의 고만복 할아버지는 본처와 사별한 뒤 딸네 집에 머물다 요양원에 입소하게 되었습니다.
>
> 그곳에서 자신을 돌보던 50대 요양간호사와 가까워진 만복씨는 결국 혼인에 이르렀고, 혼인 후 불과 사흘 만에 자신이 평생 거주해 온 주택과 예금통장 등 사실상 전 재산을 배우자에게 증여하게 됩니다.
>
> 그러나 혼인 생활은 오래가지 않았습니다.
>
> 요양간호사는 증여받은 현금과 임대 중인 주택에서 발생하는 월세를 오로지 자신의 소비에만 사용하였을 뿐, 만복씨를 제대로 돌보지 않았습니다. 급기야 만복씨의 요양병원비마저 체납되기에 이르렀고, 더 이상 머물 곳을 잃은 만복씨는 다시 딸의 집으로 돌아오게 됩니다.
>
> 이 모든 사정을 알게 된 만복씨의 딸은 요양간호사를 상대로 증여계약 해제를 원인으로 한 소유권이전등기 말소 청구 소송을 제기하였고, 법원은 이를 받아들였습니다. 그 결과 만복씨의 주택과 토지, 그리고 요양간호사가 사용하고 남은 예금은 다시 만복씨에게 환원되었습니다.
>
> 문제는 여기서 끝나지 않습니다.
>
> 재산을 되찾은 지 1년도 채 지나지 않아, 만복씨의 딸은 해당 주택을 9억 원에 매도하였기 때문입니다.

이 사례에서 핵심적으로 검토해야 할 세금 문제는 두 가지입니다.

첫째, 요양간호사에게 증여되었다가 다시 반환된 재산에 대해 **증여세를 다시 부담해야 하는지,**

둘째, 해당 주택을 양도할 때 **취득 시점을 언제로 보아 양도소득세를 계산해야 하는지**입니다.

만약 이 반환을 '재증여'로 본다면, 만복씨는 재산을 다시 증여받은 것으로 보아 증여세 부담이 발생할 수 있습니다. 또한 반환받은 시점을 새로운 취득 시점으로 본다면, 주택 보유기간이 1년 미만이 되어 단기양도 중과세율 70%(지방소득세 별도)가 적용될 가능성도 있습니다.

(이 주택은 만복씨가 평생 거주해 온 주택으로, 원래라면 1세대 1주택 비과세요건을 충족하여 양도소득세 부담이 전혀 없었을 자산입니다.) 단순히 '증여했다가 다시 돌려받았다'는 사정만으로, 증여세와 양도소득세가 동시에 문제 되는 상황에 놓이게 된 것입니다.

일반적으로 증여계약 해제 및 증여등기 말소를 구하는 소송의 경우, 증여세 신고기한 내에 소송이 제기되고 법원의 확정판결에 따라 증여자에게 재산이 환원된 경우가 아니라면, 증여가 처음부터 없었던 것으로 보지 않는 것이 원칙입니다. 즉, 증여세 과세가 배제되지 않는 경우가 대부분입니다.

그러나 이 사례에는 주목할 만한 예외가 존재합니다.

조세심판원은 민법상 **부담부증여**에 해당하는 경우, 수증자가 그 부담을 이행하지 않아 약정해제권이 행사되고 판결에 따라 증여 소유권이전등기가 말소되었다면, 당초의 증여 자체를 부인하는 것이 타당하다고 판단한 바 있습니다.(조심 2011전431)

부담부증여는 수증자가 증여를 받는 동시에 일정한 부담이나 급부를 이행할 의무를 지는 증여로, 이에 대해서는 쌍무계약에 관한 규정이 준용됩니다. 따라서 수증자가 그 부담을 이행하지 않은 경우에는 증여자는 계약을 해제할 수 있고, 그 해제의 효과로 이미 이전된 재산에 대해서도 원상회복이 이루어질 수 있습니다.

이 사건의 판결문에서도 법원은 다음과 같이 판단하였습니다.

"여러 사정을 종합적으로 고려할 때, 자신의 전 재산이라고 할 수 있는 부동산을 혼인한 지 불과 3일 만에 피고에게 증여한 것은 남은 여생 동안 피고가 배우자로서 또한 보호자로서 원고를 부양하고 혼인생활을 유지해 줄 것을 부담으로 한 증여로서 부담부증여에 해당한다고 봄이 상당하다."

이에 따라 필자는 이 사례에서는 해당 증여를 부담부증여로 보아 증여계약의 해제를 소급하여 처음부터 증여가 없었던 것으로 판단, 그 결과 증여세 부담 없이 1세대 1주택 양도소득세 비과세 적용이 가능했습니다.

이 사례는 단순히 증여를 취소할 수 있는지의 문제가 아니라, 증여의 **형식이 아닌 실질**, 그리고 그 증여에 수반된 **부담의 내용을 어떻게 해석하느냐**에 따라 증여세와 양도소득세의 결론이 완전히 달라질 수 있음을 보여주는 사례라 할 수 있습니다.

Chapter 13

증여세 면제 구간
- 실제로 얼마까지 가능한가

타인으로부터 이익을 얻은 경우에는 그 **증여이익에 상당하는 금액을** 증여재산가액으로 하여 증여세를 계산합니다. 다만 그 이익에 상당하는 금액이 일정금액 미만인 경우에는 과세대상에서 제외하는 규정이 있습니다.

일정 금액을 증여재산가액에서 차감해주는 경우

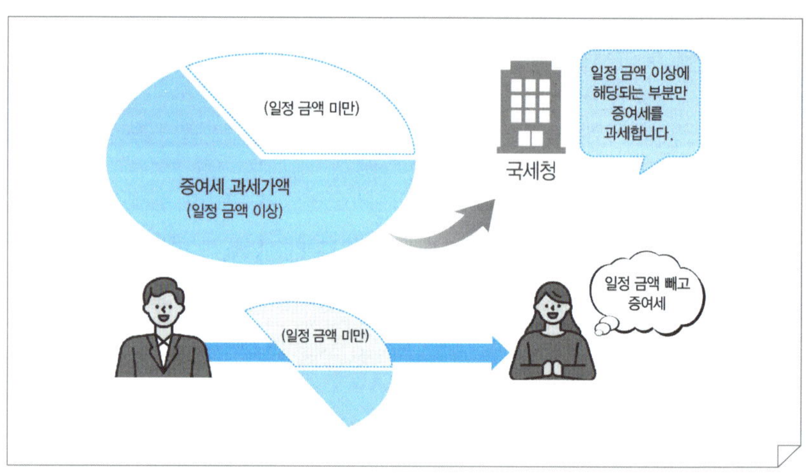

저가양수 고가양도에 따른 이익의 증여

재산을 적정금액으로 매매하지 않고 **현저히 저가나 고가로 거래함으로써**, 당사자 일방에게 이익이 이전되는 경우가 있습니다. 이 경우 거래금액과 적정금액(시가)의 차이가 **시가의 30% 또는 3억 원 이상**이라면 **30%와 3억 원 중 적은 금액을 차감한 금액을 증여재산 가액으로 보아 증여세를 과세**합니다.

한편, 증여자와 수증자 사이에 특수관계가 없는 경우라면 3억 원을 차감 합니다.[60]

■ 아들에게 이 집을 얼마에 팔면 딱 좋아?

향숙씨는 오래 전부터 보유한 대단지 아파트를 이번에 결혼하는 외아들 종석씨에게 신혼집으로 물려주고 싶습니다. 종석씨는 그동안 열심히 직장생활을 하며 1억 원을 모아놨다고 합니다.

이전 계획인 아파트의 요즘 시세는 9억 원 정도로 만약 매매가 9억 원에 이뤄진다면 향숙씨는 1세대 1주택 양도세비과세요건을 충족해놨기 때문에 지금 당장 팔더라도 양도세는 나오지 않습니다. 향숙씨는 고민에 빠졌습니다.

① 보유한 아파트를 매매한 후 생긴 현금 9억 원을 아들에게 증여해서 아파트를 구입하게 할지
② 아파트를 아들에게 직접 증여할지 고민입니다.

혹시 ③ 아들에게 돈은 받지 말고 매매한 것으로 계약하고 신고하면 어떨까요? 아니면 ④ 아들에게 1억 원이라도 받고 저렴하게 매매해도 될까요?

---

60) **상속세 및 증여세법 제35조【저가 양수 또는 고가 양도에 따른 이익의 증여】**

향숙씨가 고려하는 대안 ①과 ②는 **세금 측면에서 큰 차이가 없습니다.**

증여대상이 매매사례가액이 충분히 존재하는 아파트이므로, 단독주택이나 토지와 달리 증여재산가액 산정 시 시가에 차이가 발생하지 않기 때문입니다. 또한 향숙씨가 아파트를 먼저 양도한 후 현금을 증여하더라도 해당 주택이 1세대 1주택 양도세비과세 요건을 충족하고 있는 이상 양도소득세는 발생하지 않고, 결과적으로 증여세만 부담하면 됩니다.

9억을 기준으로 증여세를 계산하면 약 1억9천만 원 정도가 나옵니다.

그렇다면 대안 ③, 즉 매매계약서만 작성하고 양도소득세를 신고하는 방법은 어떨까요? **그 방법은 매우 위험합니다.**

세법에서는 증여추정규정[61]이 있어 배우자나 직계존비속 간에 이루어진 재산의 양도는 원칙적으로 증여로 추정합니다. 이에 따라 가족 간의 매매는 일단 증여로 보며, 실제로 대가를 지급받고 양도한 사실을 납세자가 입증해야만 이 추정을 뒤집을 수 있습니다.

향숙씨가 아들과 매매계약서를 작성해 양도소득세로 신고하더라도, 부모와 자녀 간 거래라는 점에서 과세관청은 예금 입출금 내역을 확인하게 됩니다. 설령 입출금 내역이 존재하더라도, 자녀에 대해 자금출처 소명을 요구할 가능성이 매우 높습니다.

결국 매매계약에 따른 **실제 대가의 지급이 입증되지 못한다면**, 해당 거래는 증여로 보게되고, 아들은 9억 원에 대한 증여세 1억9천만 원에

---

61) 상속세 및 증여세법 제44조 【배우자 등에게 양도한 재산의 증여 추정】

더해 각종 가산세까지 부담해야 할 수 있습니다.

그렇다면 대안 ④, 즉 일부 금액만 받고 저렴하게 매매하는 방법은 효용이 있을까요?

실무에서는 많은 부모님들이 자녀에게 소액의 현금만 받고 저렴하게 매매해도 되는지 자주 문의하십니다. 원칙적으로 부모와 자녀 간에도 계약의 자유는 인정되므로, 이러한 거래 자체가 불가능한 것은 아닙니다.

다만 매매거래 과정에서 시장의 일반적인 거래와 달리 거래 일방이 과도한 이익을 얻고, 상대방이 과도한 손실을 입었다면, 상대방이 입은 손실만큼의 이익이 결국 다른 일방에게 이전된 것으로 봅니다. 이 경우 그 이전된 이익은 증여로 보아 증여세를 과세하는 것이 세법의 기본적인 사고방식입니다.

그렇다면, 부모와 자녀 간 거래가 증여에 해당하지 않으려면 꼭 정해진 시가에 딱 맞추어 거래해야 하는 걸까요? 앞서 설명한 일정금액을 증여재산가액에서 차감해주는 경우가 여기에 해당할 수 있습니다.

세법에는 증여로 보지 않는 거래가액의 범위가 정해져 있습니다. 일정 금액까지는 싸게 매매하거나 비싸게 매매해도 상대방에게 과도한 이익을 준 것으로 보지 않아 증여세를 과세하지 않습니다. 상속세 및 증여세법 제35조에서는 저가양수 또는 고가양도에 따른 이익의 증여에 대해, **시가의 30%와 3억 원 중 적은 금액을 초과하는 차이**가 발생한 경우에만 이를 증여로 보고 있습니다. 반대로 생각해보면 해당 재산 시가의 30%와 3억 원 중 적은 금액보다 차이가 나지 않는 거래라면 증여세 과세대상에 해당하지 않는다는 것입니다.

구분		저가양수	고가양도
특수관계가 있는 경우	과세요건	$\dfrac{시가-대가}{시가}$ ≥ 30% or (시가-대가) ≥ 3억 원	$\dfrac{대가-시가}{시가}$ ≥ 30% or (대가-시가) ≥ 3억 원
	증여재산가액	(시가-대가)-Min (시가×30%, 3억 원)	(시가-대가)-Min (시가×30%, 3억 원)
특수관계가 없는 경우	과세요건	$\dfrac{시가-대가}{시가}$ ≥ 30% ⇨ 현저히 낮은 가액	$\dfrac{대가-시가}{시가}$ ≥ 30% ⇨ 현저히 높은 가액
	증여재산가액	(시가-대가)-3억 원	(대가-시가)-3억 원

사례에 나오는 **시가 9억 원의 아파트**를 가지고 계산을 해보겠습니다. 부모와 자녀는 특수관계에 해당하므로, 시가 9억 원의 30%인 2억 7천만 원과 3억 원 중 **적은 금액인 2억 7천만 원이 증여배제기준**이 됩니다.

즉, 부모와 자녀 간에 시가 9억 원의 부동산을 매매할 경우, 6억3천만 원(9억 원-2억7천만 원)에서 11억7천만 원(9억 원+2억7천만 원)까지는 거래해도 증여의 문제가 발생하지 않습니다.

그러나 아들에게 1억 원만 받고 거래하는 경우에는 과도하게 저렴하게 거래한 것이 되어 증여세가 발생하게 됩니다.

1억 원의 거래는 증여배제기준 최저금액 6억3천만 원에도 못 미치는 금액으로 이 경우 아들이 지급한 **1억 원과 6억 3천만 원의 차액인 5억 3천만 원만큼 과도한 이익을 얻은 것으로 보게 됩니다.**

이를 계산식으로 정리하면 다음과 같습니다. 아들의 증여재산가액은 **8억 원**(9억-1억)**-2억7천만 원=5억 3천만 원입니다.** 5억 3천만 원에 대한 증여세는 약 9천6백만 원이므로 일반적인 방법으로 시가 9억 원을 그대로 증여할 경우 부담하게 되는 증여세 약 1억 9천만 원과 비교하면, 저가 매매를 활용할 경우 약 1억 원 정도의 절세 효과가 발생합니다.

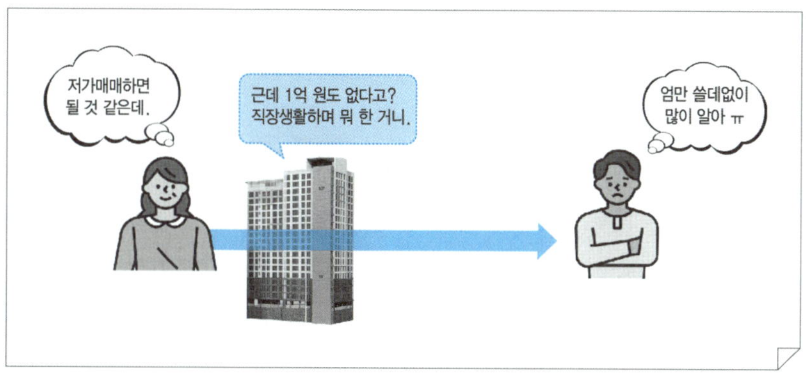

따라서 사례의 경우처럼 자녀가 대가의 일부라도 지급할 능력이 있다면 그 일부만이라도 지급하고 매매로 취득하게 하는 것이 유리합니다. 이익의 증여에 해당한다고 할지라도 시가의 30%와 3억 원 중 적은 금액이 증여재산가액에서 배제되기 때문에 차감되는 만큼 증여세 절세가 가능합니다. 훗날 상속이 이뤄진다 하더라도 사전증여재산가액은 9억 원이 아닌 5억 3천만 원으로 합산될 것이므로 상속세의 계산에 있어서도 절세 효과가 있습니다.

다만 저가로 양도할 경우 주의하실 것이 두 가지 있습니다. 소득세법상 부당행위계산규정이 적용되어 실제시가의 양도가액으로 양도소득세를

계산할 수 있습니다. [62]

앞선 사례는 **양도소득세가 비과세되는 경우**를 전제로, 양도소득세에 따른 추가 과세 효과를 배제하고 **증여세 측면에서만 비교·설명한 사례**입니다. 그러나 증여자가 2주택 이상의 다주택자이거나 비사업용토지 등을 양도소득세 부담이 큰 자산을 이전하는 경우에는 이러한 방식이 오히려 납세자에게 더 불리하게 작용할 수 있습니다.

또한 당장 자녀의 증여재산가액이 낮게 산정되어 증여세가 절세되는 장점이 있더라도, **자녀가 해당 부동산을 취득한 후 비교적 단기간 내에 재양도할 경우에는 양도소득세 측면에서 불리해질 수 있습니다.** 신고된 증여재산가액은 이후 양도소득세 계산 시 **취득가액의 기초가** 되므로, 취득가액이 낮게 설정될수록 자녀의 양도차익이 과다하게 계산될 가능성이 있기 때문입니다. 따라서 부동산 저가매매를 통한 증여를 검토할 때에는 이 점을 반드시 함께 고려해야 합니다.

이처럼 세법은 매우 복잡하고 각 세목 각각의 규정이 촘촘하게 얽혀 있어 **단일 세목의 절세 효과만을 기준으로 거래를 판단하고 실행하는 것은 매우 위험합니다.**

재산가액이 적지 않다면 증여세, 상속세, 양도소득세의 효과를 미리 꼼꼼히 따져보고 신중하게 거래유형을 결정하실 것을 권해드립니다.

---

62) **소득세법 제101조 제1항, 시행령 제167조 제3항 【양도소득의 부당행위계산】**

일정 금액 이상이면 전체금액에 대해 과세하는 경우

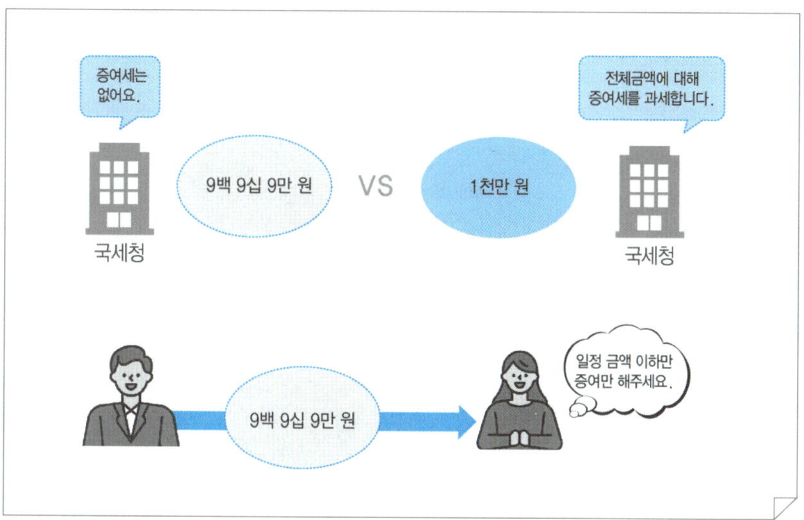

금전 무상대출에 따른 이익의 증여

금전을 무상으로 대출받거나, 또는 적정 이자율보다 낮은 이자율로 대출받은 경우에는 그로 인해 발생한 이익에 상당하는 금액을 대출받은 날을 기준으로 대출받은 자의 증여재산가액으로 과세합니다.

다만, 그 이익에 상당하는 금액이 1천만 원 미만인 경우에는 과세하지 않습니다.[63]

---

63) 상속세 및 증여세법 제41조의 4【금전 무상대출 등에 따른 이익의 증여】

구분	내용
과세요건	① 타인으로부터 1년 내 증여이익이 1천만 원 이상이 되는 금전을 대출받을 것 ② 대출조건이 무상 혹은 적정이자율보다 낮은 이자율일 것 ⇨ 적정이자율: 기획재정부장관이 고시
납세의무자	금전을 대출받은 자
증여시기	금전 대출일
증여세 과세가액	1) 무상 금전대출: 증여재산가액=대출금액×적정이자율 2) 적정이자율 미만의 금전대부: 　　증여재산가액=대출금액×적정이자율−실제 지급한 이자상당액
특수관계인이 아닌자 간의 거래	특수관계인이 아닌 자간의 거래로서 거래의 관행상 정당한 사유가 있다고 인정되는 경우에는 적용 제외

타인의 부동산을 무상사용하는 경우

타인의 부동산을 무상으로 사용함에 따라 이익을 얻는 경우 **그 무상사용을 개시한 날을 증여일로 하여** 그 이익에 상당하는 금액을 **부동산 무상사용자의 증여재산가액**으로 봅니다.

다만 그 이익에 상당하는 금액이 **5년간 1억 원 미만인 경우는 과세하지 않습니다.**[64]

타인의 부동산을 무상으로 담보 이용하는 경우

타인의 부동산을 무상으로 담보로 이용하여 금전 등을 차입함에 따라 이익을 얻은 경우 **그 부동산 담보이용을 개시한 날을 증여일로 하여** 그 이익에 상당하는 금액을 **부동산 담보 이용자의 증여재산가액**으로 과세합니다.

---

64) **상속세 및 증여세법 제37조 제1항 【부동산 무상사용에 따른 이익의 증여】**

다만 그 이익에 상당하는 금액이 **1천만 원 미만인 경우에는 과세하지 않습니다.**[65]

구분	내용
과세요건	타인 소유의 부동산을 무상으로 사용하는 경우 또는 타인의 부동산을 무상으로 담보로 이용하여 금전 등을 차입한 경우
납세의무자	부동산 무상사용자, 부동산 담보 이용자
증여시기	사실상 부동산 무상사용을 개시한 날, 부동산 담보이용을 개시한 날
증여세 과세가액	① 부동산 무상사용이익이 1억 원 이상이어야 함. $$\text{부동산 무상사용이익} = \sum_{n=1}^{5} \frac{\text{각 연도의 부동산 무상사용이익}^*}{(1+10\%)n}$$ n : 평가기준일로부터 경과연수 * 각 연도의 부동산 무상사용이익 　: 부동산가액×1년간 부동산사용료를 감안한 재정부령이 정하는 율(2%) ② 부동산 담보제공 이익이 1천만 원 이상이어야 함. (차입금×적정이자율*)−실제로 지급하였거나 지급할 이자 　* 적정이자율 : 법인세법상 당좌대출이자율(현행 4.6%)

■ 부모 자식 간에 빌려주기 딱 좋은 금액, 2억 원!

"이제 막 사회초년생인 자녀에게 오피스텔 전세 자금 정도를 융통해주려고 합니다. 자녀가 소득이 생기는 대로 천천히 갚으면 되니 증여는 아니지 않을까요? 일단 돈을 입금해주고 나중에 문제가 되면 빌려준 것이라고 하면 되지 않을까요?"

자녀에게 재산을 무상으로 주면 증여세를 부담해야 하므로, 차라리 빌려주는 방식이 낫지 않겠느냐고 문의하는 경우가 많습니다. 그러나 세법은 부모와 자녀 간 재산의 이전에 대해서는 원칙적으로 증여로

---

65) 상속세 및 증여세법 제37조 제2항 【부동산 무상사용에 따른 이익의 증여】

"추정"합니다. 따라서 이를 대여로 인정받기 위해서는 **증여가 아니라 대여였다는 사실을 납세자가 직접 입증해야 합니다.**

그렇다면 증여가 아닌 대여라는 것을 어떻게 입증할 수 있을까요?

1 대여로 인정받기 위해 최소한 갖춰야 할 세 가지 적어도 다음 세 가지 증빙은 준비해두는 것이 좋습니다.

① 차용계약서를 작성합니다.

금전을 증여한 것이 아니라 대여, 즉 빌려준 것임을 명확히 하기 위해 **금전소비대차계약서**를 작성합니다. 부모가 자녀에게 얼마를 빌려주는지, 원금과 이자는 얼마인지, 상환 방법과 기한은 어떻게 되는지를 사전에 정해 계약서에 명시하고 서명해야 합니다. 차용금액이 커서 불안하다면 작성된 계약서로 법무법인을 통해 공증 또는 인증받아 두는 것도 하나의 방법입니다. 계약서 작성 시점을 객관적으로 입증할 수 있어 보다 안전합니다.

② 원금과 이자를 정기적으로 상환합니다.

계약서 내용에 따라 자녀가 매월 원금과 이자를 부모의 계좌로 입금해야 합니다. 원금과 이자가 **규칙적으로 계좌이체된 금융기관 기록**이 남아 있다면, 과세관청이 이를 증여로 보기는 쉽지 않습니다.

③ 소득을 입증할 수 있어야 합니다.

대여라면, 자녀에게 원금과 이자를 상환할 수 있는 소득 능력이 있어야 합니다. 소득의 근거가 없는 상태에서 상환이 이루어질 경우, 부모로부터 다시 현금을 증여받아 갚은 것이 아니냐는 의심을 받을 수 있습니다.

특히 자녀가 사업자인 경우, 원금과 이자가 계좌로 입금되었음에도 해당 소득이 신고되지 않았다면 **매출 누락이나 과소 신고로 문제 될 수** 있으므로 이 역시 주의해야 합니다.

2 조금 더 구체적으로 살펴보겠습니다.

① 자녀에게 얼마의 이자를 받아야 할까요?

• 무상이나 저리 대여는 증여세 과세대상입니다.

무이자나 적정 이자율보다 낮은 이자로 금전을 빌려주는 경우, 적정 이자율과의 차이만큼 이익을 준 것으로 보아 그 이익 역시 증여세 과세대상이 됩니다.

세법에서 정한 적정이자율은 4.6%입니다. 무이자로 차용계약을 했다면 매년 원금의 4.6% 이자만큼을 자녀에게 증여한 것으로 보게 됩니다. 만약 3%의 이자율로 대여했다면 4.6%와 3%의 차액인 **1.6% 상당의 이자가** 증여이익이 됩니다.

• 연 1천만 원 미만의 이자라면 과세되지 않습니다.

다행히 세법은 이 부분에서 일정한 완충 장치를 두고 있습니다. 저리 대여로 인해 발생한 이자에 대한 증여이익이 1년에 1천만 원 미만인 경우에는 이를 증여세로 과세하지 않습니다.

이를 기준으로 계산해 보면, 대여금액 × 4.6% = 1천만 원

즉, 대여금액이 약 217,391,304원 미만이라면 이자에 대한 증여이익이 1천만 원 미만이 되어 증여세가 과세되지 않습니다. **대략 2억 원 정도까지는**

무이자로 빌려주어도 증여세 부담이 없다고 이해하시면 됩니다.

숫자에 익숙한 독자라면, 2억 원을 초과하는 금액에 대해서도 어느 정도의 이자를 부담해야 증여이익에서 벗어날 수 있는지 계산해 볼 수 있을 것입니다. 또한 차용기간을 짧게 설정한다면, 대여금액이 2억 원을 넘더라도 이자에 따른 증여이익을 연 1천만 원 이내로 조정하는 것도 가능합니다.

② 자녀에게 받은 이자소득도 신고가 원칙입니다.

은행에 예금이나 적금을 맡기면, 우리가 받는 이자는 세금이 공제된 **세후 금액**입니다. 은행은 이자를 지급할 때 이자소득세 14%와 지방소득세 1.4%, 합계 15.4%를 미리 원천징수하여 세무서에 신고 · 납부합니다.

이처럼 이자수입이 발생하면, 일정 세율에 따라 세금을 원천징수하여 신고 · 납부해야 합니다. 부모와 자녀 간 대여와 같이 일반 사인 간 금전 대여의 경우에는 **비영업대금의 이자**로 보아, 이자소득세 25%와 지방소득세 2.5%, 합계 **27.5%의 원천징수세율**이 적용됩니다. 해당 이자에 대해서는 원천징수 및 신고 · 납부 의무가 있으므로 반드시 유의해야 합니다.

정리해 보면, 여러 요건을 종합해 볼 때, **부모와 자녀 간 대여는 여러모로 2억 원 정도가 가장 부담 없이 활용하기 좋은 금액**이라 할 수 있습니다.

■ 부모 집에 전세로 신혼 방, 사용료를 내야 합니다

재경씨는 현재 남자친구와 결혼을 준비 중입니다.

예비신랑 강남씨의 부모님은 평창동 저택에 거주하며, 상당한 자산을 보유한 분들입니다. 최근 아파트 전세가격이 급등하면서 신혼집을 마련하지 못해 결혼을 미루는 커플도 많지만, 재경씨와 강남씨는 신혼집 걱정을 하지 않아도 된다는 점에서 또래들의 부러움을 사고 있었습니다.

강남씨의 부모님은 평창동 저택 외에도 서울에 아파트 세 채를 추가로 보유하고 있고, 이 아파트들은 장차 세 형제에게 각각 돌아갈 몫이었습니다. 강남씨는 형제 중 장남이자 가장 먼저 결혼하는 만큼, 그중에서도 가장 최근에 구입한 한강변 신축 아파트를 자신의 몫으로 자연스럽게 점찍어 두고 있었습니다. 집안의 '드림하우스'를 선점하겠다는 생각이었지요.

혼담이 구체화되면서 신랑 집과 신부 집 사이에서는 신혼집과 예물, 혼수 이야기가 조심스럽게 오가기 시작했습니다. 그런데 예비시어머님께서 세무사와 상담을 하고 오신 뒤, 예상치 못한 제안을 꺼내십니다.

보유한 세 채 중 **가장 낡고 평수가 작은 아파트를 신혼집으로 쓰는 것이 어떻겠느냐**는 말씀이었습니다.

강남씨가 한강변 신축 아파트 이야기를 꺼내자, 예비시어머님은 그 집에 살려면 **월세를 받아야 한다**고 하셨습니다. 해당 아파트는 기존 임차인의 월세가 월 400만 원을 훌쩍 넘는 수준이었고, 이제 막 사회생활을 시작한 재경씨와 강남씨에게는 현실적으로 감당하기 어려운 금액이었습니다.

그날 이후 재경씨의 마음은 복잡해졌습니다.

혹시 예비시부모님이 세 형제 중 강남씨를 덜 아끼는 건 아닐까요?

아니면 결혼 자체를 탐탁지 않게 여기시는 걸까요?

그것도 아니라면, 단순히 지나치게 인색한 부자인 걸까요?

부동산을 공짜로 쓰면, 그 이익도 증여입니다.

다른 사람의 부동산을 **대가 없이 사용해서 이익을 얻었다면** 이 또한 증여세 과세대상이며, 이를 "부동산 무상사용이익"이라고 합니다. 예를 들어 부모소유의 부동산을 자녀가 무상으로 사용하거나, 부모의 부동산을 담보로 제공받아 자녀가 금리 등에서 이익을 얻는 경우, 그 이익에 상당하는 금액을 증여재산으로 보고 증여세를 과세합니다.

다만 다음의 경우에는 증여로 보지 않습니다.

① 부모 소유의 주택에서 **부모와 함께 거주하는 경우**
② **5년간 부동산 무상사용이익이 1억 원 미만인 경우**
③ **1년간 부동산 담보제공 이익이 1천만 원 미만인 경우**

다시 말하면, 타인이 소유한 부동산을 무상으로 사용하는 경우라도 그 부동산 무상사용이익이 5년간 1억 원 이상(무상담보 사용인 경우 담보제공에 따른 이익은 1천만 원 이상)이 되지 않는다면 증여세는 과세되지 않습니다. 이 기준을 초과하는 경우에는 무상사용을 개시한 날(또는 담보이용을 개시한 날)에 해당 이익을 증여받은 것으로 보아 증여세를 과세합니다.

부동산의 무상사용에 대한 증여세는 **5년 단위로 계산**합니다. 5년간 무상사용이익에 대해 증여세를 부과하고, 이후에도 계속 무상으로 사용한다면 5년이 지난 다음 날 다시 새로운 증여가 발생한 것으로 보아 또다시 5년치를 계산하게 됩니다.

참고로 부동산 무상사용이익은 **각 연도의 사용이익을 현재가치로 환산한 금액**으로 계산합니다. 현재 기준으로 1년 치 무상사용이익은 부동산가액의 2%입니다.

그래서, 얼마짜리 집까지 괜찮을까요?

5년간의 무상사용이익을 현재가치로 계산했을 때 **1억 원을 넘지 않으면** 증여세 과세 대상에서 제외됩니다. 이를 역산해 보면, **부동산가액이 약 13억 1,800만 원 이하**인 경우에는 무상사용이익이 1억 원 이하로 계산됩니다. 즉, 이 정도 가액의 부동산이라면 자녀가 무상으로 사용하더라도 증여세 부담이 없습니다.

이제 사례를 다시 보면, 재경씨의 예비시어머님은 형제를 차별한 것도 아니고, 결혼을 탐탁지 않게 여긴 것도 아닐 가능성이 큽니다. 한강변 신축 아파트는 시가가 13억 원을 훨씬 넘을 가능성이 높아, 부동산 무상사용이익이 1억 원을 초과하여 **증여세 과세 대상**이 됩니다. 반면, 예비시어머님이 추천한 낡은 아파트는 무상사용이익을 계산하더라도 **증여세가 발생하지 않는 13억 원 이하의 주택**일 가능성이 높습니다.

월세를 받지 않으면, 또 다른 세금이 따라옵니다

며느리 입장에서는 "시부모님이 부자인데 증여세 정도는 부담해 주실 수도 있지 않을까"라고 생각할 수도 있습니다.

하지만 문제는 증여세에서 끝나지 않습니다.

부모와 자녀 간에 월세를 **시가보다 현저히 낮게 받거나 아예 받지 않는 경우**, 과세당국은 이를 인정하지 않고 **시가에 따라 소득세를 과세**할 수 있습니다. 만약 해당 부동산이 주택이 아닌 상가라면, 소득세뿐 아니라 **부가가치세 과세 문제**까지 함께 발생할 수 있어 상황은 훨씬 복잡해집니다.

결국 세금을 고려한다면, 세 형제 중에서도 **높은 월세를 감당할 수 있는 자녀만이** 한강변 신축 아파트에 거주할 수 있게 되는 셈입니다.

그래도 방법은 있습니다.

자녀에게 충분한 소득이 없어도, 그 집을 신혼집으로 활용할 수 있는 방법이 하나 있습니다.

바로 부모님과 함께 거주하는 방법입니다.

타인소유의 주택을 무상으로 사용하는 경우 원칙적으로는 증여세가 과세되지만, **주택 소유자인 부모와 함께 거주하는 경우에는 무상사용 이익에 대해 증여세를 과세하지 않기 때문입니다.**

부모님을 모시고 함께 사는 효자·효부라면, 한강이 내려다보이는 꿈의 아파트에서 신혼 생활을 시작할 수도 있겠습니다.

부모 집 무상사용,
13억 원을 넘으면 증여세가 시작됩니다.

채무면제에 따른 이익의 증여 

　채권자로부터 채무를 면제받거나, 제3자로부터 채무를 인수 또는 변제받은 경우에는 **그 면제·인수·변제를 받은 날을 증여일로 하여**, 그로 인해 얻은 이익에 상당하는 금액을 **이익을 얻은 자의 증여재산가액**으로 보아 증여세를 과세합니다.[66]

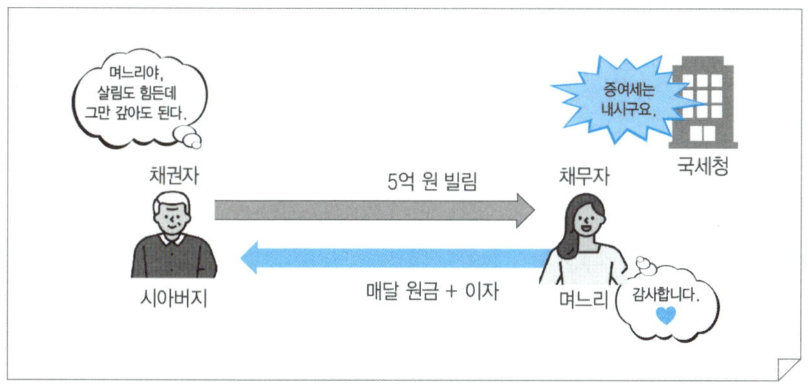

　다만 수증자가 **증여세를 납부할 능력이 없다고 인정되는 경우**로서 체납처분을 하여도 증여세에 대한 조세채권을 확보하기 곤란한 때에는 **해당 증여세의 전부 또는 일부를 면제**할 수 있습니다. 또한 이 경우에는 증여자가 수증자가 면제받은 증여세에 대해 연대납세의무를 지지 않습니다.[67]

---

66) 상속세 및 증여세법 제36조【채무면제 등에 따른 증여】
67) 상속세 및 증여세법 제4조의 2【증여세 납부의무】

■ 부모가 자녀 빚을 대신 갚아주면, 증여일까요?

한수미씨의 아들은 최근 투자한 사업이 실패하면서 과도한 채무를 떠안고 폐업 위기에 놓였습니다. 부모로서 이를 외면하기 어려운 상황에서, 아들의 빚을 대신 갚아주면 증여세 문제가 생기는지 고민하게 됩니다.

1 원칙적으로는 증여에 해당합니다.

채권자로부터 채무를 면제받거나 제3자로부터 채무의 인수 또는 변제를 받은 경우에 그로 인한 이익을 증여재산가액으로 보아 증여세를 과세합니다. 이를 채무면제 등에 따른 이익의 증여라고 합니다.

예를 들어,
- 이혼으로 발생한 위자료나 자녀 양육비를 부모가 대신 지급한 경우
- 자녀에게 부동산을 증여하면서 부담부증여를 한 뒤, 이후 전세 보증금이나 대출금을 부모가 대신 상환해 준 경우

이 역시 **자녀의 채무를 부모가 대신 변제한 것**에 해당하므로 증여세 과세 대상이 됩니다.

2 납부할 능력이 없는 경우는 증여세를 면제합니다.

채무면제 등에 따른 이익의 증여에 해당되더라도 채무자(수증자)가 **증여세를 납부할 능력이 없다고 인정되는 경우**에는 증여세를 면제하는 규정이 있습니다.

이는 채무를 면제받을 정도로 경제 상황이 극히 악화된 자에게까지

증여세를 부과하는 것이 지나치게 가혹하다는 점을 고려한 예외 규정입니다.

이 경우에는 **증여자가 수증자를 대신해 증여세를 납부해야 하는 연대납세의무도 함께 면제**됩니다.

다만 수증자가 증여세를 납부할 능력이 없다고 인정될 때에 해당하는지 여부에 대하여 조세심판원은 신용불량 상태나 파산상태에 이르는 등 무자력인 사실이 객관적으로 확인될 것을 요건으로 합니다. 단지 무재산을 이유로 결손처분이 이루어졌다는 사정만으로는, 증여세 납부 능력이 없다고 단정할 수 없다는 입장입니다.[68]

하지만 증여세 면제규정은 **채무를 직접 변제해준 경우에만 적용됨**에 유의해야 합니다.

만약 자녀에게 **현금을 증여한 뒤 그 돈으로 자녀가 채무를 상환한 경우**에는, 이는 채무를 변제해 준 것으로 보지 않고 **단순한 현금 증여로** 보게 됩니다. 이 경우 자녀가 무자력 상태라 하더라도 **증여세는 과세되며,** 현금을 증여한 부모는 **증여세에 대한 연대납세의무를 함께 부담**하게 됩니다.

---

68) **조심 2011서1747**, 2011.8.22.

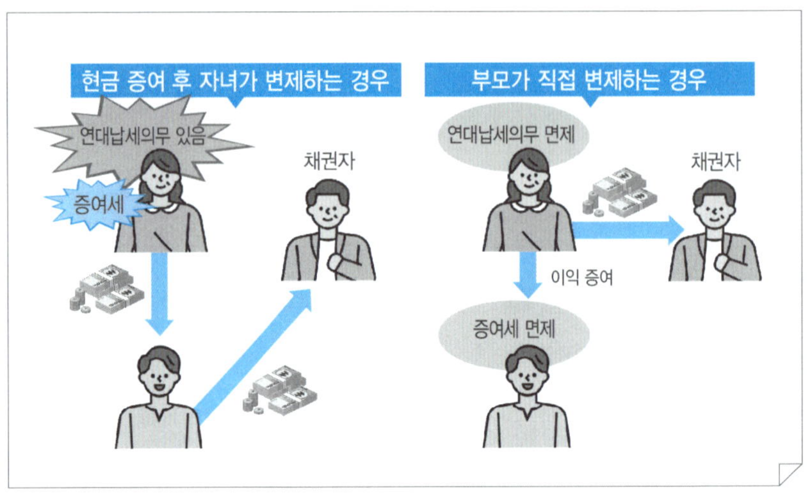

채무면제 등에 따른 증여는 원칙적으로 **채무면제이익에 대해 증여세가 과세**되지만, 수증자가 증여세를 납부할 능력이 없다고 인정되는 경우에는 **증여세와 연대납세의무 모두를 면제**하는 예외가 존재합니다.

따라서 빚에 허덕이는 자녀를 돕고자 한다면, 자녀에게 현금을 증여하기보다는 **부모가 자녀의 채권자에게 직접 변제하는 방식**을 택하는 것이 증여세 측면에서 훨씬 유리한 선택이 될 수 있습니다.

한마디 요약

자녀의 빚을 대신 갚아줄 땐,
'현금 증여'보다 '직접 변제'가 세금에 유리합니다.

Chapter 14

증여추정
– 입증하지 못하면 되돌리기 어렵다

가족 간 거래는 의심받을 수 있다 

배우자나 자녀와 매매계약서를 작성하여 자산을 양도하는 경우가 있습니다. 겉으로 보기에는 정상적인 매매처럼 보일 수 있지만 세법은 곧바로 한 가지 질문을 던집니다.

"정말 대가를 주고받은 거래였는가?"

가족 간 거래에서는 당사자 사이에 이해관계가 밀접하게 얽혀 있는 만큼, 형식만 갖춘 매매계약을 통해 세금을 회피하려는 시도가 반복되어 왔습니다. 이 때문에 세법은 가족 간 자산 이전을 원칙적으로 '증여일 가능성이 높은 거래'로 보고 접근합니다.

즉, 가족 간 매매는 **증여가 아니라는 점이 입증되어야 하는 거래**입니다.

세법의 시선 – 형식이 아니라 실질

가족 간 자산 이전을 둘러싼 조세회피를 방지하기 위해, 세법은 거래의 형식이 아니라 **실질을 기준으로 과세**하도록 규정하고 있습니다.

실질은 **증여**임에도 양도의 형식을 취해 증여세를 회피하는 경우 「상속세 및 증여세법」에서 이를 규율합니다.

실질은 **양도**임에도 증여의 형식을 취해 양도소득세를 회피하는 경우 「소득세법」에서 이를 규율합니다.

이 장에서는 이러한 조세회피를 방지하는 규정을 살펴보겠습니다.

「상속세 및 증여세법」상 규정 

① 배우자·직계존비속에게 양도하면 시 증여추정[69]

배우자 또는 직계존비속에게 재산을 양도한 경우에는 양도자가 그 재산을 양도한 때에 **그 가액을 증여한 것으로 추정**합니다. 이 경우 과세

---

69) 상속세 및 증여세법 제44조 제1항 【배우자 등에게 양도한 재산의 증여 추정】

방식은 다음과 같이 달라집니다. 양도자에게는 **양도소득세를 과세하지 않고** 형식상 양수자인 배우자 또는 직계존비속에게 **증여세를 과세합니다.**

과세당국이 이러한 규정을 두고 있는 이유는 단순합니다. 가족 간 재산 이전은 통상적인 제3자 간 거래에 비해 매매보다 증여일 가능성이 높다고 보기 때문입니다.

증여추정은 언제 깨지는가

물론 배우자나 직계존비속에게 양도한 모든 거래가 무조건 증여로 확정되는 것은 아닙니다. 양도 사실이 명백한 경우에는 증여추정이 배제됩니다.[70]

여기서 말하는 '명백함'이란, 단순히 계약서가 존재한다는 의미가 아닙니다. 대금이 실제로 지급되었는지, 그 대금이 수증자의 자력에서 나왔는지, 금융거래 내역을 통해 객관적으로 확인되는지가 핵심입니다.

입증책임은 누구에게 있는가

증여추정 규정은 법률상 추정입니다. 이는 별도의 증명이 없는 한, 법이 정한 효과가 그대로 발생한다는 의미입니다. 따라서 증여추정을

---

70) **상속세 및 증여세법 제44조 제3항 【증여추정이 배제되는 경우】**
　　1. 법원의 결정으로 경매절차에 따라 처분된 경우
　　2. 파산선고로 인하여 처분된 경우
　　3. 「국세징수법」에 따라 공매된 경우
　　4. 「자본시장과 금융투자업에 관한 법률」에 따른 증권시장을 통하여 유가증권이 처분된 경우
　　5. 배우자 등에게 대가를 받고 양도한 사실이 명백히 인정되는 경우
　　　　1) 권리의 이전이나 행사에 등기 또는 등록을 요하는 재산을 서로 교환한 경우
　　　　2) 당해 재산의 취득을 위하여 이미 과세(비과세 또는 감면받은 경우를 포함한다)받았거나 신고한 소득금액 또는 상속 및 수증재산의 가액으로 그 대가를 지급한 사실이 입증되는 경우
　　　　3) 당해재산의 취득을 위하여 소유재산을 처분한 금액으로 그 대가를 지급한 사실이 입증되는 경우

배제하고 해당 거래가 '양도'였음을 주장하려면, 그 입증책임은 전적으로 납세자에게 있습니다. 이를 위해서는 다음과 같은 자료가 요구됩니다.

- 매매대금의 실제 지급 내역
- 매수인의 자금 출처에 대한 소명
- 거래 전후 자금 흐름에 대한 객관적 금융증빙

계약서만으로는 부족하며, 돈의 흐름이 설명되지 않는 거래는 증여로 귀결될 가능성이 높습니다.[71]

② 우회양도에 대한 증여추정[72]

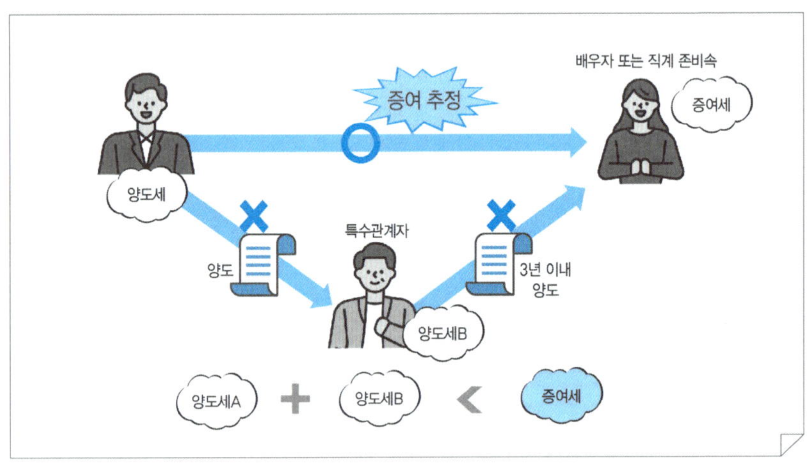

---

71) **서면4팀-4069, 2006.12.14.**
자녀에게 양도한 재산은 그 재산을 양도한 때에 증여한 것으로 추정하는 것이나, 자녀로부터 대가를 지급받고 양도한 사실이 명백히 인정되는 경우에는 그러하지 아니하는 것임. 거래실질이 "양도"에 해당하는지 "증여"에 해당되는지 여부는 계약내용 및 대금지급관계 등 구체적인 사실을 확인하여 판단할 사항으로 거래실질이 사실상 양도에 해당하는 경우에는 이를 주장하는 자가 이를 입증하여야 하는 것임.

72) **상속세 및 증여세법 제44조 제2항 【배우자 등에게 양도한 재산의 증여 추정】**

앞서 살펴본 증여추정 규정을 회피하기 위해, 직접 배우자나 직계존비속에게 양도하지 않고 **특수관계인을 거쳐 우회양도**하는 경우가 있습니다. 그러나 이러한 방식 역시 세법상 허용되지 않으며, **증여추정 규정은 동일하게 적용됩니다.**

즉, 특수관계인[73]에게 주택을 양도한 후 **3년 이내**에 해당 주택이 다시 당초 양도자의 배우자 또는 직계존비속에게 양도되는 경우에는, 그 거래의 실질을 **당초 양도자가 자신의 배우자 등에게 증여한 것으로 추정**하여 증여세를 과세합니다.

이는 증여추정 규정의 적용을 예상하여 **특수관계인을 이용해 거래 형식만 변경하는 행위를 방지하기 위한 규정입니다.**

다만, 우회양도 과정에서 발생한 **두 차례의 양도소득세 합계액이 증여세액보다 큰 경우에는** 예외적으로 증여추정을 적용하지 않습니다.

「소득세법」 상 규정 

경우에 따라서는 증여자가 재산을 제3자에게 바로 양도하는 것보다, 가족에게 증여한 후 그 가족이 다시 양도하는 방식이 세 부담을 줄일 수 있는 것처럼 보일 수 있습니다. 증여의 경우 배우자라면 6억 원까지

---

73) **상속세 및 증여세법 시행령 제2조의 2 【특수관계인의 범위】**
특수관계인 중 친족관계
① 4촌 이내의 혈족 ② 3촌 이내의 인척 ③ 배우자(사실혼 포함) ④ 친생자로서 다른 사람에게 친양자 입양된 자 및 그 배우자 · 직계비속 ⑤ 혼외출생자의 생부 · 생모 ⑥ 직계비속의 배우자의 2촌 이내의 혈족과 그 배우자

증여재산공제가 적용되므로 배우자에게 재산을 증여한 후 배우자가 그 재산을 다른 사람에게 양도한다면 6억 원에 대해서는 증여세와 양도세가 모두 면제되는 효과가 있기 때문입니다.

이러한 방식으로 발생하는 **증여를 통한 양도세 절감 효과**를 차단하기 위해, 소득세법은 일정 요건 하에서 증여로 인한 절세 효과를 배제하고 **양도소득세를 다시 계산하도록 하는 규정**을 두고 있습니다. 이에 해당하는 것이 **이월과세 규정**과 **부당행위계산 부인 규정**입니다.

① 이월과세의 적용[74]

거주자가 양도일을 기준으로 소급하여 10년 이내에 배우자 또는 직계존비속으로부터 증여받은 부동산 등 자산을 양도하는 경우에는, 수증자가 증여받은 당시의 가액을 취득가액으로 보지 않습니다. 대신 **당초 증여자가 해당 자산을 취득했을 때의 취득가액을 그대로 승계하여 계산합니다.**

다만 주식의 경우에는 적용기간이 다릅니다. 주식을 증여받은 후 **1년 이내에 양도하는 경우에만 이 규정이 적용되며, 이 규정은 2025년 1월 1일 이후 증여받은 주식부터 적용됩니다.**

이 경우에도 **증여 당시 수증자가 납부한 증여세는 양도차익 계산 시 필요경비로 차감할 수 있습니다.** 그러나 이월과세 규정을 적용함으로써

---

74) **소득세법 제97조의 2【양도소득의 필요경비 계산 특례】**
거주자가 양도일부터 소급하여 10년 이내에 그 배우자(양도당시 혼인관계가 소멸된 경우를 포함하되, 사망으로 혼인관계가 소멸된 경우는 제외한다.) 또는 직계존비속으로부터 증여받은 부동산 및 기타자산을 양도하는 경우 당초 증여자가 취득한 당시의 취득가액을 적용한다.(2022.12.31. 개정)
2023.1.1.시행 전 증여받은 부동산 및 기타자산 양도 시 5년 적용

양도소득세 부담이 오히려 감소하는 경우에는 해당 규정을 적용하지 않습니다.

※ 참고로 2023년 1월 1일 이전에 증여받은 부동산 및 기타 자산의 경우에는 이월과세 적용기간이 **5년**이었습니다.

예를 들어,

1억 원에 취득한 부동산을 배우자에게 6억 원에 증여한 뒤 배우자가 이를 곧바로 6억 원에 양도하는 경우를 생각해 보겠습니다. 겉으로 보면, 배우자 증여 시 6억 원까지 증여재산공제가 적용되어 증여세가 없고 배우자는 6억 원에 취득한 재산을 6억 원에 양도하므로 양도차익이 발생하지 않아 양도소득세도 없는 것처럼 보입니다.

그러나 이 경우 배우자가 **증여받은 날부터 10년 이내**에 양도하였다면, 이월과세 규정에 따라 해당 부동산은 **당초 취득자인 증여자가 1억 원에**

취득하여 **6억 원에 양도한 것**으로 보아 양도소득세를 다시 계산하게 됩니다.

만약 피치 못할 사정으로 상황이 변경된 경우라면

이월과세 규정은 양도 당시 배우자와 이혼한 경우에도 그대로 적용됩니다. 다만, **배우자가 사망한 경우, 직계존비속이 사망한 경우**에는 예외적으로 이월과세 규정을 적용하지 않습니다.

② 부당행위계산 부인의 적용[75]

그렇다면 앞에서 살펴본 **이월과세가 적용되지 않는 경우** 또는 **그 밖의 특수관계인에게 증여한 후 양도하는 경우**에는 어떤 규정이 적용될까요? 이 경우에는 이월과세 규정이 아니라, 소득세법상 **부당행위계산 부인 규정**이 적용됩니다.

즉, 세법은 수증자에게 형식적으로 귀속된 양도소득을 그대로 인정하지 않고, 거래의 실질에 따라 **당초 증여자가 직접 양도한 것으로 보아** 양도소득세를 다시 계산합니다.

구체적으로, 양도소득세를 부당하게 감소시킬 목적으로 특수관계인에게 자산을 증여한 후 그 수증자가 **증여받은 날부터 10년 이내에 해당 자산을 양도한 경우**, 양도소득이 **수증자에게 실질적으로 귀속된 경우**를 제외하고는 증여자가 직접 양도한 것으로 보아 과세합니다.

---

75) **소득세법 제101조 제2항【양도소득의 부당행위계산】**

이 경우 **당초 증여에 대해 부과되었던 증여세는 취소되고**, 대신 증여자에게 전체 차익에 대한 양도소득세가 부과됩니다.

다만 수증자가 부담하는 **증여세와 양도소득세의 합계액이**, 증여자가 직접 양도한 것으로 보아 계산한 양도소득세액을 초과하는 경우에는 **예외적으로 부당행위계산 부인 규정을 적용하지 않습니다.**

10년이 기준입니다

가족 간 매매는 원칙적으로 **증여로 추정**되므로, 가족 간 거래라 하더라도 매매임을 주장하려면 거래대금의 실제 지급 사실에 대한 금융증빙은 물론, 매수인의 자금출처에 대한 입증자료를 사전에 충분히 마련하여 해당 거래에 증여 사실이 없었음을 적극적으로 증명해야 합니다.

또한 가족 간 증여가 이루어진 경우에는, **최소 10년이 경과한 후에 양도해야** 이월과세 규정이나 부당행위계산 부인 규정의 적용을 피할 수 있음을 유의할 필요가 있습니다.

■ 그 돈은 어디서 났을까

중학교 2학년에 재학 중인 미성년자가 **10억 원 상당의 아파트를 취득**하였습니다. 어린 학생이 스스로 이러한 자금을 마련할 수 있었을까요?

또 다른 사례로,

전업주부가 3천만 원을 투자해 갭투자에 성공한 뒤, 2년 후 퇴거하는 임차인에게 **전세보증금 10억 원을 내주었습니다.** 전업주부는 어떻게 갑자기 거액의 보증금을 갑자기 상환할 수 있었을까요?

1 원칙 — 증여로 추정합니다.

재산취득자나 채무상환자의 직업, 연령, 소득 및 재산상태 등을 고려했을 때 **자력으로 재산을 취득하거나 채무를 상환하였다고 인정하기 어려운 경우**, 과세관청은 누군가로부터 해당 자금을 **증여받았을 가능성이 높다**고 봅니다.

국세청은 이러한 합리적 의심을 근거로 재산취득자금 또는 채무상환자금을 **증여로 추정**하고 증여세를 과세합니다.

2 반론 가능성 — 증여가 아니었을 수 있습니다.

그러나 모든 경우가 곧바로 증여로 확정되는 것은 아닙니다.

예를 들어,
- 미성년자가 어린 시절부터 유튜브·방송 활동 등으로 상당한 소득을 올려 이를 성실히 신고·납부해 왔다면,
- 전업주부가 과거 부모의 사망으로 상속받은 주식이나 재산을 처분한 자금이 있다면,

해당 자금은 증여가 아닌 자력 또는 상속자금일 수 있습니다.

이처럼 납세자는 재산을 취득하거나 채무를 상환한 자금의 출처에 대해 **증여받지 않았다는 점을 소명함으로써 증여추정을 깨뜨릴 수 있습니다.**

3 핵심 — 입증 책임은 납세자에게 있습니다

중요한 점은, 이러한 소명과 입증의 책임이 과세관청이 아닌 납세자에게

있다는 점입니다. 자력으로 재산을 취득한 것을 입증하기 위해서는 본인이 그 자금을 **어디에서 어떻게 마련했는지**를 입증해야 할 것입니다.

대표적인 입증자료는 다음과 같습니다.

- 신고·과세된 근로소득, 사업소득 등 소득금액
- 상속 또는 증여받아 신고·과세된 재산
- 보유 재산을 처분하여 확보한 자금
- 부채를 부담하고 받은 금전으로 직접 사용한 금액

예컨대, 꼬마 유튜버라면 방송수입에 대한 **소득신고 및 납세자료**를, 전업주부라면 상속재산에 대한 **상속세 신고서와 납부내역**을 제시한다면 충분한 소명이 가능합니다.[76]

반대로, 그동안 소득을 숨기거나 세금을 성실히 신고하지 않았다면 자금출처에 대한 입증은 사실상 어려워질 수 있으며, 이 경우 자금출처 조사가 **사업장 세무조사로 확대될 위험**도 있습니다.

---

76) **상속세 및 증여세법 시행령 제34조 제1항【재산 취득자금 등의 증여추정】**
   1. 신고하였거나 과세(비과세 또는 감면받은 경우를 포함한다. 이하 이 조에서 같다)받은 소득금액
   2. 신고하였거나 과세받은 상속 또는 수증재산의 가액
   3. 재산을 처분한 대가로 받은 금전이나 부채를 부담하고 받은 금전으로 당해 재산의 취득 또는 당해 채무의 상환에 직접 사용한 금액

4 얼마까지 입증해야 할까

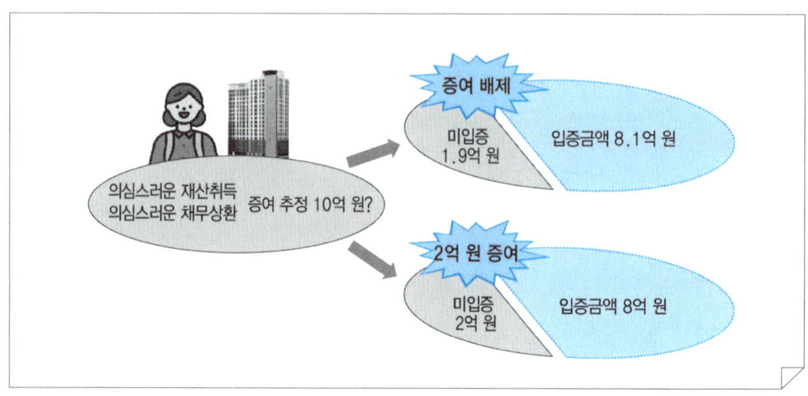

다만, 국세청은 증여로 추정되는 전액에 대해 입증할 것까지는 요구하지 않습니다. 다음 요건을 충족하는 경우에는 **전체 금액에 대한 증여추정을 배제**합니다.

> 입증하지 못한 금액 〈 Min[재산취득가액 × 20%, 2억 원]

재산취득금액, 채무상환금액, 차명계좌금액 중 **입증되지 못한 금액**이 취득재산의 가액 또는 채무의 상환금액의 100분의 20에 상당하는 금액과 2억 원 중 적은 금액에 미달하는 경우, 또는 자금의 출처에 관한 **충분한 소명**이 있는 경우에는 증여추정을 배제합니다.[77] 이때 재산 취득자금에는 취득세, 등록면허세 등 **취득부대비용까지 포함한 총 취득자금**이 포함됩니다.

---

77) 상속세 및 증여세법 제45조 제1항: 재산취득자금의 증여추정
　　상속세 및 증여세법 제45조 제2항: 채무상환자금의 증여추정
　　상속세 및 증여세법 제45조 제4항: 차명계좌의 증여추정

다만, 입증하지 못한 금액이 기준금액 이하여서 증여추정이 배제되는 경우라 할지라도 정황상 증여받은 사실이 확인되는 경우에는 증여세 과세를 피하지 못할 것입니다. 이 경우에도 증여세 과세는 납세자가 전체 금액 중 일부를 입증했다면 그 **입증금액을 제외한 부분에 대해서만** 이뤄집니다.[78]

5 자금출처를 묻지 않는 구간

재산취득자가 해당 재산을 **자력으로 취득하였다고 인정하기 어려운 경우** 과세관청은 그 재산의 취득자금 등을 증여받은 것으로 추정하여 증여세를 부과할 수 있습니다.

다만, 다음 요건을 충족하는 경우에는 예외적으로 **증여추정 규정을 적용하지 않습니다.**

재산취득일 전 또는 채무상환일 전 **10년 이내**에 해당 재산 취득자금 또는 해당 채무 상환자금의 합계액이 5천만 원 이상인 경우, 재산취득자의 **연령, 직업, 재산상태, 사회경제적 지위** 등을 종합적으로 고려하여 주택 취득자금·기타 재산취득자금·채무상환자금의 합계액이 **일정 기준 금액에 미달**한다면 증여추정을 적용하지 않습니다.[79]

---

78) 증여재산가액 = 재산취득금액, 채무상환금액, 차명계좌금액 − 입증금액
79) **상속세 및 증여세법 시행령 제34조 제2항 【재산 취득자금 등의 증여추정】**
     집행기준 45-34-3 【자금출처 증여추정 배제기준】

구분	취득재산		채무상환	총액한도
	주택	기타재산		
30세 미만	5천만 원	5천만 원	5천만 원	1억 원
30세 이상	1.5억 원	5천만 원	5천만 원	2억 원
40세 이상	3억 원	1억 원	5천만 원	4억 원

기준 이하여도 안심할 수 없다

그러나 증여추정이 배제되었다고 하여 **증여세 과세 가능성까지 완전히 사라지는 것은 아닙니다.** 의심금액이 기준금액 이하라 하더라도, 취득가액 또는 채무상환금액을 **타인으로부터 증여받은 사실이** 객관적으로 확인 **된다면** 여전히 증여세 과세 대상이 됩니다.

또한 경우에 따라서는 매출 누락에 따른 **소득세 불성실신고 문제로까지 확대**될 수 있어 각별한 주의가 필요합니다.

자금출처 조사는 이렇게 확대될 수 있다

족집게 과외선생으로 유명한 은정씨는 최근 아파트를 구입하였습니다. 본인이 40대이니 **4억 원까지는** 증여 문제가 없을 것이라 판단했습니다.

하지만 문제는 **부동산 취득자금에 대한** 자금출처 소명이었습니다.

은정씨는 과외비를 대부분 **현금으로** 받아왔고, 그동안 소득신고를 제대로 하지 않았기 때문입니다.

이로 인해 부동산 취득자금에 대한 소명 부족은 곧바로 **교습소에 대한 세무조사로 확대되었고**, 조사 과정에서 은정씨 본인 계좌는 물론 **가족 명의의 차명계좌로 반복 입금된 내역까지 확인되었습니다.**

결국 은정씨는 부동산 취득자금의 출처를 입증하지 못해 **그동안의 고소득에 대한 소득세 과세를 피할 수 없었습니다.**

이렇듯 세법은 형식이나 기대가 아니라 **자금의 흐름이라는 상식적인 기준에 따라 과세합니다.**

세법은 말보다 돈의 흐름을 믿습니다.

Chapter 15

이혼 - 재산을 나눠도 세금은 남는다

혼인관계는 배우자의 사망이나 이혼으로 그 관계가 해소될 수 있습니다. 배우자의 사망으로 인한 혼인 관계 해소에서는 「상속」이라는 법률관계가 발생하지만, 이혼의 경우 그 경위와 방식에 따라 **서로 다른 법률문제와 세금 문제가 복합적으로 발생**할 수 있습니다. 이하에서는 혼인 해소의 유형별로 발생하는 주요 법률효과와 그에 따른 세금 문제를 살펴보겠습니다.

배우자 사망으로 인한 혼인관계 해소 – 상속의 문제

배우자의 사망으로 인해 혼인이 해소되는 경우, 생존배우자에게는 상속의 문제가 발생합니다. 법률혼 배우자는 상속인이 될 수 있으며, **1순위 상속인이거나 1순위 상속인과 동순위 상속인**의 지위를 갖기 때문입니다. 특히, 사망한 배우자가 생존해 있었다면 상속받았을 재산에 대해서는 일정한 요건 하에 **대습상속이 발생**할 수 있습니다.

한편, 배우자의 사망으로 혼인이 해소되더라도 혼인으로 형성된 **인척관계**, 즉 배우자의 가족과의 관계가 곧바로 소멸하는 것은 아닙니다. 생존배우자가 **다른 사람과 재혼한 경우에 한하여** 기존 배우자와의 인척관계가 소멸하며, 재혼 전까지는 사망 후에도 **망인의 배우자로서의 지위가** 유지됩니다.

이러한 문제는 배우자 일방이 부모보다 먼저 사망한 경우, 나중에 사망 배우자의 부모가 사망하게 될 때 먼저 사망한 자녀에 대한 상속이 가능한지와 관련하여 발생하는데, 이때 **재혼하지 않은 생존 배우자는 망인에 대한 대습상속인으로 상속을 받을 수 있게 됩니다.** 이에 대한 구체적 내용은 이 책의 상속편에서 자세히 후술합니다.

이혼으로 인한 혼인해소 
– 증여와 과세의 문제

우리 민법은 **협의상 이혼과 재판상 이혼**에 대해 규정을 두고 있습니다. 이혼은 혼인의 반대 개념으로, 법률상 배우자 관계를 해소하는 절차이며, 그 과정에서 **재산의 이전과 관련된 다양한 세금 문제가** 발생할 수 있습니다.

위자료, 양육비청구 vs 재산분할청구의 세금문제

이혼에 따라 재산이 이전되는 경우, 그 법적 성격이 위자료인지, 양육비인지 또는 재산분할인지에 따라 세금 부담이 크게 달라집니다.

위자료청구권은 유책배우자의 혼인파탄 책임을 불법행위로 보아 상대방 배우자에게 **정신적 손해에 대한 배상을 청구하는 권리입니다.**

반면, 재산분할청구권은 혼인파탄의 책임 유무와 관계없이 혼인 기간 동안 부부가 공동으로 형성한 재산, 즉 **부부 공동재산을 정산 · 분배할 것을 청구하는 권리입니다.**

1 위자료와 양육비

위자료는 유책배우자의 불법행위로 인해 발생한 정신적 피해에 따른 손해배상금입니다. 배우자가 외도를 하였거나 과도한 도박으로 재산을 탕진하여 혼인파탄의 책임이 일방에게 있다고 판단되는 경우, 상대방 배우자는 위자료를 청구할 수 있습니다.

위자료는 **조세포탈의 목적이 없는 한 증여세가 과세되지 않습니다.**

다만, 위자료를 금전이 아닌 부동산 등 자산으로 지급하는 경우에는 주의가 필요합니다. 이 경우 부동산으로 위자료지급채무를 부동산으로 변제한 것으로 보아 **대물변제에 해당하며,** 해당 부동산을 이전하는 배우자에게 양도소득세가 과세될 수 있습니다.

이혼 과정에서는 위자료와 재산분할 외에도 자녀 양육비 지급 문제가 함께 발생할 수 있습니다. 또한, 양육비 지급채무를 부동산 등 자산으로 변제하는 경우에도 마찬가지로 대물변제에 해당하여 양도소득세가 과세될 수 있습니다.

2 재산분할

우리 민법은 부부의 재산관계에 관하여 **부부별산제**를 원칙으로 합니다.

즉, 혼인 전부터 보유한 재산은 각자의 고유재산이며, 혼인 중 취득한 재산이라 하더라도 명의자별 소유를 원칙적으로 인정합니다.[80] 다만, 명의와 관계없이 혼인 기간 동안 부부가 공동의 노력으로 형성한 재산은 **부부 공동재산으로 보아 재산분할의 대상이 될 수 있습니다.**

재산분할의 대상이 되는 재산은 부부의 혼인기간 동안 협력으로 이뤄진 공동재산에 한합니다. 따라서 일방의 특유재산이나 상속·증여·유증으로 취득한 재산은 원칙적으로 재산분할의 대상이 되지 않습니다.

그러나 특유재산이라 하더라도 다른 일방이 그 유지나 증식에 적극적으로 기여한 경우에는 예외적으로 재산분할의 대상이 될 수 있습니다.[81]

일반적으로 배우자 중 일방만 경제활동을 하고 상대방은 주부로 가사노동 및 육아에만 전념한 경우에도, 판례는 이러한 가사노동을 **부부 공동재산 형성에 대한 기여로 인정**하여 재산분할청구권을 인정하고 있습니다.

---

80) 부부별산제
81) 부부일방의 특유재산은 원칙적으로 분할의 대상이 되지 아니하나 특유재산일지라도 다른 일방이 적극적으로 그 특유재산의 유지에 협력하여 그 감소를 방지하였거나 그 증식에 협력하였다고 인정되는 경우에는 분할의 대상이 될 수 있습니다.

재산분할청구로 인하여 부동산의 소유권이 이전되는 경우에는, 그 재산을 부부 공동의 노력으로 일궈낸 공동재산에 대하여 자기지분 내지 자기 몫의 재산을 찾아오는 것으로 보기 때문에 **양도나 증여로 보지 않습니다.** 따라서 이전등기 원인이 재산분할에 의한 소유권 이전이라면 양도소득세나 증여세는 과세되지 않습니다.

■ 이혼할 때 재산분할이 무조건 유리할까?

이혼 후 재산분할과 위자료 등의 형태로 **시가 10억 원 상당의 아파트 한 채**를 받게 되었습니다. 이혼에 관한 법적 절차를 마치고 부동산 등기를 이전하려고 보니, 이전등기 원인을 **위자료로 할지, 이혼에 따른 재산분할로 할지** 고민하게 됩니다. 세금만 놓고 본다면 과연 어느 쪽이 더 유리할까요?

협의이혼 절차나 재판상 이혼 과정에서 조정이 이루어지는 경우, 부동산을 위자료로 이전받는 경우와 재산분할로 이전받는 경우가 모두 발생할 수 있습니다.

부동산을 위자료로 이전하는 경우, 이를 지급하는 배우자 입장에서는 부동산을 처분하여 위자료지급 채무를 변제한 것으로 보아 양도소득세가 과세됩니다. 반면, 재산분할에 따른 이전은 혼인 중 형성된 공동재산 중 자신의 몫을 정산하여 되찾는 것으로 보므로, 이전 시점에서는 양도소득세나 증여세가 과세되지 않습니다. [82]

---

[82]

구분	지급자	지급받는 자
부동산을 재산분할	양도소득세 x	증여세 x
부동산을 위자료로 지급	양도소득세 o	증여세 x

그렇다면 이혼 시 부동산은 **무조건 재산분할로 받아오는 것이 유리**할까요? 반드시 그렇지는 않습니다.

재산분할과 위자료의 차이는 '지금세금'이 아니라 '미래세금'입니다

이혼 시 유책배우자가 위자료의 대가로 부동산을 이전하는 경우에는 부동산을 이전하는 측에게 **양도소득세가 과세**됩니다. 반면, 재산분할에 따라 부동산이 이전되는 경우에는 이혼 당사자 **양측 모두 이전 시점에서 양도소득세나 증여세 부담이 발생하지 않습니다.**

그러나 부동산을 받아오는 배우자의 입장에서 진짜 차이는 '향후 양도 시점'에 발생합니다. 재산이전의 원인이 위자료인지 재산분할인지에 따라 그 부동산을 **취득시기와 취득가액이 달라지고**, 이는 미래의 양도소득세 계산에 직접적인 영향을 미치기 때문입니다.

재산분할로 부동산을 이전받은 경우에는 이혼으로 명의가 이전되었더라도 **전배우자가 해당 부동산을 취득했던 시점과 취득가액을 그대로 승계**합니다. 즉, 과거 취득가액이 낮았다면 그 낮은 취득가액이 유지되며, 그 결과 향후 양도 시 양도차익이 크게 발생할 수 있습니다. 반면, 위자료로 부동산을 이전받은 경우에는 **이혼으로 명의가 이전된 시점을 취득시기로 보고**, 해당 시점의 시가를 취득가액으로 새로 인정받게 됩니다.

부동산의 취득시기와 취득가액은 향후 양도 시 **양도차익의 크기, 장기보유특별공제 적용 여부, 1세대 1주택 비과세 보유기간, 중과세율 적용 여부** 등에 영향을 미치므로 결과적으로 미래의 양도소득세 부담을 크게 좌우합니다.

재산분할과 위자료, 어떤 선택이 유리할까?

다음은 일반적인 기준에 따른 방향성입니다. 다만, 개별적 상황과 미래의 부동산 시장상황에 따라 세금계산과 판단은 달라질 수 있으니 다음은 참고만 하시기 바랍니다.

① 재산분할로 받아오는 것이 유리한 경우

부동산을 이전받은 후 **단기간 내 양도할 계획이 있고**, 다른 주택이 없으며, 받는 부동산의 **시가가 그리 높지 않은 경우**에는 재산분할로 이전받는 것이 유리할 수 있습니다.

재산분할을 통해 과거의 취득시기를 승계받으면 보유기간이 길어져 **단기양도 중과세 문제를 피할 수 있고**, 보유·거주 요건을 충족하는 경우 1세대 1주택 비과세 특례와 **장기보유특별공제**까지 적용받을 수 있어 양도소득세를 크게 줄일 수 있습니다.

2 위자료로 받아오는 것이 유리한 경우

당장 양도할 계획이 없고, 해당 부동산이 **오래전에 취득되어 양도차익이 크게 예상되는 경우**라면 위자료로 이전받는 방식이 유리할 수 있습니다.

이 경우, 이혼 시점까지 발생한 부동산의 양도차익에 대한 세금은 **위자료를 지급하는 유책배우자가 부담**하고, 이혼 이후 가격 상승분에 대해서만 향후 양도 시 세금을 부담하게 되므로 절세 효과를 기대할 수 있습니다.

특히 위자료를 지급하는 유책배우자가 다주택자인 경우, 부동산을 위자료로 이전함으로써 **양도소득세 중과세율이**[83] **적용될 수 있으며**, 그 결과 세금 부담이 유책배우자에게 집중되는 구조가 됩니다. 이처럼 위자료로 부동산을 지급함에 따라 양도소득세 중과 부담이 발생한다면 유책배우자에 대한 나름의 **소소한 응징**이 될 수도 있습니다.

이혼은 끝날 때까지 끝난 게 아닙니다.

3 이혼 전이라면, 배우자 증여 6억 공제

이혼이 아직 성립되기 전이라면, 부동산 이전의 원인을 **부부간 증여로** 설정하는 방법도 고려할 수 있습니다. 배우자로부터 증여받는 경우 **6억 원의 증여재산공제가 적용**되므로, 부동산 가액이 6억 원 이하라면 증여세

---

83) 다만, 다주택자 양도소득세 중과규정은 한시적으로 적용되지 않습니다.(2024년 5월 9일까지)

부담 없이 이전이 가능합니다. 6억 원을 초과하는 경우에도 초과분에 대해서만 증여세를 부담하고, **취득가액은 증여 시점의 시가 전체를 인정**받을 수 있어 향후 양도 시 유리할 수 있습니다.

다만, 이 방법은 **이혼이 성립되기 전에 증여절차가 완료되어야 하며**, 증여받은 부동산은 **증여 후 10년이 경과한 뒤 양도**해야 이월과세 적용을 피할 수 있다는 점에 유의해야 합니다.

현실적으로 이혼 절차를 진행 중인 부부에게 이혼 전 증여에 대한 합의를 이끌어내는 것은 쉽지 않습니다. 다툼은 다툼대로 절세는 절세대로 진행할 수 있다면 가장 좋겠지만 현실은 그렇지 못한 편입니다.

한마디 요약

이혼에서 고려할 것은
언제, 누구에게, 얼마나 큰 세금이 남느냐입니다.

II부.
가치를 계산하고 평가하다

PART 04
상속세의 계산

Chapter 16

상속재산 분할과 상속세분담
- 재산과 세금은 따로 움직인다

상속재산 분할 문제

　피상속인의 사망으로 상속이 개시되면 공동상속인끼리 상속재산을 어떻게 나눌 것인지 매우 중대한 문제일 것입니다.

　민법에서는 상속인 간 상속재산의 분배 비율을 정하고 있지만, 실제 상속에서는 반드시 법정상속분대로 재산을 나누어야 하는 것은 아닙니다. 상속재산의 가액과 무관하게 상속인 각자 원하는 재산이 다를 수 있고 때로는 상속을 포기하는 사람도 있기 때문입니다.

　또한 특정 상속인이 이미 피상속인 생전에 재산을 증여받은 사실이 있다면, 오히려 상속재산을 공평하게 나누는 것이 불합리할 수도 있습니다.

　따라서 상속재산은 꼭 공평하게 같은 비율로 분배되어야 하는 것은 아니며 실제 그렇게 분배하기도 쉽지 않습니다. 공동상속인 전원이 참석하여 **협의에 의해 상속재산을 분할하였다면**, 그 분할은 유효합니다.

다음의 사례로 상속재산을 매우 불공평하게 나누는 경우를 살펴
보겠습니다.

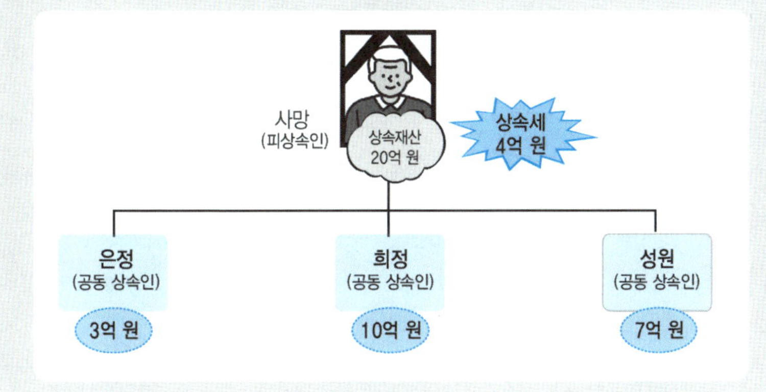

협의분할, 법정상속분대로 나누지 않아도 됩니다

상속재산의 협의분할은 공동상속인 간의 일종의 **계약**으로, 상속인들은
합의만 이루어진다면 얼마든지 자유롭게 분할할 수 있습니다. 공동상속인
모두가 협의하여 특정 상속인(예:희정이)가 상속재산의 절반인 10억 원을
배분받는 다소 불공평한 상속 분할을 했다고 하더라도 그 협의는 유효합니다.

상속재산 몰아주기, 가능한데 조건이 있습니다

상속분할협의가 공평하지 않다고 하여 무조건 상속인 간 **증여**로 보지는 않습니다.

상속인들 간의 **최초 협의분할**에 대해서는, 공동상속인 중 어느 일방이 이득을 보았다고 하더라도 원칙적으로 증여세가 과세되지 않습니다.

또한 최초 협의분할 이후 지분 변동이 있는 **재협의분할**이라 하더라도, 그 시점이 **상속세 신고기한 이내**라면 역시 증여세 문제는 발생하지 않습니다.(상속세 및 증여세법 제4조 제3항)[84]

한마디 요약

① 상속세 신고기한 이내에 이루어진 분할·재분할
   → 상속재산의 정산으로 보아 **증여세는 과세되지 않습니다.**
② 상속등기 후, 신고기한이 경과한 뒤 특정 상속인이 재산을 초과 취득한 경우
   → 실질적인 재산 이전으로 보아 **증여세가 과세됩니다(원칙).**

---

84) **상속세 및 증여세법 제4조 제3항【증여세 과세대상】**

상속개시 후 상속재산에 대하여 등기·등록·명의개서 등(이하 "등기등"이라 한다)으로 각 상속인의 상속분이 확정된 후, 그 상속재산에 대하여 공동상속인이 협의하여 분할한 결과 특정 상속인이 당초 상속분을 초과하여 취득하게 되는 재산은 그 분할에 의하여 상속분이 감소한 상속인으로부터 증여받은 것으로 보아 증여세를 부과한다. 다만, 제67조에 따른 상속세 과세표준 신고기한까지 분할에 의하여 당초 상속분을 초과하여 취득한 경우와 당초 상속재산의 분할에 대하여 무효 또는 취소 등 대통령령으로 정하는 정당한 사유가 있는 경우에는 증여세를 부과하지 아니한다.

현금보상 받으면, 양도세

다만 위 사례에서, 은정이가 상속재산을 적게 배분받는 대신 그 대가로 희정이로부터 **현금이나 다른 재산 등 별도의 보상**을 받았다면 이야기가 달라집니다.

이 경우에는 상속이나 증여의 문제가 아니라, **양도소득세 과세 여부**가 문제 될 수 있으므로 각별한 주의가 필요합니다.

상속세는 어떻게 나누어 내는가 

상속인이 상속재산 중 무엇을 받고 얼마의 세금을 부담해야 하느냐에 따라 공동상속인 간 상속분할협의가 달라질 수 있을 것입니다.

특히 상속세의 경우, **각 상속인이 어디까지 납부의무를 부담하는지**, **즉 본인이 받은 지분에 대해서만 세금을 내면 되는지**, 아니면 **다른 상속인의 상속세까지 함께 책임져야 하는지**는 매우 민감한 문제일 수밖에 없습니다.

이하에서는 상속세의 부담 구조를
① 각 상속인의 개별 부담액과
② 상속세의 연대납세의무로 나누어 살펴보겠습니다.

상속세 '각자부담액'의 계산

상속인들은 각자 상속받은 재산에 해당하는 세액을 계산하여 납부할 의무가 있습니다. 상속세는 상속인별로 따로 계산되는 것이 아니라, **전체 상속세액을 상속재산의 분배 비율에 따라 안분**하여 각자의 부담액을 산정합니다.

앞선 사례에서 상속재산 20억 원에 대한 상속세가 4억 원이라면, 각 상속인이 부담해야 할 상속세는 다음과 같이 계산됩니다.

- 은정이: **6천만 원** (4억 원 × 3/20)
- 희정이: **2억 원** (4억 원 × 10/20)
- 성원이: **1억 4천만 원** (4억 원 × 7/20)

즉, 상속세는 **각 상속인이 실제로 취득한 재산의 비율만큼** 부담하게 됩니다.

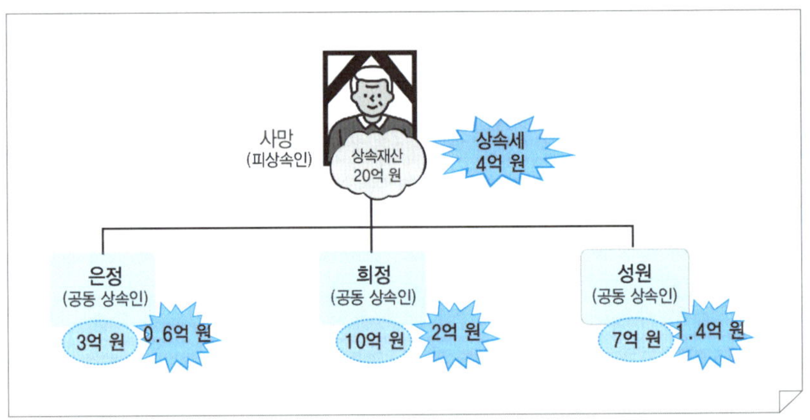

연대납세의무

세금은 '함께' 추징될 수 있습니다

상속세는 피상속인이 남긴 유산 전체를 과세대상으로 하지만, 사망한 피상속인에게 그 납세의무를 이행하게 할 수는 없습니다. 이에 따라 세법은 상속재산을 나누어 취득한 상속인들이 **연대하여 상속세를 납부하도록** 규정하고 있습니다.

이처럼 **2인 이상이 하나의 동일한 납세의무를 함께 부담하는 경우**를 연대납세의무라고 합니다.

하지만 한도는 있습니다

그렇다면 은정이는 다른 상속인의 상속세에 대하여 **얼마까지 책임져야 할까요.**

만약 위 사례에서 희정이와 성원이가 자신의 상속세를 납부하지 않고 버틴다면, 은정이는 전체 상속세 4억 원에 대해 연대납세의무를 부담하게 됩니다. 그러나 상속재산을 3억 원만 취득한 은정이에게 전체 상속세를 모두 부담하게 하는 것은 지나치게 가혹할 수 있습니다.

이에 세법은 상속세의 연대납세의무를 일반적인 연대채무와는 달리 **각 상속인이 받았거나 받을 상속재산을 한도로 제한**하고 있습니다.

따라서 은정이는 **자신이 받은 상속재산 3억 원을 한도로 하여** 상속세에 대한 납세의무를 부담하게 됩니다.

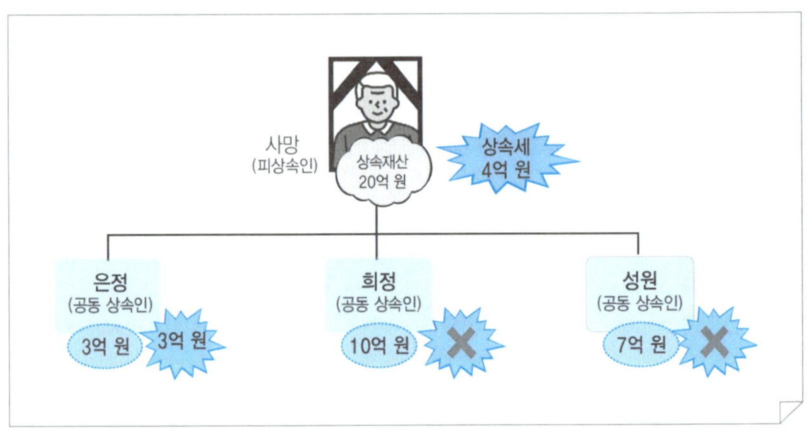

상속세는 각자 계산해 부담하되
걷히지 않으면 받은 만큼까지만 함께 책임집니다.

한 사람이 대신 내주면?

(연대납세의무의 범위와 증여세 판단)

책임감 있는 은정이가 상속세 **4억 원 전부를 대신 납부**하겠다고 한다면, 과연 세법상 문제는 없을까요?

앞서 살펴본 바와 같이, 연대납세의무가 **없는** 경우에 증여자가 수증자의 증여세를 대신 납부하면 그 대납액 자체를 다시 **증여로 보아 과세**됩니다. 이 원칙은 **상속세의 연대납세 상황에서도** 그대로 **적용됩니다.**

연대납세의무자로서 **연대납세의무 범위 내에서** 다른 상속인이 납부해야 할 상속세를 대신 납부한 경우에는 본인이 부담해야 할 납세의무를 이행한 것에 불과하므로 별도의 증여세는 과세되지 않습니다.

그러나 **연대납세의 한도를 초과하여** 납부한 상속세액에 대하여는 다른 상속인에게 증여한 것으로 보아 증여세가 과세 됩니다.

즉 위 사례에서 은정이가 자신이 취득한 상속재산의 한도인 **3억 원을 초과하여 납부한 상속세 1억 원**은 희정이와 성원에게 **상속비율에 따라 증여한 것**으로 보게 되며, 그 결과, **수증자인 희정이와 성원이는 해당 금액에 대해 증여세를 부담**하게 됩니다.

상속세가 과세되는 재산

거주자가 사망하여 상속이 개시된 경우 피상속인의 **국내외 모든 재산**에 대하여 상속세가 부과되고, 비거주자가 사망한 경우에는 **국내에 있는 피상속인의 상속재산**에 한하여 상속세가 과세됩니다.

상속세가 과세되는 재산에는 피상속인이 사망시점에 소유하고 있는 재산뿐만 아니라 소유했을 것 같은 재산(간주상속재산, 추정상속재산), 사망 전에 증여를 통해 분산했던 재산(사전증여재산)이 모두 합쳐집니다.[85]

이 챕터에서는 상속세가 과세되는 재산을 **본래의 상속재산, 간주상속재산, 추정상속재산**으로 나누어 살펴봅니다.

---

85) 본래의 상속재산: 상속개시일 현재 피상속인이 소유하고 있던 재산
　　추정 상속재산: ① 상속개시일 전 처분재산 중 사용처 불분명 금액
　　　　　　　　　　② 상속개시일 전 부담채무 중 사용처 불분명 금액
　　간주 상속재산: ① 보험금 ② 신탁재산 ③ 퇴직금 등
　　사전 증여재산: ① 상속개시일 전 10년 이내에 상속인에게 증여한 금액
　　　　　　　　　　② 상속개시일 전 5년 이내에 상속인이 아닌 자에게 증여한 금액

① 본래의 상속재산 

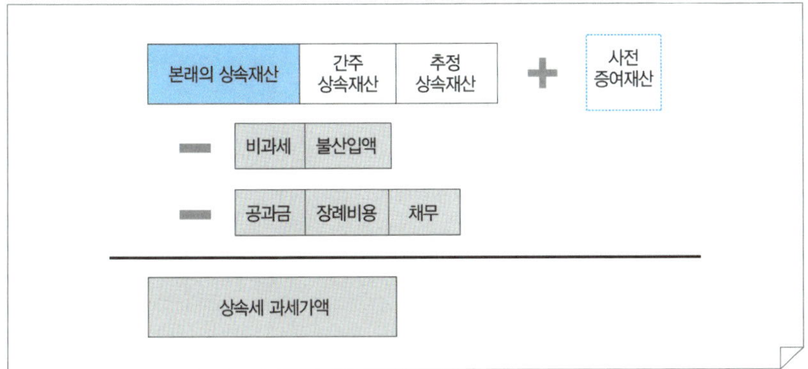

상속세가 과세되는 본래의 상속재산이란 피상속인에게 귀속되는 모든 재산으로서 금전으로 환산할 수 있는 경제적 가치가 있는 물건과 재산적 가치가 있는 법률상 또는 사실상의 모든 권리를 포함합니다.[86] 즉 재산적 가치가 있는 것이라면 모든 재산, 모든 권리의무에 대하여 상속세를 과세합니다.

상속인들이 상속으로 취득한 재산뿐만 아니라, 피상속인의 유언에 의한 유증 재산이나 사망으로 증여의 효력이 발생하는 사인증여재산, 특별연고자가 분여 받은 상속재산도 모두 실질이 상속과 다르지 않으므로 상속세 과세대상에 포함합니다.

다만, 상속재산을 정확히 파악하는 일은 결코 쉽지 않습니다. 무기명 채권이나 장판 밑에 숨겨둔 현금처럼 피상속인의 재산이 사망 후 상당한

---

86) 상속세 및 증여세법 제2조 【정의】

시간이 지난 뒤에 발견되는 경우도 적지 않습니다. 상속인이 알지 못했던 재산이라 하더라도 상속세 과세대상에서 제외되지는 않으며, 상속세 세무조사 과정에서 추가 상속재산이 밝혀질 경우 가산세를 포함한 상속세를 추가로 부담하게 됩니다.

② 간주상속재산 
상속은 아니지만, 상속으로 보는 재산

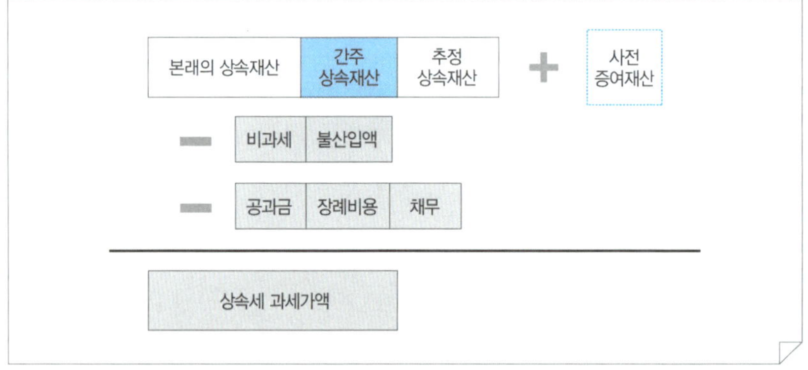

피상속인의 사망으로 인하여 상속인이 받는 보험금이나 퇴직금 등과 같이 피상속인을 거치지 않고 상속인에게 바로 귀속되는 것은 상속인의 고유재산이지 상속재산은 아닙니다. 그러나 상속이나 유증 등으로 취득한 상속재산은 아니라고 하더라도 상속인으로서는 상속과 같은 경제적 이익이 있어 세법에서는 **상속재산으로 간주하여 과세합니다.**

간주상속재산이란, 본래적 의미의 상속재산은 아니지만 이와 동일한 경제적 이익이 발생하는 경우 상속재산으로 보는 규정입니다. 피상속인의 보험금, 신탁재산, 퇴직금이 피상속인의 사망을 원인으로 지급될 경우 이 재산은 상속재산으로 간주하여 상속세과세가액에 합산됩니다.

1 보험금

피상속인의 사망으로 인하여 받는 생명보험 또는 손해보험의 보험금이 상속인에게 지급되었다면 이는 원래 상속인 고유의 재산이지 피상속인의 상속재산은 아닙니다. 그러나 피상속인이 보험료를 꾸준히 납부했고 상속인이 보험금을 수령한 수익자라면 실질적으로 사망을 원인으로 재산이 피상속인에게서 상속인에게로 무상으로 이전되는 것과 경제적 효과가 동일하므로 상속세 또는 증여세 과세대상이 됩니다.

보험금의 과세는 수령 시점에 따라 구분됩니다. 보험계약자 생전에 지급되는 경우에는 증여세가, 사망 후 지급되는 경우에는 상속세가 과세됩니다.

> ▶ 보험계약자(보험료납입자)=보험수익자 → 과세 없음
> ▶ 보험계약자(보험료납입자)≠보험수익자 → 과세

다만, 피상속인이 보험계약자이자 피보험자이고 상속인이 보험수익자라 하더라도, 실질적으로 상속인이 보험료를 부담한 경우라면 본인이 납입한 보험료에 해당하는 보험금을 본인이 수령하는 것에 불과하므로 재산의 무상이전에 해당하지 않습니다. 이러한 계약구조의 보험금은 상속재산에 포함되지 않습니다.

또한 피상속인의 사망으로 인하여 지급받는 생명보험 또는 손해보험의 보험금으로서 보험계약의 수익자가 상속인이 아닌 경우에도 상속인이 아닌 자가 유증 등을 받은 것으로 보아 상속재산에 포함됩니다.

상속으로 보는 보험금

$$보험금총액 \times \frac{피상속인이\ 부담한\ 보험료\ 합계액}{피상속인이\ 사망\ 시까지\ 불입한\ 보험료\ 합계액}$$

② 신탁재산

신탁이란 「신탁법」에 따라 위탁자와 수탁자와의 특별한 신임관계를 바탕으로 위탁자가 특정의 재산권을 수탁자에게 이전하거나 기타의 처분을 하고 수탁자로 하여금 수익자의 이익 또는 특정 목적을 위하여 해당 재산을 관리·처분하게 하는 법률관계를 말합니다.

피상속인이 수탁자 명의로 신탁한 재산이라 하더라도, 그 실질이 피상속인의 재산이라면 상속재산으로 봅니다. 즉 타인 명의로 신탁된 재산일지라도 상속세를 계산할 때에는 피상속인의 상속재산에 신탁재산을 합산합니다. 반대로, 피상속인 명의로 수탁된 재산은 상속재산에는 합산하지 않습니다.

또한 피상속인이 타인으로부터 신탁의 이익을 받을 권리를 보유하고 있는 경우에는 이익에 상당하는 가액은 상속재산에 포함합니다. 반면, 피상속인이 신탁한 재산 중 타인이 신탁의 이익을 소유하고 있는 경우 그 이익에 상당하는 가액은 상속재산에 포함하지 않습니다.

3 퇴직금

사망퇴직금은 피상속인의 사망을 원인으로 퇴직금을 유족에게 직접 지급하는 것으로 민법상 상속재산에는 해당하지 않지만 경제적 이익이 실질적으로 상속인에게 귀속되므로 상속세법에서는 사망퇴직금도 상속재산으로 간주하여 상속세를 과세합니다.

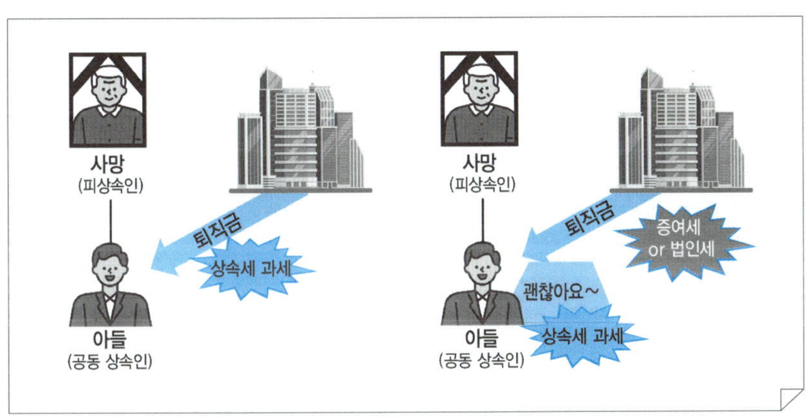

만약 지급될 퇴직금을 상속인이 포기한 경우라도 상속세가 과세됩니다. 이 경우 상속인이 당해 퇴직금을 상속받아 퇴직금 지급의무자(회사)에게 다시 증여한 것으로 보게 됩니다.

퇴직금은 상속재산에 포함하여 신고해야 하며 퇴직금 지급의무자가 개인사업자라면 개인사업자에게 증여세가, 법인이라면 채무면제이익에 대한 법인세가 과세됩니다.

한마디 요약

상속세는 남긴 재산만이 아니라,
상속과 같은 효과가 발생한 재산까지 과세합니다.

상속재산으로 보는 퇴직금 등

① 피상속인에게 지급될 퇴직금, 퇴직수당, 공로금, 연금이 피상속인의 사망으로 인하여 지급되는 경우

② 퇴직급여지급규정 등에 의하여 지급받는 금품

③ 피상속인의 지위 공로 등에 따라 지급되는 금품으로 피상속인이 근무하고 있는 사업과 유사한 사업에 있어 피상속인과 같은 지위에 있는 자가 받거나 받을 수 있다고 인정되는 금액

상속재산으로 보지 않는 퇴직금 등

① 「국민연금법」에 따라 지급되는 유족연금 또는 사망으로 인하여 지급되는 반환일시금

② 「공무원연금법」, 「공무원재해보상법」 또는 「사립학교교직원연금법」에 따라 지급되는 퇴직유족연금, 장해유족연금, 순직유족연금, 직무상유족연금, 위험직무순직유족연금, 퇴직유족연금 부가금, 퇴직유족연금일시금, 퇴직유족일시금, 순직유족보상금, 직무상유족보상금 또는 위험직무 순직 유족보상금

③ 「군인연금법」 또는 「군인재해보상법」에 따라 지급되는 퇴역유족연금, 상이유족연금, 순직유족연금, 퇴역유족연금부가금, 퇴역유족연금일시금, 순직유족연금일시금, 퇴직유족일시금, 장애보상금 또는 사망보상금

④ 「산업재해보상보험법」에 따라 지급되는 유족보상연금 · 유족보상일시금 · 유족특별급여 또는 진폐유족연금

⑤ 근로자의 업무상 사망으로 인하여 「근로기준법」 등을 준용하여 사업자가 그 근로자의 유족에게 지급하는 유족보상금 또는 재해보상금과 그 밖에 이와 유사한 것

⑥ 「별정우체국법」에 따라 지급되는 유족연금, 유족일시금

③ 추정상속재산

"상속받지 않았다"는 것을 입증해야 하는 재산

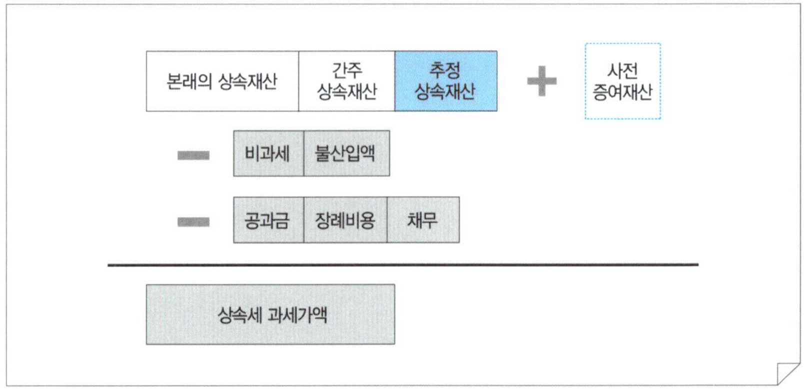

상속인들 입장에서는 상속재산을 일일이 파악하기 어려운 것을 오히려 이용하여 상속세를 줄이려고 할 수도 있습니다. 실제로 부모님의 사망이 임박한 시점에 가장 다급하게 상담을 요청하는 내용 중 하나는, **부모님 계좌의 예금을 지금 당장 어떻게 해야 하는지**에 관한 질문입니다.

그러나 피상속인 사망이 임박한 시점에 예금을 인출했다면 대금이 현금으로 상속인에게 이미 증여되었거나 상속되었을 가능성이 매우 높습니다.

세법에서는 상속개시일 전

- 1년 이내에 2억 원
- 2년 이내에 5억 원

재산을 처분하거나 채무를 부담한 사실이 있고, 그 대금의 사용처를 상속인이 입증하지 못하는 경우에는 해당 재산이 상속되었을 것으로 추정합니다. 이러한 추정상속재산 역시 상속세 과세대상에 포함됩니다.

구분	재산처분액·채무부담액
상속개시일 전 1년 이내	재산종류별 또는 채무합계액으로 계산하여 **2억 원 이상**이고 용도가 불분명한 경우
상속개시일 전 2년 이내	재산종류별 또는 채무합계액으로 계산하여 **5억 원 이상**이고 용도가 불분명한 경우

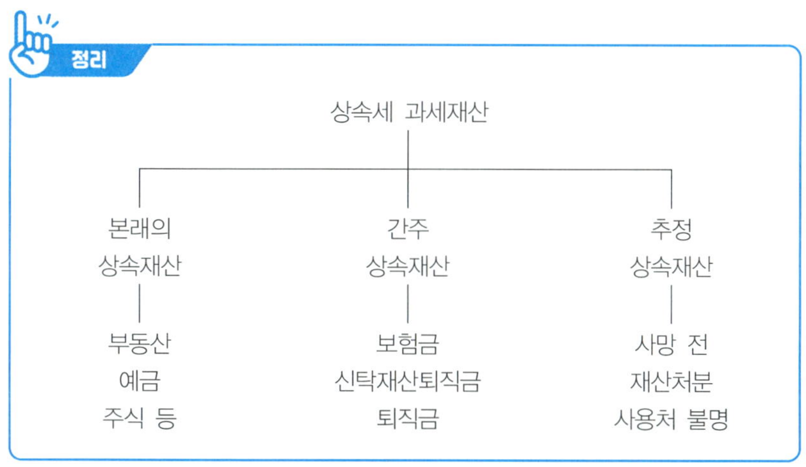

■ 상속받지 않았음을 입증하세요

췌장암 말기 판정을 받은 용구씨는 앞으로 살날이 2년밖에 남지 않았다는 시한부 선고를 받고 눈앞이 캄캄해집니다. 한참을 고민한 끝에, 지금 살고 있는 **5억 원짜리 집을 정리**하기로 마음먹습니다. 재산을 남겨봐야 세금만 나오고, 괜히 자녀들 간 분란만 생길 수 있다는 생각에서입니다.

집을 판 현금에 더해 은행에서 **2억 원을 대출**받아, 남은 인생 동안 못 해본 일들을 해보겠다고 결심합니다. 자녀들에게 용돈도 주고, 해외여행도 다니며 여한 없이 돈을 쓰고 싶었던 것입니다. 언젠가 달력 사진에서 보았던 스페인 네르하 해변에서 석양을 바라보며 조용히 생을 마감하는 상상도 해봅니다.

이런 경우, 자녀들은 어떻게 해야 할까요.

아버지의 인생은 아버지의 것이니 여한 없이 살다 가시라고 쿨하게 보내드려야 할까요.

사망이 임박한 시점에 자녀들이 상속세를 조금이라도 안 내고자 당장 무엇을 해야 하는지 문의를 많이 하십니다. 사망 직전 상속인의 예금을 현금으로 인출해 놓거나 상속인의 부동산을 급하게 처분하는 경우가 많은데, 이런 행동들은 자칫하면 상황을 **더 불리하게** 만들 수 있습니다.

사망일을 기준으로, 재산별로
- 1년 이내에 2억 원
- 2년 이내에 5억 원

이상의 금액을 ① 인출하거나 ② 처분하거나 ③ 차입한 경우에는 상속세 계산 시 해당 금액을 다시 상속재산가액에 합산합니다.

상식적으로 생각해보더라도, 사망 무렵에 예금을 인출했다면 그 현금이 상속인에게 상속되었을 가능성이 크고, 부동산을 처분했다면 그 처분대금

역시 현금으로 남아 상속되었을 것으로 보는 것이 자연스럽습니다. 대출을 받은 경우에도, 채무로 인해 상속재산이 줄어드는 만큼 대출금액은 현금 형태로 상속인에게 귀속되었을 가능성이 크다고 판단하는 것입니다.

이처럼 상속 시점에 피상속인이 소유했을 것으로 보이는 재산을 **추정 상속재산**이라고 합니다. 상속재산으로 추정되면, 상속인들은 해당 금액이 실제로 상속되지 않았고 피상속인이 생전에 모두 소비하여 상속재산으로 남아 있지 않다는 사실을 **거꾸로 입증해야만** 상속재산에서 제외할 수 있습니다.

그렇다면, 사망 전에 상속추정재산에 해당하지 않도록 1년에 2억 원, 2년에 5억 원보다 적은 금액 즉 **1억9천만 원**, **4억9천만 원**을 현금으로 인출하면 되지 않을까요. 그것도 어느 정도 맞는 말이기는 하나 결코 안전한 방법은 아닙니다. 추정상속재산에는 해당하지 않더라도 상속세 조사과정에서 실제 상속되었음이 밝혀진다면 해당 금액은 사전증여 재산가액으로 상속재산에 포함될 수 있습니다. 결국 핵심은 누가 입증 책임을 부담하느냐의 문제입니다.

'추정'된다는 것은 상속인이 상속받지 않았음을 입증하면 그 추정이 깨질 수 있다는 의미이지만, 사망이 임박한 시점에 피상속인이 그 돈을 어디에 사용했는지를 입증하는 일은 결코 쉽지 않습니다. 실제로 배우자가 없고 자녀들이 따로 생활하던 경우에는, 피상속인이 사망한 뒤에야 계좌를 처음 확인하는 경우도 많습니다. 살아생전에 현금을 사용했다면 그 흔적은 어디에도 남지 않기 때문에, 상속인 입장에서는 항목별 입증 자체가 거의 불가능합니다.

이 사례에서 용구씨가 사망 전 **2년 이내**에 부동산을 처분하고 5억 원의 현금을 모두 사용했다면, 자녀들은 5억 원을 현금으로 상속받은 것으로 추정됩니다. 아버지가 그 돈을 어느 나라, 어느 도시에서 사용했는지를 **상속세 신고기한 6개월 동안** 자녀들이 입증해야 하는 상황이 되는 것입니다.

만약 병세가 급격히 악화되어 **1년 이내에 사망**하게 된다면, 대출받은 2억 원까지 더해 자녀들에게는 **총 7억 원에 대한 입증 책임**이 발생합니다. 사망 직전에 외국 여성과 연애를 시작해 현금을 모두 건네주었다고 하더라도, 그 용도를 자녀들이 입증할 방법은 사실상 없습니다.

남겨진 자녀를 위해서라도 조금만 참아주셨으면 합니다.

그래도 "나는 해야겠다, 내 인생이 억울하다"고 느껴진다면, **현금 대신 신용카드를 사용해 소비 내역을 기록으로 남겨두는 것**이 그나마 현실적인 방법입니다.

추정상속재산은
'상속되지 않았음을 입증해야 하는 재산'입니다.

남에게 준 재산
- 다시 돌아오는 뜻밖의 상속세

사전에 증여하면 상속세를 줄일 수 있을까 

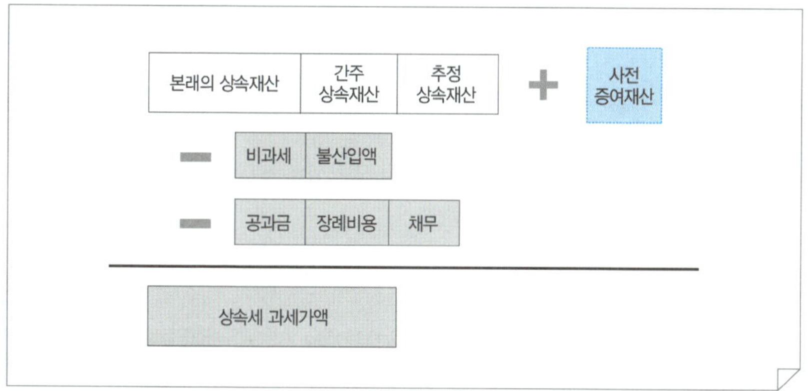

상속을 앞두고 가장 많이 듣는 질문 중 하나는 "미리 증여해 두면 상속세를 줄일 수 있지 않나요?"입니다.

다른 세금의 경우 과세시기를 나누면 과세표준이 분산되어 세금 부담이 줄어드는 경우가 많다 보니, 증여 역시 재산을 나누어 미리 이전하면 세금을 줄일 수 있을 것처럼 오해되기 쉽습니다.

그러나 이는 **증여세와 상속세에서는 통하지 않습니다.** 증여가 일정 기간 내에 이루어진 경우에는 상속재산에 다시 합산되도록 규정되어 있어, 단순히 시기만 나누었다고 해서 절세 효과가 발생하지 않습니다.

📌 **사전증여재산의 상속세 합산 범위**

피상속인 구분	증여받은 자	합산 대상 재산	상속세 과세가액에 합산되는 범위
거주자	상속인	국내·국외 재산	상속개시일 전 **10년 이내** 증여한 재산
	상속인이 아닌 자	국내·국외 재산	상속개시일 전 **5년 이내** 증여한 재산
비거주자	상속인	국내 재산	상속개시일 전 **10년 이내** 증여한 재산
	상속인이 아닌 자	국내 재산	상속개시일 전 **5년 이내** 증여한 재산

▶ 사전증여재산의 합산 기간은 증여받은 자가 상속인인지 여부에 따라 10년 또는 5년으로 달라지며, 비거주자의 경우 합산 대상은 국내 재산으로 한정됩니다.

물론 증여 당시에 과세되었던 증여세는 상속세에서는 기납부세액으로 차감[87]되므로 이중과세의 문제는 없습니다. 다만 상속세는 과세재산의 금액이 커질수록 적용되는 세율도 함께 높아지는 구조이므로, 증여재산이 상속재산과 합산되면서 더 높은 세율 구간이 적용된다면 상속세가 추가로 계산될 수 있습니다.

문제는 사전증여가 절세가 되지 않는다는 점이 아니라, **증여를 받은 사람이 아니라 받지 않은 상속인이 추가세금을 부담하게 되는 구조가 현실에서 실제로 발생할 수 있다는 점입니다.**

---

87) 상속세 및 증여세법 제28조 【증여세액 공제】

사전증여 합산 규정, 무엇이 문제인가

상속세 및 증여세법은 상속세를 계산할 때 피상속인이 생전에 증여한 재산 중 일정 요건에 해당하는 금액을 상속재산에 합산하도록 규정하고 있습니다.

구체적으로는, 상속인에게 증여한 재산은 상속개시일 전 **10년**, 상속인이 아닌 자에게 증여한 재산은 **5년 이내**의 것에 한해 상속세 과세가액에 합산됩니다.

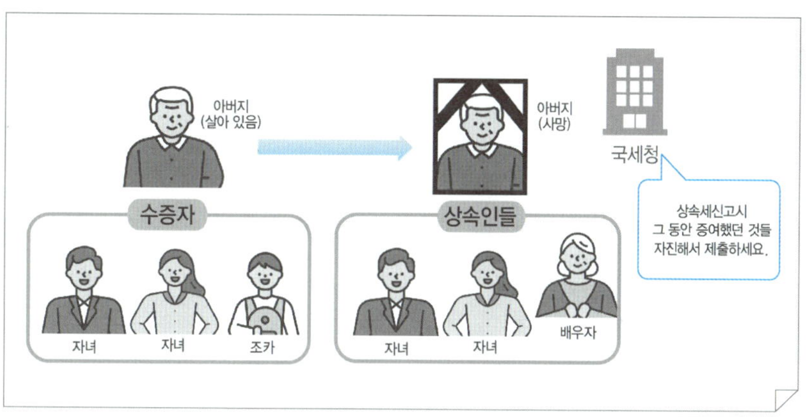

이 규정은 형식상으로는 '과세표준 계산 방식'에 불과해 보이지만, 실제로는 **누가 상속세를 부담하게 되는지를 결정하는 규칙**이기도 합니다.

■ 향기 씨에게 준 재산, 왜 자녀가 세금을 낼까

이 경우 추가로 발생한 상속세는 증여를 받지 않은 자녀들이 부담하게 됩니다.

춘복 씨가 사망하면, 향기 씨에게 증여한 30억 원은 '상속개시일 전 5년 이내에 상속인 아닌 자에게 증여한 재산'으로서 상속재산에 합산됩니다.

문제는 이 재산에 대해 **누가 상속세를 납부해야 하는가**입니다.

상속세의 납세의무자는 상속인과 수유자에 한정됩니다. 증여만 받고 상속이나 유증을 받지 않은 향기 씨는 상속세 납세의무자가 아닙니다.

그 결과, 이미 증여세를 납부한 향기 씨가 아니라 **증여를 받지 않은 자녀들이 추가로 계산된 상속세를 부담하게 됩니다.**

자녀가 아버지의 사망으로 상속인이 된 경우라면 아버지로부터 미리 증여받은 재산에 대해 상속인으로써 추가 상속세를 납부하는 것이 그리 이상하지 않습니다. 어차피 그 재산을 과거에 증여받지 않았다면 현재의 상속재산으로 남아 있었을 것이기 때문입니다.

그러나 아버지가 상속인도 아닌 제3자에게 재산을 증여하고 그로부터 5년이 지나기 전에 사망하였다면 상황은 달라집니다. 그 재산으로 인해 추가로 발생하는 상속세는 증여를 받은 자의 부담이 아니라 **상속인들의 부담**이 됩니다. 상속세는 상속인 들이 납부하는 세금이기 때문입니다.

사례의 경우가 바로 그렇습니다.

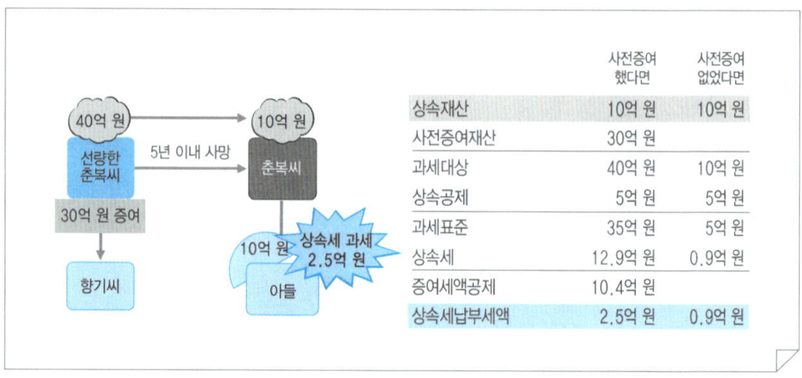

	사전증여 했다면	사전증여 없었다면
상속재산	10억 원	10억 원
사전증여재산	30억 원	
과세대상	40억 원	10억 원
상속공제	5억 원	5억 원
과세표준	35억 원	5억 원
상속세	12.9억 원	0.9억 원
증여세액공제	10.4억 원	
상속세납부세액	2.5억 원	0.9억 원

이 구조를 숫자로 단순화해 보겠습니다.

- 상속재산 10억 원만 있을 경우의 상속세
- 여기에 사전증여 30억 원을 합산한 경우의 상속세
- 이미 납부한 증여세를 공제하고 남는 금액

이 계산을 거치고 나면, 자녀들은 자신들이 받은 재산과는 무관하게 **수억 원의 상속세를 추가로 납부해야 하는 상황**에 놓이게 됩니다.

향기씨는 30억 원에 대한 증여세 12.9억 원 정도(세율30%구간)를 부담하면 되지만, 상속인인 자녀들은 상속재산 10억 원에 대한 상속세 0.9억 원뿐 아니라 향기씨가 가져간 30억 원까지 총 40억 원에 대한 상속세를 납부해야 합니다.

이 경우 상속세의 최고세율 50% 구간이 적용되면서, 향기 씨가 이미 부담한 증여세를 초과하는 상속세 부분, 즉 **약 1.6억 원**을 상속인인 자녀들이 추가로 납부하게 됩니다.

결과적으로 상속인은 자신이 받지도 않은 재산에 대해 최종상속세와 향기씨가 과거 부담한 증여세의 차액 약 1.6억 원(2.5억 원-0.9억 원)의 세금을 추가로 납부해야 합니다.

쪼개서 증여하면 더 안전할까

그렇다면 이렇게 생각할 수도 있습니다.
"한 사람에게 몰아서 주지 말고, 여러 사람에게 나눠서 주면 어떨까?"

예를 들어 30억 원을 30명에게 1억 원씩 나누어 증여한다면, 각각의 증여금액이 줄어들어 증여세 부담은 크게 낮아집니다.

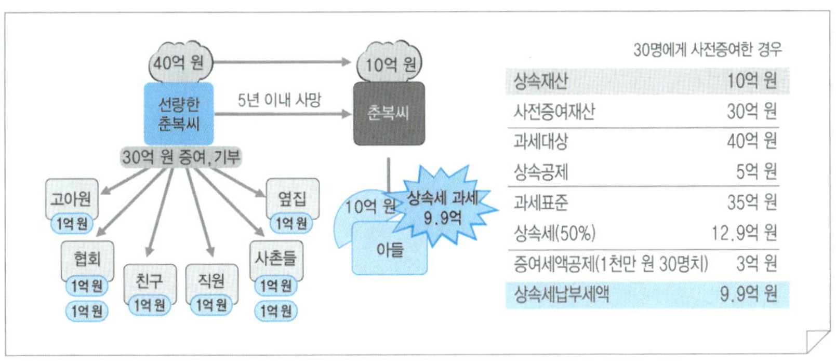

실제로 1억 원씩 증여받은 30명의 지인들은 각각 1억1천만 원씩 30명이면 총 증여세 부담은 모두 합쳐도 고작 3억 원에 불과합니다.
이 지점까지만 보면 '쪼개서 증여하면 세금을 크게 줄일 수 있다'는 인상을 받기 쉽습니다.

그러나 춘복 씨가 증여 후 5년 이내에 사망한다면, 상황은 완전히 달라집니다.

이 경우 춘복 씨의 자녀는 자신이 상속받은 재산에 대한 상속세뿐 아니라, 이미 다른 사람들이 가져간 30억 원에 대해서도 상속세를 부담해야 합니다. 증여세로 이미 납부된 3억 원과 상속세로 계산된 세액의 차액인 약 9억 원이 상속인에게 추가로 계산되기 때문입니다.

극단적인 가정을 전제로 하면, 아들이 상속받은 재산은 10억 원인데 상속세로 납부해야 할 세금이 9.9억 원이라면, 결국 아들에게 남는 금액은 **천만 원에 불과한 상황**도 발생할 수 있습니다.

선의로 준 돈도 예외는 아니다

이러한 구조는 악의적인 절세 시도에만 적용되는 것이 아닙니다.

지인에 대한 도움, 오랜 직원에 대한 보상, 심지어 선의의 증여나 기부에 가까운 재산 이전이라 하더라도 사전증여 합산 규정은 동일하게 적용됩니다.

의도가 무엇이었는지는 중요하지 않습니다. 선량한 의도의 증여라 하더라도, 세금의 결과는 상속인에게 매우 위험한 부담으로 돌아올 수 있습니다.

한마디 요약

증여는 주는 순간 끝나지만,
세금은 사망시점에 다시 계산됩니다.

그때 우리, 증여 말고 유증했으면 어땠을까?

유증이나 사인증여로 피상속인의 재산을 받은 자, 즉 **수유자**는 상속인이 아닌 경우라 하더라도 세법상 상속인에 준하여 상속세를 납부할 의무가 있습니다.

상속인이 아닌 자가 유언이나 사인증여로 상속재산을 취득했다면 그가 받았거나 받을 재산의 비율에 따라 상속세를 납부할 의무가 있으며, 상속인과 마찬가지로 **연대납세의무**를 부담하게 됩니다.

이는 상속인이 아닌 자가 피상속인으로부터 **생전에 증여**를 받은 경우, 상속세 납세의무가 발생하지 않는 것과 명확히 대비되는 구조입니다.

상속인이 아닌 자의 입장에서 보면, 피상속인의 생전에 재산을 증여받았다면 피상속인 사망 시 상속세 납세의무를 지지 않지만, 유증이나 사인증여로 사망 후 재산을 받게 되면 수유자로서 상속세 납세의무를 부담하게 됩니다.

상속인의 입장에서 보더라도 차이는 분명합니다. 상속인이 아닌 자가 피상속인 사망 후 유증이나 사인증여로 재산을 취득한다면, 그는 수유자로서 상속인과 함께 상속세를 부담하게 됩니다.

반면, 피상속인 생전에 이미 재산을 증여받았다면 그로 인해 추가로 발생하는 상속세는 **전부 상속인들의 부담**으로 남게 됩니다.

Chapter 19

상속세가 과세되지 않는 재산

앞서 피상속인이 상속인이 아닌 제3자에게 증여한 재산이라 하더라도, 일정한 경우에는 상속세 과세대상에 포함되어 그 부담이 결국 상속인에게 귀속될 수 있음을 살펴보았습니다.

그렇다면 모든 상속재산이 예외 없이 상속세 과세대상이 될까요?

이번 장에서는 **상속세 과세가액에서 제외되는 상속재산**, 즉 상속세가 과세되지 않는 재산에 대해 살펴봅니다. 세법상 상속세 과세에서 제외되는 재산은 크게 **비과세 규정**과 **과세가액 불산입 규정**으로 나눌 수 있습니다.

상속재산의 비과세 

용돈이나 생활비 등 증여세가 과세되지 않는 경우가 있듯, 상속세 역시 일정한 재산에 대해서는 과세대상에서 처음부터 제외하는 규정을 두고 있습니다.

국가가 특정한 사유에 해당하는 상속재산에 대하여 과세권을 행사하지 않기로 한 경우, 이를 "비과세"라고 합니다.

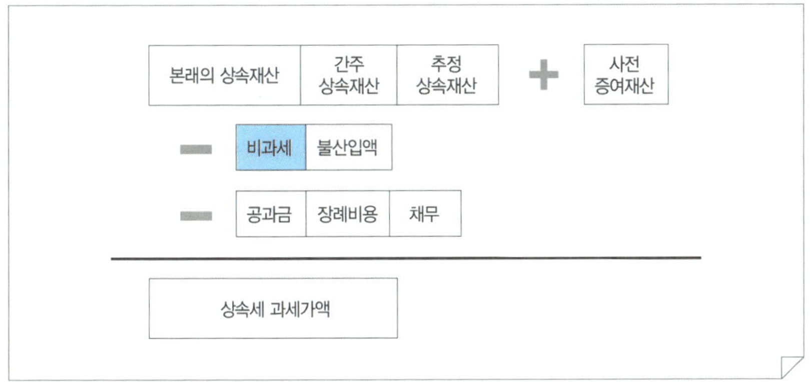

상속세의 비과세는

① 피상속인 자체에 대하여 상속세를 부과하지 않는 경우와

② 일정한 상속재산에 한하여 상속세를 부과하지 않는 경우로 구분됩니다.

이 요건에 해당하는 경우에는 해당 상속재산에 대해 상속세가 전혀 과세되지 않습니다.

전사자 등에 대한 비과세

전사, 사변, 토벌, 경비 등 작전업무를 수행하는 공무 중에 입은 부상이나 질병으로 인한 사망으로 상속이 개시되는 경우에는 상속세를 부과하지 않습니다. 이는 전사자 등에 해당하는 피상속인에 대한 예우 차원에서 **그의 상속재산 전체에 대해 상속세를 과세하지 않는 것입니다.**

비과세되는 상속재산의 유형

다음과 같은 재산은 상속세가 비과세됩니다.

- 국가 · 지방자치단체 또는 지방자치단체조합, 공공도서관 · 공공박물관

등에 유증 · 사인증여한 재산

- 제사를 주재하는 상속인을 기준으로, 피상속인이 제사를 주재하고 있던 선조의 분묘에 속한
9,900㎡ 이내의 금양임야와
1,980㎡ 이내의 묘토인 농지로서[88] 그 합계액이 2억 원 이내
- 족보 및 제구로서 그 재산가액의 합계액이 1천만 원 이내의 것
- 「정당법」에 따른 정당에 유증 · 사인증여를 한 재산
- 「근로복지기본법」에 따른 사내근로복지기금, 우리사주조합, 공동 근로복지기금 및 근로복지 진흥기금에 유증 · 사인증여한 재산
- 사회통념상 인정되는 이재구호금품, 치료비, 불우한 자를 돕기 위하여 유증한 재산으로서 상속개시 전에 피상속인이 증여하였거나 유증 · 사인증여에 의하여 지급하여야 할 것으로 확정된 것
- 상속재산 중 상속인이 상속세신고기한까지 국가 · 지방자치단체 또는 공공단체에 증여한 재산

국가 등에 기부한 재산의 상속세 비과세

세법은 국가나 지방자치단체 등에 증여하거나 유증(사인증여)한 재산에 대해서는 증여세나 상속세 모두 과세하지 않습니다.

또한 상속인이 피상속인의 재산을 상속받았지만 상속세의 신고기한 까지 국가나 지방자치단체 등에 증여했다면 그 재산에 대해서도 상속세의 과세대상에 포함되지 않습니다.

---

88) 금양임야는 지목에 관계없이 피상속인의 선조의 분묘에 속하여 있는 임야이며 묘토인 농지는 피상속인이 제사를 주재하고 있던 선조의 분묘와 인접거리에 있는 것으로 상속개시일 현재 묘제용 재원으로 실제 사용하는 농지를 말합니다.

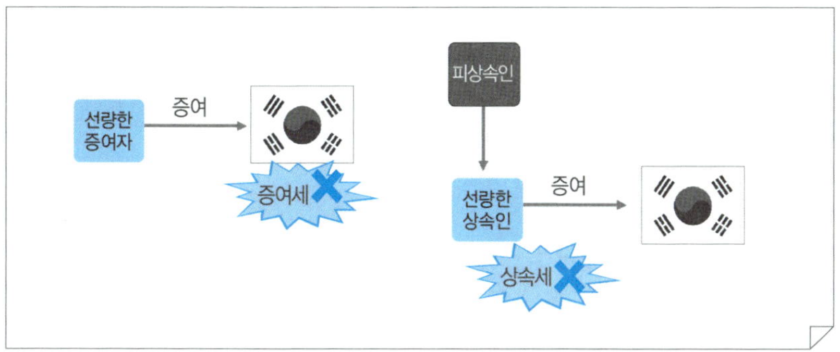

이처럼 공익목적 또는 사회 정책적으로 필요한 경우라면 기부한 재산이나 기부할 재산에 대해 상속세를 면제합니다. 다만 이러한 비과세는 **상속세 및 증여세법에 명시적으로 열거된 경우에 한해서만 적용**됩니다.

공익법인 출연재산에 대한 상속세 과세가액 불산입 

그렇다면 공익법인에 출연(기부하거나 증여하는 경우)하는 재산에 대해서도 국가 등에 기부하는 재산과 같이 상속세가 전액 비과세될까요?

공익법인은 국가가 수행해야 할 공익사업을 대신 수행한다는 점에서 지원의 필요성이 인정되지만, 국가기관이 아닌 사인들의 집단이라는 점에서 **무조건적인 비과세를 인정하기에는 한계가** 있습니다.

이에 세법은 공익법인에 출연하는 재산에 대해 **비과세가 아닌 '과세가액 불산입' 방식**을 택하고 있습니다.

대상 공익법인은 열거되어 있습니다

상속세 및 증여세법에서 말하는 "공익법인"은 아무 공익단체나 해당하는 것이 아닙니다.

상증세법 시행령 제12조에서 그 범위를 **열거주의**로 정하고 있으며, 이 범위는 법인세법이나 소득세법상 기부금단체의 범위보다 훨씬 제한적입니다.

따라서 공익법인에 재산을 출연하여 세제혜택을 기대한다면, **출연 이전에 해당 법인이 상증세법상 공익법인에 해당하는지 여부를 반드시 확인**해야 합니다.

과세가액 불산입

공익법인에 출연하는 재산에 대해서는 일정요건을 갖춘 경우에 한하여 상속세 과세가액에서 제외하며 이를 "상속세 과세가액 불산입"이라 합니다.

공익법인은 출연받은 재산에 대해 증여세 과세가액에서도 동일하게 불산입 규정을 적용받습니다.

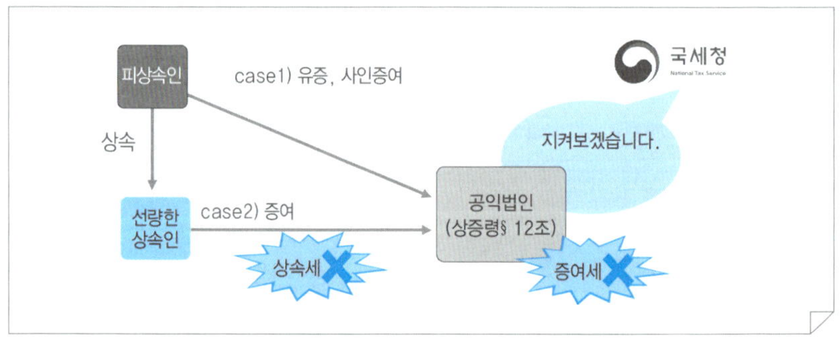

공익법인에 출연하는 재산은 일정 요건을 충족하는 경우에 한하여 상속세 과세가액에서 제외되며, 이를 **상속세 과세가액 불산입**이라고 합니다.

이는 상속세를 전면적으로 면제하는 비과세와 달리, **요건 충족 여부를 전제로 한 제한적인 세제혜택**입니다.

과세가액 불산입 규정은 상속개시 이후에도 그 요건을 계속 충족해야 하며, 그 이행 여부는 과세당국의 사후관리 대상이 됩니다.

만약 신고 이후 관련 요건을 충족하지 못하는 사유가 발생하면, 해당 출연재산은 즉시 상속세 과세가액에 산입되고, 이미 적용받았던 세제혜택은 취소되며 관련 세금과 가산세가 부과됩니다.

참고

공익법인에 대한 세법규정

공익법인에 출연하는 재산은 상속세와 증여세를 줄이기 위한 수단으로 악용될 가능성이 크기 때문에, 세법은 이에 대해 일반적인 기부보다 훨씬 엄격한 규제를 두고 있습니다.
공익법인 출연재산에 대한 세제 혜택은 **비과세가 아니라, 요건을 전제로 한 조건부 혜택**입니다.

공익법인 출연 시 반드시 체크할 5가지

① 출연 대상이 '상증세법상 공익법인'에 해당하는지
   법인세법이나 소득세법상 기부금단체라고 해서 모두 인정되는 것은 아닙니다.
   상속세 과세가액 불산입을 받기 위해서는 **상속세 및 증여세법 시행령에서 열거한 공익법인**에 해당해야 합니다.

② 상속세 신고기한 내에 출연이 완료되었는지

출연 의사만으로는 부족하며, **상속세 신고기한까지 실제로 재산 출연이 완료**되어야 합니다.

기한을 넘긴 출연은 과세가액 불산입 대상이 되지 않습니다.

③ 상속인 또는 특수관계인의 지배·관여 여부

공익법인의 임원 중 상속인의 수에는 제한이 있으며, 상속인이 공익법인의 사업 운영에 **실질적인 결정권을 갖는 구조는 허용되지 않습니다.**

④ 출연 이후 상속인·특수관계인에게 이익이 귀속되지 않는지

출연 이후 상속인이나 그 특수관계인이 출연재산 또는 그 수익으로부터 직·간접적으로 이익을 받는 경우, **이미 제외되었던 상속세가 즉시 추징**됩니다.

⑤ 출연재산의 공익목적 사용과 사후관리 체계

출연재산은 공익목적사업에 사용되어야 하며, 전용계좌 사용, 관련 신고, 외부전문가(세무사 등)의 세무확인 등 **지속적인 사후관리 요건을 충족**해야 합니다.

선산·금양임야의 상속세 비과세 요건

앞에서 살펴본 비과세 규정 중, 실무에서 가장 오해가 많은 부분이 바로 선산, 즉 금양임야와 묘토에 대한 비과세입니다.

다음 사례를 통해, 어떤 경우에 비과세가 인정되지 않는지를 살펴보겠습니다.

■ 상속세가 과세되지 않는 토지

어느 날 한수임 회장은 지인으로부터 선산에 대해서는 상속세가 과세되지 않는다는 말을 들었습니다. 한 회장은 자수성가한 고아 출신으로 이번 기회에 선산을 마련해 남들 못지않은 번듯한 집안을 만들어야겠다는 생각을 합니다.

한 회장은 유명하다는 풍수지리사와 함께 자신의 묫자리를 알아보던 중 대대손손 아들은 관직에 오르고 딸은 세계적인 예술가가 된다는, 이른바 명당자리를 발견하게 됩니다. 한 회장은 그 산을 매수하고, 자녀들에게도 사후에는 반드시 이 자리에 자신을 묻어 달라고 신신당부해 둡니다.

이후 한 회장이 사망하자 상속인들은 그의 뜻에 따라 해당 산에 아버지의 묘를 쓰고, 해당 토지를 상속재산 비과세 대상인 선산으로 보아 상속세를 신고 · 납부합니다.

그러나 얼마 후 상속세 조사 결과, 해당 선산은 상속세 비과세 대상에 해당하지 않는다며 추가 상속세가 부과됩니다.

왜 한 회장의 선산은 상속세 비과세 대상이 될 수 없었던 것일까요?

일반적으로 선산이라고 하면 일가 종친들의 무덤이 대대로 모셔져 있는 산을 의미합니다. 전통적으로 선산은 제사를 모시는 장남이 단독상속을 받기도 하고, 자손들이 공평하게 법정상속분에 따라 상속받기도 합니다.

상속재산 중 선산을 상속인의 협의에 따라 사이좋게 상속받고 조상 제사를 계속 지내면 아무 문제가 없지만, 자손들 중 누군가 다른 생각을 가지고 본인의 선산에 대한 상속지분을 처분하고자 한다면 선산의 본래 목적인 가족의 조상 제사를 모시는 일이 위태로워질 수 있습니다.

이에 민법 제1008조의 3에서는 분묘에 속한 1정보(3,000평) 이내의 금양임야와 600평 이내의 묘토인 농지, 족보와 제구의 소유권은 제사를 주재 하는 자가 이를 승계한다고 규정합니다. 제사용 재산인 금양임야, 묘토, 제사 제구 등은 특별상속에 의해 **제사주재자가 단독으로 상속받을 수 있게** 하고 있습니다. 이렇게 함으로써 제사주재자가 조상의 묘를 관리하는 업무를 가능케 하고 제사를 지낼 목적이 없는 상속인이나 제3자의 이권이 개입되는 것을 방지하는 것입니다.

판례 역시 제사주재자는 우선적으로 망인의 공동상속인들 사이의 협의에 의해 정하되, 협의가 이루어지지 않는 경우에는 제사주재자의 지위를 유지할 수 없는 특별한 사정이 있지 않은 한 망인의 장남(장남이 이미 사망한 경우에는 장남의 아들, 즉 장손자)이 제사주재자가 되고, 공동상속인들 중 아들이 없는 경우에는 망인의 장녀가 제사주재자가 된다[89]고 판결하였습니다.

이러한 취지와 뜻을 함께하여 상속세 및 증여세법 제12조 3호에서는 민법 제1008조의 3에 규정된 재산 중 제사를 주재하는 상속인을 기준으로 피상속인이 제사를 주재하고 있던 선조의 분묘에 속한 9,900㎡ 이내의 금양임야와 그 분묘에 속한 1,980㎡ 이내의 묘토인 농지로 그 합계액이 2억 원 이내에 대해서, 족보와 제구에 대해서는 1천만 원까지는 상속세를 부과하지 않는 상속세 비과세규정을 명시하고 있습니다.

여기서 중요한 것은, 비과세 대상이 되는 분묘는 피상속인이 제사를 주재하고 있던 선조의 분묘여야 한다는 점입니다. 조세심판원은 피상속인의 분묘만 있고 선조의 묘는 존재하지 않는 경우에는 이를 제사를 주재하는

---

89) 대법원 2008.11.20. 선고 2007다27670 전원합의체판결

자가 승계받은 금양임야라기보다는 상속재산에 포함해야 하는 단순한 임야라고 해야 할 것[90]이라고 하여 이를 비과세대상에서 제외했습니다.

비과세 금양임야 및 묘토인 농지에서 분묘는 피상속인이 제사를 주재하고 있던 선조의 것을 의미하므로 상속개시 후 금양임야와 묘토로 사용하기로 한 경우에는 비과세되지 않습니다. 그러므로 상속개시일 현재 선조의 분묘가 있었음을 상속인들은 입증해야 할 것입니다.

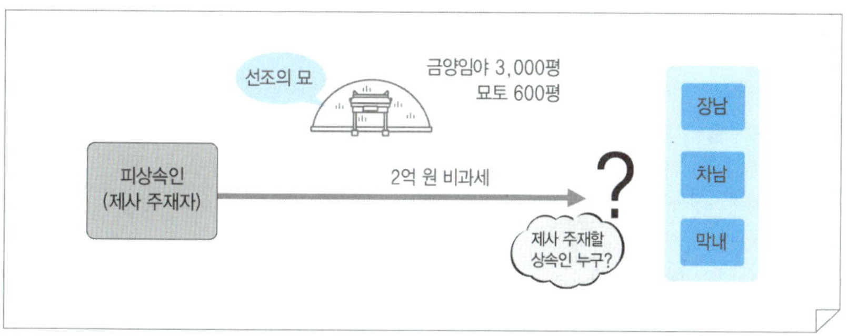

선산은 제사를 주재하는 상속인이 상속받은 부분에 대해서만 비과세가 가능합니다. 만일 여러 명의 상속인이 공동으로 금양임야 등을 상속받았다면 제사를 주재하는 상속인의 지분에 대해서만 비과세하고, 그 이외의 상속인이 받은 금양임야 등의 지분가액은 상속세 재산가액에서 제외하지 못합니다.

따라서 금양임야와 묘토 등의 비과세를 계획한다면 제사주재자가 관련 토지를 상속받는지를 꼭 체크해야 할 것입니다. 조세심판원에서는 피상속인은 차남으로서 피상속인의 형을 대신하여 제사를 주재하였는지

---

90) **국심 2000중 396, 2000.10.19.**

여부가 확인되지 않으므로 금양임야로 볼 수 없다[91]고 하여 제사주재자가 아닌 상속인의 비과세 주장을 배척하였습니다.

묘를 썼다고 선산이 되는 것은 아닙니다.
선산이라고 해서 상속세가 비과세되는 것도 아닙니다

선산의 비과세요건 정리

선산에 대한 상속세 비과세를 적용받기 위해서는 다음 요건을 모두 충족해야 합니다.

① 피상속인의 사망 당시 선산에 선조의 분묘가 존재할 것
② 피상속인이 해당 선조의 제사를 실제로 주재하고 있었을 것
③ 제사를 주재하는 상속인이 해당 토지를 상속받을 것

사례에서 한수임 회장의 상속인들은 상속세 조사과정에서 선산에 한 회장의 묘 외에 다른 조상들의 묘의 존재를 입증할 수 없었습니다. 그 결과 한 회장의 선산은 상속세 비과세대상에 해당될 수 없었습니다.

다만, 이후 제사를 주재하는 상속인이 해당 선산을 상속받고, 다시 그 자녀가 이를 상속받는 구조라면, 그때에는 상속세 비과세 주장을 검토해 볼 여지는 있습니다.

---

91) **국심 2001서 3161**, 2002.4.4.

따라서 상속재산 협의분할 시 금양임야와 묘토에 대한 상속세 비과세를 염두에 둔다면, **누가 제사를 주재하는지, 그리고 해당 토지를 누가 상속받는지를 협의서에 명확히 기재해 둘 필요가 있습니다.**

Chapter 20

증빙 하나로 달라지는 세금

상속재산가액은 '총재산'이 아니라 '순자산'

상속세는 피상속인이 남긴 재산의 **총액**이 아니라, 사망 당시 기준으로 **실질적으로 상속되는 순자산가액**을 과세대상으로 합니다. 따라서 피상속인이 사망 당시 타인에게 갚아야 할 채무가 있거나, 법적으로 인정되는 비용이 있다면 그 금액은 상속재산가액에서 차감한 후 상속세가 계산됩니다.

예를 들어, 피상속인이 시가 20억 원 상당의 아파트를 보유하고 있었더라도 해당 아파트에 전세입자가 15억 원의 보증금을 내고 거주하고 있다면, 이 전세보증금은 피상속인이 부담해야 할 채무에 해당합니다.

상속인은 아파트를 상속받는 동시에 전세입자에게 보증금을 반환해야 할 의무도 함께 승계하게 되므로, 실제로 상속되는 재산은 20억 원에서 전세보증금 15억 원을 차감한 5억 원에 불과합니다.

결국 상속세는 이 **5억 원**을 기준으로 계산됩니다.

차감 항목은 자동으로 빠지지 않습니다

상속재산가액에서 차감할 수 있는 항목이 존재하더라도 그 항목이 자동으로 공제되는 것은 아닙니다. 상속개시일 현재 피상속인이 실제로 부담하고 있던 공과금, 장례비용, 채무에 대해 상속인이 이를 입증할 수 있는 경우에만 상속재산가액에서 차감이 허용됩니다.

공과금·장례비용·채무와 같이 상속재산에서 차감이 가능한 항목에 대한 증빙을 충분히 준비할수록 상속세 과세가액은 줄어들고, 그만큼 상속인의 세 부담도 경감됩니다.

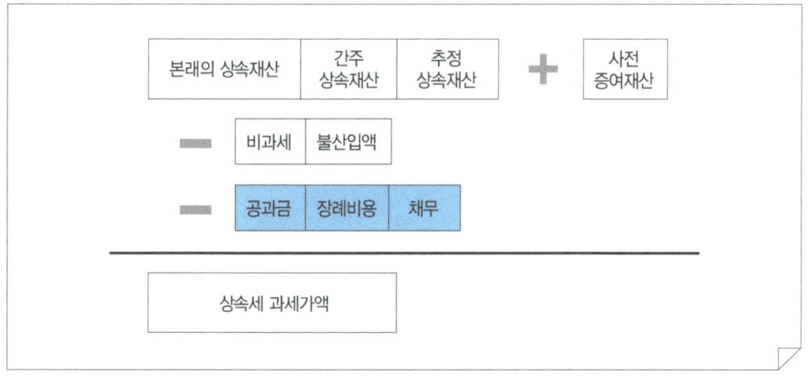

이 장에서는 상속재산에서 차감할 수 있는 대표적인 세 가지 항목, 공과금, 장례비용, 채무를 살펴봅니다.

① 공과금

• 공과금의 범위

상속재산에서 차감하는 공과금이란 상속개시일 현재 피상속인이 납부할 의무가 있는 것으로서 상속인에게 승계된 조세·공공요금 등을 말합니다.

피상속인에게 부과되는 각종 세금, 4대 보험료 등은 피상속인의 사망 후에 고지되었다고 하더라도 공과금으로서 상속재산에서 차감됩니다.

• 사망 후 고지된 세금도 차감될 수 있습니다

피상속인이 6월 1일 이후에 사망한 경우에는 아직 고지된 재산세나 종합부동산세가 없더라도 해당 세금에 대한 검토가 필요합니다.[92] 피상속인의 재산에 대한 재산세와 종합부동산세는 과세기준일이 매년 6월 1일이므로 관련 세금이 고지되기 전이라 하더라도 당해 재산에 대한 세금 가액은 상속재산가액에서 차감될 수 있습니다.

• 차감되지 않는 공과금

다만, 상속개시일 이후 상속인의 귀책사유로 납부하였거나 납부할 가산세·가산금·체납처분비·벌금·과료·과태료 등은 차감하는 공과금에 해당하지 않습니다.

② 장례비용

• 장례비용의 범위

장례비용이란 피상속인의 사망일부터 장례일까지 장례에 직접 소요된 금액과 봉안시설의 사용에 소요된 금액을 말합니다. 시신의 발굴 및 안치에

---

92) 부동산에 대한 재산세는 매년 7월과 9월에, 종합부동산세는 12월에 고지됩니다.

직접 소요되는 비용과 묘지구입비, 공원묘지 사용료, 비석, 상석 등 장례에 직접 소요된 비용은 장례비용으로 상속재산가액에서 차감할 수 있습니다.

• 장례비용으로 인정되지 않는 항목

그러나 피상속인의 장례일로부터 7일이 경과한 후 49재 사찰시주금으로 지급한 금액은 장례일까지 직접 소요된 금액으로 볼 수 없어 공제대상 장례비용에 해당하지 않습니다. 장례에 직접 소요된 금액은 봉안시설의 사용에 소요된 금액을 제외하며, 그

• 장례비용 공제 한도

장례에 직접 소요된 비용은 증빙이 없는 경우에도 **최소 5백만 원**이 공제됩니다. 증빙이 있는 경우에는 실제 지출된 장례비용 중 **최대 1천만 원**까지 공제가 가능하며, 봉안시설 또는 자연장지 사용 금액은 별도로 **5백만 원** 한도 내에서 추가 공제가 가능합니다.

즉, 장례비용으로 공제 가능한 금액은 **최소 5백만 원**에서 **최대 1천5백만 원**까지입니다.

> **상속재산가액에서 공제하는 장례비 = ① + ②**
> ① 피상속인의 사망일부터 장례일까지 장례에 직접 소요된 금액(봉안시설 또는 자연장지 사용금액 제외)
>   • 장례비가 5백만 원 미만 시: 5백만 원을 공제
>   • 장례비가 5백만 원 초과 시: Min(장례비용 증빙액, 1천만 원)
> ② 봉안시설 · 자연장지 사용금액
>   • Min(봉안시설 · 자연장지 비용 증빙액, 5백만 원)

③ 채무

• 확정된 채무일 것

상속재산에서 차감되는 채무란 상속개시일 현재 피상속인이 부담해야 할 **확정된** 채무를 말합니다. 아직 발생 여부가 불확실한 미확정 채무는 상속재산에서 차감할 수 없습니다.

• 상속인이 실제로 부담하는 채무일 것

채무 공제를 받기 위해서는 상속개시일 현재 채무가 존재할 뿐 아니라, 그 채무를 상속인이 실제로 부담하게 되었음이 입증되어야 합니다.

구분	채무의 입증방법
국가 · 지방자치단체 · 금융기관에 대한 채무	해당 기관에 대한 채무임을 확인할 수 있는 자료
그 외의 채무	금융거래증빙, 채무부담계약서, 채권자확인서, 담보설정 및 이자지급관련 서류

국가나 금융기관 등과 같은 확실한 채무가 아닌 기타 사인 간의 채무는 금융거래증빙, 채무부담계약서, 채권자확인서, 담보설정 및 이자지급에 관한 서류 등 그 사실을 확인할 수 있는 서류가 있어야 채무로 인정받을 수 있습니다.

▷ 보증채무

보증채무는 주채무자가 이행하지 않을 경우에만 보충적으로 이행의무가 발생하는 채무이므로, 원칙적으로는 상속재산에서 공제되지 않습니다.

다만 보증채무 중 주채무자가 변제불능의 상태로서 상속인이 주채무자에게 구상권을 행사할 수 없는 경우에는 예외적으로 채무 공제가 가능합니다.

▷ 연대채무

연대채무란 여러 사람이 각자 전체 채무를 이행할 의무가 있지만, 연대채무자 중 한 사람이 채무를 이행하면 다른 채무자는 그 의무를 면하게 되는 채무를 말합니다.

피상속인이 연대채무자인 경우에는 원칙적으로 피상속인의 부담부분에 상당하는 금액에 한하여 채무로 공제됩니다. 그러나 다른 연대채무자가 변제불능 상태가 되어 피상속인이 그 부담분까지 부담하게 되었고, 상속인이 구상권을 행사하여 회수할 수 없다고 인정되는 경우라면 전체 채무의 공제가 가능합니다.

한마디 요약

차감항목은 자동으로 빠지지 않습니다.
증빙이 있어야 빠집니다.

이렇게 상속재산에서 차감할 수 있는 항목을 모두 반영하여 상속세 과세가액을 산정했다면, 다음으로는 그 과세가액에서 다시 한 번 세금을 줄여주는 상속공제를 살펴볼 차례입니다.

Chapter 21

상속공제-세금은 공제에서 갈린다

상속세 계산에서는 **공제를 얼마나 적용할 수 있는지에 따라 과세되지 않을 수도 있습니다.** 특히 배우자가 있는 경우에는 상속공제를 어떻게 적용하느냐에 따라 **상속세가 전혀 발생하지 않는 구간**이 만들어지기도 합니다.

이 장에서는 상속공제의 구조를 계산 순서에 맞추어 살펴보고, 실제 사례에서 **어디까지 세금 없이 상속이 가능한지**를 정리합니다.

상속세는 상속재산가액에서 각종 공제를 차감한 과세표준에 세율을 적용해 계산합니다. 따라서 공제를 정확히 이해하지 못하면, **상속세 부담을 과대하게 오해하기 쉽습니다.** 특히 기초공제 · 일괄공제 · 배우자공제는 상속세 과세 여부를 좌우하는 핵심 요소입니다.

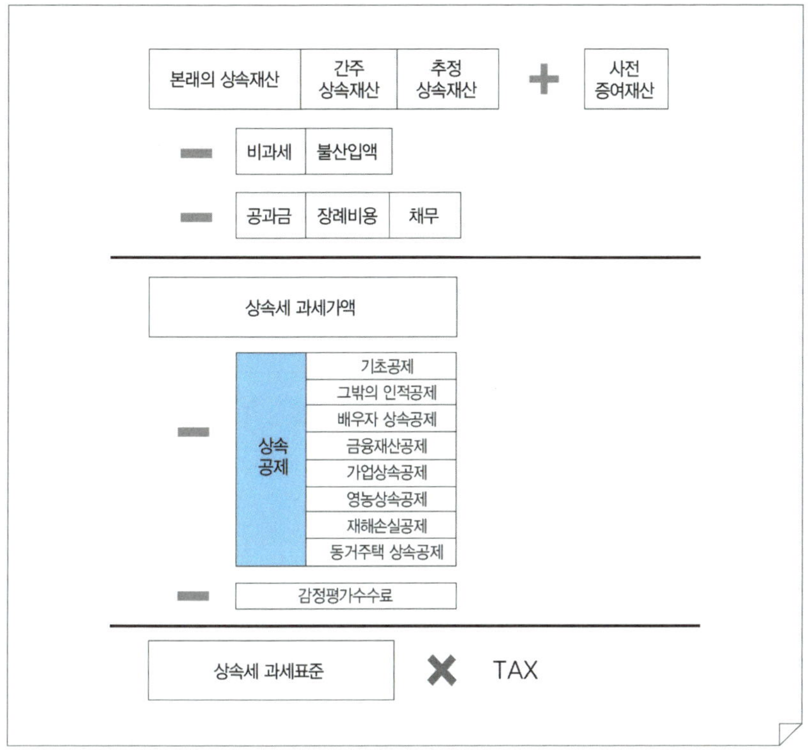

상속재산의 종류와 상속인의 구성, 상속재산을 분할하는 방법 등에 따라 공제액은 달라질 수 있으므로, **같은 금액의 상속이라도 상속세는 다르게 계산될 수 있습니다.**

현 시점에서 자신의 상속공제금액을 계산할 수 있다면, 상속세가 면제되는 상속재산의 범위를 **역으로 가늠해 볼 수 있을 것입니다.**

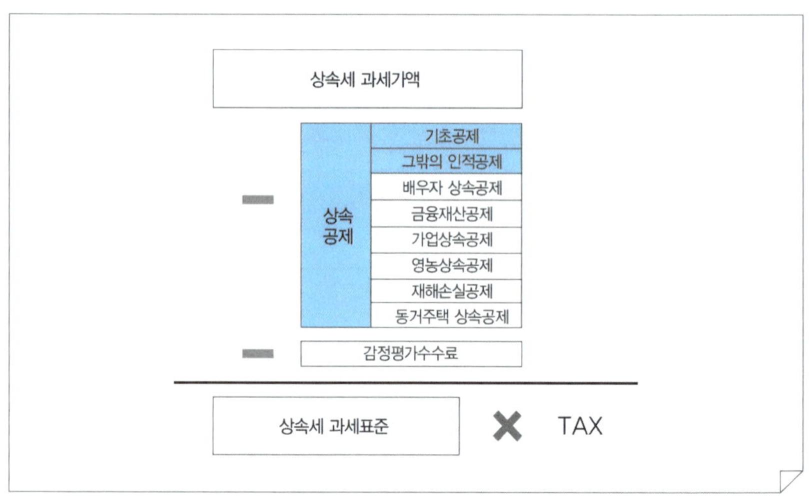

기본공제 ① 기초공제 2억 원 

기초공제는 모든 상속에 공통적으로 적용되는 공제입니다. 상속인의 수나 구성과 관계없이 일률적으로 **2억 원이 공제**되며, 선택이나 요건 없이 **자동으로 적용됩니다.** 기초공제는 상속공제의 출발점이 되는 **최소한의 공제**라 할 수 있습니다.

기초공제가 모든 상속에 공통으로 적용되는 최소 공제라면, **다음부터 살펴볼 인적공제는 상속인의 구성에 따라 공제 금액이 달라지는 공제**입니다.

기본공제 ② 인적공제와 일괄공제 5억 원 

인적공제의 구조

인적공제는 상속인의 구성에 따라 적용되는 공제로, 배우자 · 자녀 · 미성년자 · 장애인 여부 등에 따라 금액이 달라집니다. 특히 **장애인공제는 기대여명을 기준으로 계산**되며, 경우에 따라 **수억 원의 공제가 발생**할 수 있습니다.

인적공제는 피상속인의 사망으로 인해 생계를 함께하던 가족들이 상속재산을 통해 **안정적인 생활을 유지할 수 있도록** 상속세 과세가액에서 일정 금액을 공제해 주는 제도입니다. 이를 위해 피상속인의 자녀 수, 미성년자나 장애인의 유무 등 가족 구성 요소를 반영합니다.

여기에서 **동거가족**이란, 상속개시일 현재 피상속인의 재산으로 생계를 유지하던 **직계존비속(배우자의 직계존속 포함) 및 형제자매**를 말합니다. 따라서 인적공제는 반드시 **상속인에 한해서만 적용되는 것은 아닙니다.**

인적공제 유형별 공제 기준

구분	공제요건	공제액
자녀공제	피상속인의 자녀	1인당 **5,000만 원**
미성년자공제	배우자를 제외한 상속인 및 동거 가족 중 미성년자	1인당 **1,000만 원 × (19세에 달하기까지의 연수)**
연로자공제	배우자를 제외한 상속인 및 동거 가족 중 65세 이상인 자	1인당 **5,000만 원**
장애인공제	배우자를 포함한 상속인 및 동거 가족 중 장애인	1인당 **1,000만 원 × (기대여명의 연수)**

인적공제의 중복 적용

인적공제는 일정한 경우 **중복 적용이 가능합니다.**

- 자녀공제는 **미성년자공제와 중복 적용**됩니다.
- 장애인공제는 **자녀공제 · 미성년자공제 · 연로자공제 및 배우자 공제와 중복 적용**이 가능합니다. [93]

---

93) 집행기준 20-18 【인적공제 중복공제 여부】

인적공제	배우자	자녀	미성년자	연로자	장애인
배우자					○
자녀			○	선택	○
미성년자		○			○
연로자		선택			○
장애인	○	○	○	○	

기대여명 연수

기대여명 연수란, 상속개시일 현재 통계법 제18조에 따라 통계청장이 승인·고시한 통계표에 따른 성별·연령별 기대여명의 연수를 말합니다.
장애인공제는 이 기대여명 연수에 1,000만 원을 곱하여 계산하며, 해당 연수는 국가통계포털(kosis.kr)에서 확인할 수 있습니다.

연령별	2020년도 완전생명표		
	기대여명(전체)(명)	기대여명(남자)(년)	기대여명(여자)(년)
0세	83.5	80.5	86.5
1세	82.7	79.7	85.7
5세	78.7	75.8	81.7
10세	73.7	70.8	76.7
15세	68.8	65.8	71.7
20세	63.9	60.9	66.8
25세	59.0	56.0	61.9
30세	54.1	51.2	57.0
35세	49.2	46.3	52.1
40세	44.4	41.5	47.3
45세	39.6	36.8	42.4
50세	34.9	32.2	37.7
55세	30.4	27.7	32.9
60세	25.9	23.4	28.2
65세	21.5	19.2	23.6
70세	17.3	15.3	19.1
75세	13.3	11.6	14.7
80세	9.8	8.4	10.8
85세	6.9	5.9	7.6
90세	4.8	4.1	5.2
95세	3.3	2.9	3.5
100세 이상	2.3	2.0	2.4

일괄공제 5억 원

인적공제를 일일이 계산하지 않더라도, 일정 요건을 충족하면 **일괄공제 5억 원**을 적용할 수 있습니다. 일괄공제는 계산의 복잡함을 줄여주는 제도로, **실무에서는 인적공제보다 일괄공제가 선택되는 경우가 많습니다.**

상속인은 앞에서 살펴본 **기초공제 2억 원과 기타 인적공제액의 합계액과 5억 원 중 더 큰 금액**을 공제할 수 있습니다.

즉, 기초공제(2억 원)와 기타 인적공제의 합계액이 5억 원보다 적다면, **일괄공제 5억 원을 적용하는 것이 상속세 과세가액을 더 줄일 수 있어 유리합니다.**

신고기한을 놓치면 선택권은 사라진다

상속세 신고기한을 경과하면 **인적공제와 일괄공제 중 선택이 불가능**해지고, 무조건 일괄공제 5억 원의 공제만 가능합니다. 그러므로 상속인의 수가 많거나, 미성년자나 장애인공제 등 **인적공제를 적용하는 것이 더 유리한 경우라면 반드시 신고기한 내에 상속세 신고를 마쳐야 합니다.**

복중 태아도 인적공제 대상이 될 수 있을까?

최근 자연인만이 상속세 인적공제 대상이라는 기존 집행기준을 뒤집은 조세심판원 판례가 있었습니다. 이 판례로 태아도 인적공제 대상으로 포함하는 것으로 세법이 개정되었습니다.[94]

상속인들은 상속개시일 현재 복중 태아였던 A를 자녀공제(1명당 5천만 원) 및 미성년자공제(1천만 원×만19세 도달연수)를 적용하여 상속세를 신고·납부하였으나, 처분청은 상속개시일 현재 아직 출생하지 않은 태아는 인적공제대상에 해당하지 않는다고 보아 공제를 부인하였습니다.

이에 조세심판원은 "상증세법상 인적공제는 피상속인의 사망으로 인한 경제적 충격을 고려하여 상속세의 부담을 완화시켜 줌으로써 생존자의 생활 안정을 도모하고자 하는 취지에서 인정하고 있는바", "태아도 상속인에 해당하여 상속세 납세의무를 부담하므로 상속개시일까지 출생하지 아니하였다고 하여 공제적용을 배제하는 타당하지 않다"고 판시하였습니다.[95]

기본공제 ③ 배우자 상속공제 

배우자 상속공제는 **최소 5억 원에서 최대 30억 원까지** 인정되는 공제입니다. 다만 실제 공제금액은 **배우자가 실제로 상속받은 재산과 법정상속분, 분할기한 준수 여부**에 따라 달라집니다.

---

94) **상속세 및 증여세법 제20조 제1항 【그 밖의 인적공제】**
  1. 자녀(태아를 포함한다) 1명에 대해서는 5천만 원(2022.12.31. 개정)
  2. 상속인(배우자는 제외한다) 및 동거가족 중 미성년자(태아를 포함한다)에 대해서는 1천만 원에 19세가 될 때까지의 연수를 곱하여 계산한 금액(2022.12.31. 개정)
95) **조심 2020부8164, 2022.1.26.**

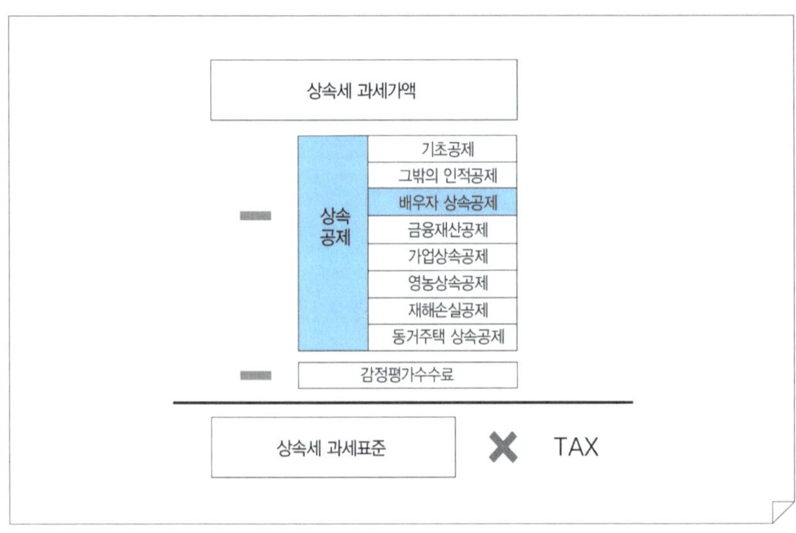

피상속인의 배우자가 생존해 있다면, 배우자상속공제는 다음 두 금액 중 적은 금액을 공제합니다.

그 결과, 배우자가 실제 상속을 받지 않았더라도 최소 5억 원, 요건을 충족하는 경우 최대 30억 원까지 공제가 가능합니다.

구분	분할기한 내에 배우자 상속재산을 분할한 경우	무신고, 미분할
배우자 상속 공제액	• 5억 원에 미달시 5억 원을 공제 • 배우자가 실제 상속받은 금액 • 한도: Min ① (상속재산가액×법정지분율)−배우자 사전증여재산의 증여세과세표준 ② 30억 원	5억 원

배우자 상속공제 적용 원칙

- 배우자가 실제 상속을 받지 않았더라도 **5억 원**은 공제됩니다.
- 배우자가 5억 원 미만의 재산을 상속받은 경우에도 **5억 원**을 공제합니다.
- 배우자가 5억 원 이상의 재산을 상속받은 경우에는 **실제 상속받은 금액**을 공제하되, **법정상속분 범위 내에서 30억 원**을 한도로 합니다.

상속재산을 분할받아야 합니다

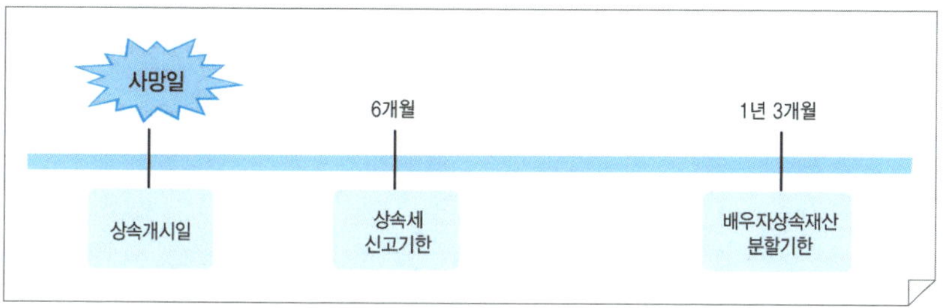

실제 상속받은 금액으로 배우자공제를 적용받기 위해서는 상속세 신고기한의 다음날부터 9개월이 되는 날까지 배우자의 상속재산을 분할해야 합니다. 상속재산이 소유권 이전에 등기·등록·명의개서 등을 요하는 재산이라면 분할기한까지 해당 절차를 완료해야 배우자상속 공제액의 한도까지 공제받을 수 있습니다.

기본공제의 의미

기초공제, 인적·일괄공제, 배우자공제는 상속세 계산의 1차 방어선입니다. 이 단계에서 이미 상속세 과세 여부가 결정되는 경우가 많으며, 실제 상담에서도 이 기본공제만으로 상속세가 발생하지 않는 사례가 적지 않습니다.

여기까지는 계산 구조에 따라 자동으로 결정되는 공제입니다.

이제부터는 실제 사례에 따라, 공제 금액이 어떻게 달라지는지를 살펴봅니다.

Case별 상속공제금액 1

1️⃣ 신고기한까지 상속세 신고를 놓친 경우
→ 일괄공제만 적용 가능

상속세 신고기한까지 상속세신고를 하지 않았다면 일괄공제 5억 원을 적용하며 일괄공제 대신 기타인적공제를 선택하여 공제할 수 없습니다. 따라서 미성년자녀나 장애인이 있어 일괄공제 5억 원보다 기타인적공제 금액을 계산하는 것이 유리하다면 반드시 상속세 신고기한 이내에 상속세 신고를 해야 할 것입니다.

2️⃣ 배우자가 상속재산을 모두 상속받는 경우
→ 공동상속인 존재 여부에 따라 달라짐

① 배우자와 함께 공동상속인이 존재하는 경우
공동상속인이 있었으나, 다른 공동상속인이 상속포기하거나 협의분할에 따라 배우자만 상속재산을 상속받은 경우에는 일괄공제 5억 원을 적용할 수 있습니다.
- 일괄공제 5억 원
- 배우자공제 5억 원
→ 총 10억 원이 공제됩니다.

② 배우자 단독상속인인 경우
상속인이 처음부터 배우자 단독인 경우에는 일괄공제를 적용할 수 없습니다.
- 기초공제 2억 원
- 배우자공제 5억 원
→ 총 7억 원이 공제됩니다.

구분	상속 형태	일괄공제액
상속세 신고기한 내 신고한 경우 또는 기한 후 신고가 없는 경우	해당 없음	5억 원
배우자만 상속재산을 받은 경우	단독상속	일괄공제 불가
	공동상속인이 있으나 상속포기 또는 협의분할에 따라 배우자 혼자 상속받은 경우	5억 원

Case별 상속공제금액 2

배우자상속공제액은 어떻게 계산될까

배우자상속공제는 **분할기한 준수 여부**에 따라 계산 방식이 달라지며, 다음 두 금액 중 **적은 금액**을 공제합니다.

구분	분할기한 내에 배우자 상속재산을 분할한 경우	무신고·미분할
배우자 상속공제액	• 5억 원에 미달 시 **5억 원 공제** • **배우자가 실제 상속받은 금액** • 한도: **Min** 　① (상속재산가액 × 법정지분율) – 배우자 사전증여재산의 증여세과세표준 　② **30억 원**	**5억 원**

1 배우자가 실제 상속받은 금액의 의미

배우자가 실제 상속받은 금액을 구할 때에는 **상속재산에 가산한 추정상속재산**이나 배우자에게 준 사전증여재산이 포함되지 않으므로 주의해야 합니다. 따라서 배우자에게 생전에 재산을 증여하는 것이 항상 배우자상속공제에 유리한 것은 아니며, 경우에 따라서는 배우자상속공제 금액을 오히려 줄이는 결과가 될 수 있습니다.

2 '배우자의 법정상속지분율'의 의미

실무에서 자주 받는 질문 중 하나는

"배우자공제를 늘리기 위해 자녀들이 상속을 포기하면 유리하지 않나요?"라는 질문입니다.

극단적으로 배우자 외 다른 상속인들이 모두 상속을 포기하여 배우자의 상속지분비율이 100%가 되더라도, 배우자상속공제가 최대 30억 원까지 늘어나는 것은 아닙니다. 배우자의 **법정상속지분율**은 '상속포기 이전의 지분'을 기준으로 판단합니다. 따라서 상속인들의 상속포기 여부는 배우자상속공제 금액에 영향을 주지 않습니다.

추가공제 ① 금융재산공제

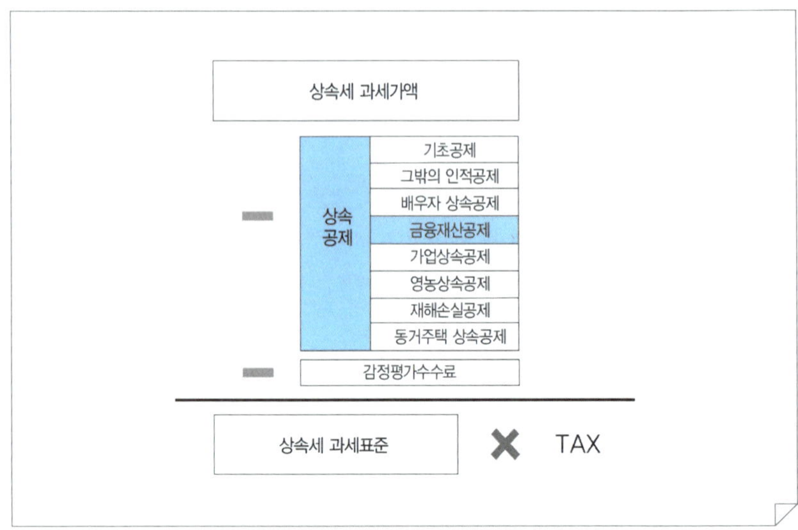

금융재산은 사전에 인출하거나 과도하게 소비하면,
오히려 금융재산공제를 받지 못해 **상속세 부담이 늘어날 수 있습니다.**

2억 원까지 금융재산의 20% 공제

상속재산 중 금융재산이 있다면, 그 금융재산에 대해서는 **2억을 한도로
하여 금융재산금액의 20% 금액**을 상속세 과세가액에서 공제합니다.[96]

---

96) 금융재산공제 금액

순금융재산가액	금융재산 상속공제액
2,000만 원 이하	순금융재산가액 전액
2,000만 원 초과~1억 원 이하	2,000만 원
1억 원 초과~10억 원 이하	순금융재산가액×20%
10억 원 초과	2억 원

→ 순금융재산가액 = 금융재산가액 − 금융채무

왜 금융재산만 공제해줄까?

상속재산은 재산의 종류에 따라 평가방법이 다릅니다.

토지나 상가 등은 보충적 평가방법에 따라 평가되며, 이 경우 실제 시가보다 낮게 평가되는 경우가 많습니다.

반면 금융재산은 금액 자체가 곧 시가이므로, 상속재산이 금융재산인 경우 가치가 그대로 드러나 상대적으로 불리해질 수 있습니다. 이러한 세 부담의 형평성 문제를 조정하기 위해, 금융재산에 대해서는 일정 금액의 공제를 인정하고 있습니다.

금융재산의 범위

다음 재산은 금융재산에 해당합니다.

① 금융기관이 취급하는 예금 · 적금 · 부금 · 계금 · 출자금 · 금전신탁 재산 · 보험금 · 공제금 · 주식 · 채권 · 수익증권 · 출자지분 · 어음 등의 금전 및 유가증권

② 비상장주식 또는 출자지분으로서 금융기관이 취급하지 아니하는 것

③ 발행회사가 금융기관을 통하지 않고 직접 모집하거나 매출하는 방법으로 발행한 회사채
다만 최대주주 또는 최대출자자가 보유하고 있는 주식 또는 출자지분은 제외

④ 추정상속재산 또는 사전증여재산은 금융재산공제 대상에서 제외

유의할 사항

금융기관에서 대출을 받은 후 그 금액을 금융재산으로 보유 중에 상속이 개시되는 경우 대출금은 전액 채무로서 공제받고 다른 한편으로는 금융재산에 대하여 20% 공제를 받게 되어 **이중 공제 문제가 발생할 수 있습니다.** 이를 방지하기 위해 금융재산공제는 **금융재산에서 금융부채를 차감한 '순금융재산가액'을 기준**으로 적용합니다. 이때 상속개시 시 결제되지 않은 **신용카드 대금도 금융부채에 포함**되니 주의해야합니다.

또한 상속이 임박한 상황에서 상속인들이 다급한 마음에 피상속인의 예금을 몇 억 원씩 현금으로 인출하는 경우가 있습니다.

이 경우 인출금액은 **상속추정재산으로 판단될 가능성**이 있어 상속인들이 사용처를 입증하지 못하면 상속재산금액에 포함될 수 있습니다. 그리고 인출금액을 현금으로 상속재산에 포함시켜 신고한다면 금융재산공제를 받을 수 없어 인출하지 않고 계좌에 그대로 남겨진 경우보다 불리합니다.

다행인 것은 금융재산이 상속세 신고 시 누락되었다가 상속세 과세표준과 세액의 결정 시 상속재산가액에 포함된 경우에도 금융재산공제가 적용될 수 있다는 것입니다.

그러나 **상속세 신고기한 내 신고하지 아니한 타인명의 금융재산**은 과세대상에 포함된 경우라도 **공제대상에 포함되지 않으니 신고 시 유의**해야 할 것입니다.

중소기업 등의 원활한 가업승계를 지원하기 위하여 거주자인 피상속인이 **생전에 10년 이상 영위한 중소기업 등을** 상속인에게 정상적으로 승계한 경우에 최대 600억원까지 상속공제를 하여 가업승계에 따른 상속세 부담을 경감시켜 주는 제도입니다.

적용 대상은 **중소기업** 및 **매출액 5천 억 원 미만의 중견기업**이며, 가업 계속영위 기간에 따라 공제 한도는 다음과 같습니다.

- 10년 이상 15년 미만: 300억 원
- 15년 이상 20년 미만: 400억 원
- 20년 이상: 600억 원

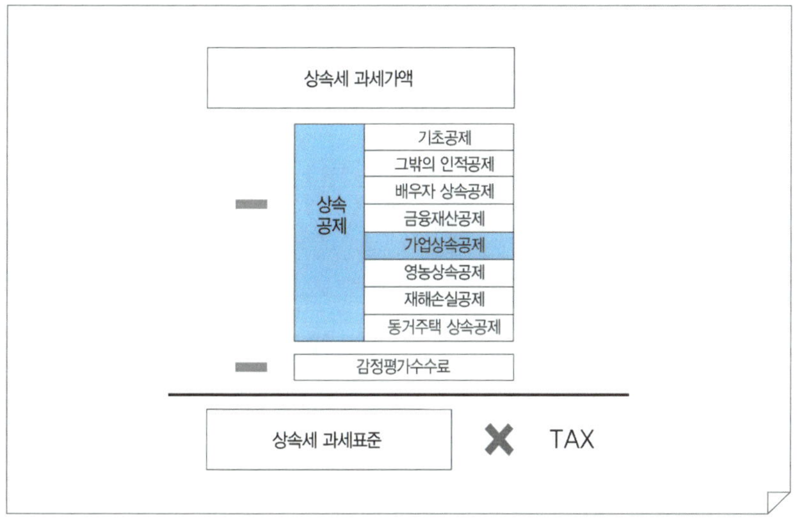

사후관리 요건을 위반하면 추징됩니다

가업상속공제를 받은 상속인이 상속개시일부터 **5년 이내**에 정당한 사유 없이 가업용 자산을 **40% 이상 처분**하거나, **가업에 종사하지 않게 되거나**, 정규직 근로자 수 및 총 급여액 평균이 **90%에 미달**하는 경우에는 공제받은 금액을 다시 상속세 과세가액에 산입하여 **상속세와 이자상당액을 추징**합니다.

가업상속공제는 공제 규모가 큰 만큼 **업종 요건, 피상속인 요건, 상속인 요건 등 법정 요건이 매우 엄격**하므로, 사전에 관련 법령을 면밀히 검토할 필요가 있습니다[97]

추가공제 ③ 영농상속공제 

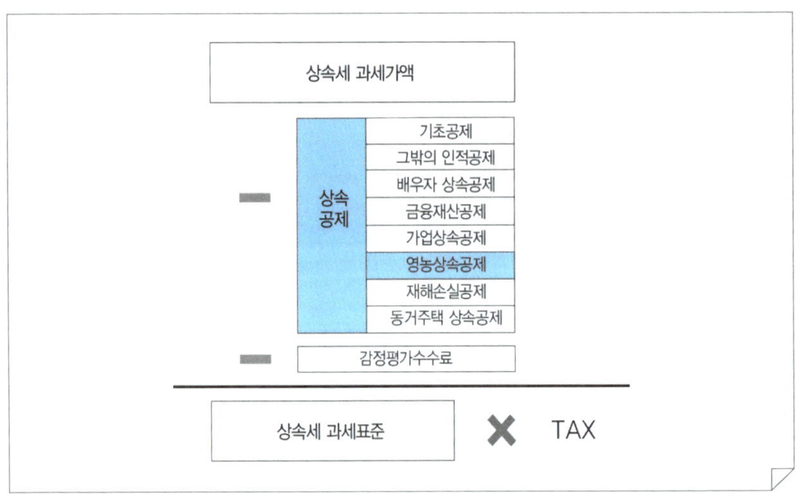

---

97) **상속세 및 증여세법 제18조의 2, 시행령 제15조 【가업상속공제】**

피상속인이 **농업, 임업 및 어업을 주된 업종으로 영위**한 경우 영농상속 재산을 상속인 중 **영농에 종사하는 상속인**이 상속받는다면 상속세과세 가액에서 **영농상속재산가액을 30억 원 한도로 상속세 과세가액에서 공제**합니다.

영농상속공제를 적용받기 위해서는 피상속인 및 상속인의 요건, 주식 등을 상속하는 경우의 적용방법 등 영농상속의 범위, 그밖에 필요한 사항 등을 모두 충족하여야 합니다. [98]

사후관리 요건을 위반하면 추징됩니다

또한 영농상속공제를 받은 상속인이 상속개시일부터 **5년 이내**에 정당한 사유 없이 영농상속재산을 처분하거나 영농에 종사하지 아니하게 된 경우 에는 공제 받았던 금액을 다시 상속세 과세가액에 산입하여 **상속세와 그 이자상당액을 추징**합니다.

---

98) 상속세 및 증여세법 제18조의 3 【영농상속공제】

추가공제 ④ 재해손실공제

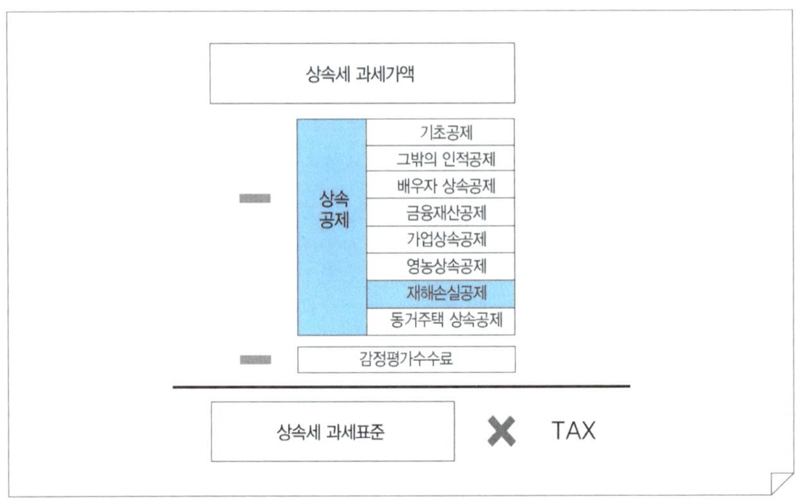

상속개시 후 **상속세 신고기한 내**에 화재·붕괴·폭발·환경오염사고 및 자연재해 등에 따른 재난으로 인하여 상속재산이 멸실되거나 훼손된 경우에는 그 **손실가액을 상속세 과세가액에서 공제**하여 납세자의 생활 기초를 보호합니다. 다만, 그 손실가액에 대한 보험금 등의 수령 또는 구상권 등의 행사에 의하여 그 손실가액에 상당하는 금액을 **보전받을 수 있는 경우에는 공제할 수 없습니다.**[99]

증여재산에도 준용됩니다

타인으로부터 재산을 증여받은 경우에도 재난으로 인하여 증여재산이 멸실되거나 훼손된 경우 상속세의 규정을 준용하여 **증여세 과세가액에서**

---

99) **상속세 및 증여세법 제23조【재해손실 공제】**

공제할 수 있습니다.[100]

> **재해손실공제금액**
>
> 재해손실재산가액−보험금 등의 수령 또는 구상권행사로 보전 가능한 금액

지금까지 살펴본 공제는 요건을 충족하면 적용 여부가 비교적 명확한 공제입니다. 다음으로 살펴볼 동거주택상속공제는, 실제 생활관계와 상속 전 오랜기간의 연속성이 핵심이 되는 공제입니다.

추가공제 ⑤ 동거주택상속공제 

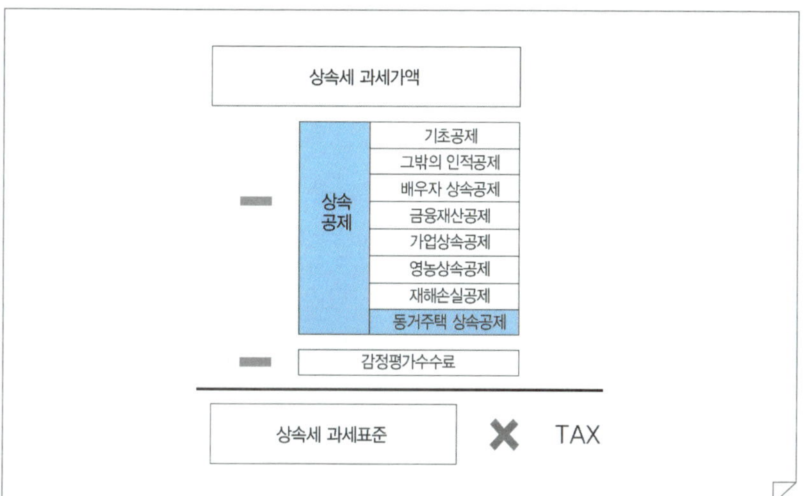

---

100) 상속세 및 증여세법 제54조 【준용규정】

동거주택상속공제 : 최대 6억 원

피상속인과 상속인(직계비속인 경우로 한정[101])이 **상속개시일부터 소급하여 10년 이상 계속하여 하나의 주택에서 동거했다면 주택가액[102]**의 100%(6억 원 한도)를 상속세 과세가액에서 공제합니다.

따라서 피상속인이 자녀 등과 **10년 이상 계속하여 1주택자로서 동거해온 경우라면**, 동거주택상속공제의 적용 여부를 반드시 검토해 볼 필요가 있습니다.

동거주택상속공제의 요건

동거주택상속공제를 적용받기 위해서는 다음 요건을 모두 충족해야 합니다.

① 상속인이 성인이 된 이후 피상속인과 10년 이상 계속하여 하나의 주택에서 함께 동거했을 것

② 10년 동안 1세대 1주택의 요건을 유지할 것(무주택 기간을 포함합니다).

③ 동거 요건을 충족한 상속인이 해당 주택을 상속받을 것

④ 상속인은 피상속인의 직계비속(자녀)일 것

다만, **대습상속이나 결격으로 직계비속의 배우자가 상속인이 된 경우에도 적용 가능합니다.**

---

101) **상속세 및 증여세법 제 23조의 2 【동거주택 상속공제】**
　　직계비속 및 대습상속이나 결격으로 직계비속의 배우자가 상속인이 된 경우 포함(2021.12.21. 개정)

102) **상속세 및 증여세법 제 23조의 2 【동거주택 상속공제】**
　　「소득세법」 제89조 제1항 제3호에 따른 주택부수토지의 가액을 포함하되, 상속개시일 현재 해당 주택 및 주택부수토지에 담보된 피상속인의 채무액을 뺀 가액을 말한다.

동거주택상속공제 세부 요건

1) 동거의 요건

동거주택상속공제를 적용받기 위해서는 피상속인과 상속인이 **실질적으로 함께 생활해 온 사실**이 핵심입니다.

① 최소 10년 이상 실제 동거

동거기간은 피상속인과 상속인이 **하나의 주택에서 실제로 함께 거주한 기간**을 의미합니다. 따라서 주민등록등본 및 주민등록초본과 관계없이 피상속인과 상속인이 **실제로 동거한 경우**라면 동거주택상속공제를 적용할 수 있습니다. 단 상속인이 미성년자인 기간은 동거기간에서 제외됩니다.

② 동거는 '계속'되어야 합니다.

상속인은 피상속인의 주택에서 **연속적으로 10년 이상 동거**하는 경우에 공제를 적용할 수 있습니다. 이때 상속개시일 현재 피상속인과 상속인이 함께 거주하고 있지 않더라도, **상속개시일 이전에 10년 이상 계속하여 동거한 사실이 있다면** 동거주택상속공제의 적용 대상이 됩니다. 반면, 동거기간이 **단속적으로 이어진 경우**에는 비록 그 합산기간이 10년 이상이라 하더라도 **동거주택상속공제를 적용할 수 없습니다.**

③ 예외적으로 '동거정지'를 인정합니다.

다만 다음과 같은 부득이한 사유로 동거하지 못한 기간은 계속 동거한 것으로 보되, 동거기간에는 산입하지 않습니다.

- 징집
- 취학
- 직장 변경
- 1년 이상 치료 또는 요양이 필요한 질병 치료·요양 등

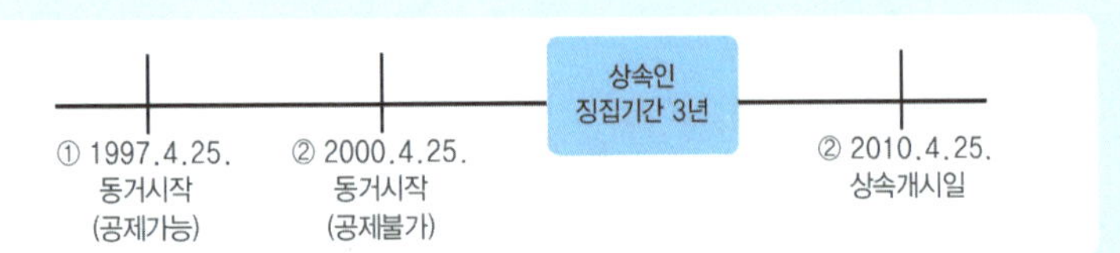

상속개시일부터 소급하여 10년 이상 동거기간을 계산할 경우 ②의 시기부터 동거를 시작한 경우에는 '**상속인의 징집기간 3년**'은 동거한 것으로 보되 동거기간에는 산입되지 않으므로, 실제 동거기간은 **7년**에 그쳐 동거주택상속공제를 받을 수 없습니다. 따라서 **①의 시점부터 동거를 시작한 경우에만** 동거주택상속공제를 적용받을 수 있습니다.

2) 주택의 요건

① 10년 이상 1세대 1주택 요건

피상속인과 상속인은 동거주택판정기간 동안 계속하여 1세대를 구성하면서 1세대 1주택에 해당해야 합니다.[103] 다만, 동거주택판정기간 중 **무주택 기간이 있는 경우에도 해당 기간은 1세대 1주택 기간에 포함**됩니다.

또한 다음의 경우에도 1세대가 1주택을 소유한 것으로 봅니다.

- 피상속인의 일시적 2주택
- 혼인 합가
- 등록문화재 주택
- 이농 · 귀농 주택
- 직계존속 동거봉양 주택

② 반드시 10년 보유해야 할까?

그렇지 않습니다. 하나의 주택에서 **10년 이상 동거한 경우에는 10년 보유한 주택이 아니더라도** 상속개시일 현재 1세대 1주택 요건을 충족하고 있다면 동거주택상속공제를 적용할 수 있습니다.[104] 따라서 상속개시일 전 10년 동안 여러 차례 이사를 다녔어도 상속개시일 현재 1세대 1주택에는 해당하는 경우라면 동거주택상속공제 적용이 가능합니다.

3) 상속인의 요건

① 동거한 상속인이 주택을 상속받을 것

주택을 피상속인의 배우자가 상속받는다면 동거주택상속공제는 적용되지 않습니다. 상속개시일 현재 **무주택자로서 피상속인과 동거한 직계비속 등**이 해당주택을 상속받아야 공제를 적용할 수 있습니다.

② **주택을 공동상속받은 경우**

동거주택을 공동상속받았다면, 동거요건을 충족한 상속인의 **지분을 확인할 수 있는 범위 내에서, 그 지분에 상당하는 주택가액을 상속세 과세가액에서 공제합니다.**

상속세는 자산의 크기만으로 결정되지 않습니다. 같은 재산이라도 공제를 어떻게 적용하느냐에 따라, 상속세는 0원이 될 수도 수억 원이 될 수도 있습니다.

자신의 상황에 맞는 공제를 계산해 보는 것만으로도, 상속세 계산의 절반은 이미 끝난 셈입니다.

이제부터는 그 공제 구조를 바탕으로,

재산을 어떻게 나누는 것이 가장 합리적인지를 살펴보겠습니다.

---

103) **소득세법 제88조 제6호**
104) **대법원 2012두 2474, 2014.6.26.**

Chapter 22

배우자 상속 – 전략이 필요한 이유

상속세를 바꾸는 마지막 변수, 재산분할 

상속세는 피상속인을 기준으로 유산 전체에 대해 누진세율을 곱해 산출하므로, 상속인들 사이에서 재산분할을 어떻게 하는지는 원칙적으로 상속세에 영향을 주지 않습니다.

그러나 여기에는 예외사항이 있습니다. 그 중 하나가 **배우자상속공제**입니다. 우리나라 상속세는 피상속인의 재산을 배우자가 많이 상속받을수록 상속세가 줄어드는 구조를 가지고 있습니다.

배우자공제 최소 5억 원, 최대 30억 원

거주자의 사망으로 그 배우자가 피상속인의 재산을 상속받는 경우에는 실제 상속받은 금액 중 일정 범위 내의 금액을 상속세과세가액에서 공제됩니다.

이 공제금액은 상당히 큽니다. 이는 피상속인의 재산이 배우자와 함께 공동으로 형성되었을 가능성을 고려한 것이며, 피상속인 사망 이후에도 남겨진 배우자의 삶이 이전과 크게 다르지 않도록 경제적 안정을 도모하기 위한 세법적 장치라고 볼 수 있습니다.

배우자가 존재하기만 해도 최소 5억 원이 공제되며, 배우자에게 실제로 상속한 재산이 있다면 배우자의 법정상속지분을 한도로 최대 30억 원까지 공제가 가능합니다.

※ 여기까지는 배우자상속공제가 왜 중요한지에 대한 이야기입니다. 이제부터는 이 공제가 **재산을 어떻게 나누느냐에 따라 상속세를 어떻게 바꿔놓는지**를 살펴보겠습니다.

배우자의 재상속 문제 

그렇다고 무조건 배우자상속분을 늘리는 것이 모든 경우에서 최선의 선택이 되는 것은 아닙니다. 배우자가 상속을 많이 받아 배우자상속공제를 최대한 활용하면 당장의 상속세는 줄어들 수 있습니다. 그러나 피상속인의 배우자는 이미 연세가 많은 경우가 많아, 머지않은 시점에 배우자의 사망으로 인한 재상속이 발생할 가능성도 함께 고려해야 합니다.

즉, 한 번 줄인 상속세가 다음 상속에서 다시 과세되는 구조가 될 수 있다는 점을 간과해서는 안됩니다.

효율적인 재산분배

　상속재산에서 적용할 수 있는 공제 중 배우자상속공제가 차지하는 비중은 매우 큽니다. 그래서 실제 상속세 컨설팅에서는 배우자가 상속재산을 얼마나 받느냐가 핵심 쟁점이 됩니다.

　일정 금액까지는 배우자가 상속재산을 많이 받을수록 상속세가 줄어든다면, 상속세를 최소화하면서도 배우자에게 불필요하게 많은 재산이 이전되지 않도록 하는 균형 지점이 존재합니다. 피상속인의 배우자에게 배우자의 법정상속분에 맞추어 실제로 상속재산을 분할하는 것은, 상속세 부담을 합리적으로 줄이는 하나의 방법이 될 수 있습니다.

　또한 배우자상속공제는 배우자가 얼마나 상속받느냐뿐만 아니라, **누가 함께 상속인이 되느냐에 따라서도 상속세를 완전히 달라지게 만듭니다.**

■ 나배신씨의 숨겨진 쌍둥이 자녀

나배신씨는 상속재산 총 30억 원을 남기고 사망하였습니다. 나배신씨와 배우자 염려원씨 사이에는 자녀가 없어 배우자 염려원씨는 나배신씨의 **단독 상속권자**에 해당합니다.

그런데 나배신씨의 사망 후, 나배신씨에게 혼외자 나몰래와 나비밀 이라는 쌍둥이 자녀가 있다는 사실이 밝혀지게 됩니다. 이에 따라 상속인은 염려원씨 단독이 아니라, 염려원씨 · 나몰래 · 나비밀 총 세 명이 됩니다. [105]

나몰래, 나비밀 형제가 나타나기 전까지 단독상속인 염려원씨는 상속재산인 30억 원 전부를 상속받을 것이며, 이 경우 배우자상속공제 30억 원을 전액 적용받아 상속세는 **발생하지 않습니다.**

그런데 염려원씨가 혼외자 나몰래, 나비밀과 함께 상속을 받게 되면 **상속세 부담이 발생하게 됩니다.**

1 단독상속권자 염려원씨 상속세 0원

염려원씨가 단독상속권자인 경우 나배신씨의 재산 30억을 전부 상속받고 기초공제 2억 원과 배우자상속공제를 적용받아 상속재산 전액이 공제됩니다.

따라서 이 경우 상속세는 발생하지 않습니다.

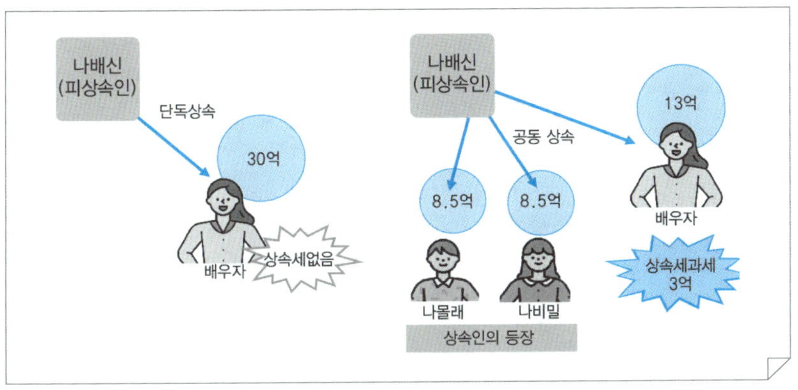

2 공동상속권자의 등장으로 상속세 발생

그러나 상속재산을 염려원씨와 나몰래, 나비밀이 공동으로 상속받는다면 결과는 달라집니다.

이 경우 적용 가능한 상속공제액은 일괄공제 5억 원과 배우자상속공제 약 13억 원(배우자의 법정상속분 3/7 기준)을 합한 총 **18억 원**입니다. 따라서 남은 **12억 원**에 대해 상속세가 과세되며, 상속세는 약 **3억 원** 정도

---

105) **민법 제 860조 【인지의 소급효】 참고**
피상속인의 사망 후 혼인 외의 출생자가 인지되는 경우, 인지의 효력은 그 혼인 외 출생자의 출생 시로 소급하게 된다.

발생하게 됩니다.

이 상속세 3억 원에 대해서는 상속인인 염려원씨, 나몰래, 나비밀이 각자의 상속지분에 따라 **공동으로 연대납부의무**를 부담하게 됩니다.

배우자상속공제가 상속세에 영향을 미치는 방식은 상속인의 구성에 그치지 않습니다. **정해진 기한 내에 실제로 재산이 분할되었는지 여부** 역시 상속세를 좌우하는 중요한 요소입니다.

■ 김후중 사장의 배우자상속공제 사건

김후중 사장은 상속재산 110억 원을 남기고 사망하였습니다.
그의 배우자 박순이씨와 자녀 4명(김봄, 김여름, 김가을, 김겨울씨)은 상속세 신고기한이 다가오도록 상속재산분할협의를 마치지 못한 상태였습니다. 상속인들 모두 상속재산을 법정상속지분율(1.5 : 1 : 1 : 1 : 1)에 따라 나누어 가질 것에는 이견이 없었습니다.

이에 따라 배우자 박순이씨는 30억 원, 자녀들은 각자 20억 원씩 상속받는 구조였습니다. 문제는 **누가 어떤 재산을 상속받을 것인지**에 대한 협의가 이뤄지지 않았다는 점입니다. 상속인들은 급한 대로 재산분할은 추후에 다시 협의하기로 하고, 상속세만 우선 법정지분율에 따라 나누어 부담하기로 하였습니다.

상속세의 신고와 납부는 이로써 무사히 마무리된 듯 보였습니다. 그러나 이후 진행된 상속세 조사 과정에서 상당한 규모의 상속세가 추가로 부과되었습니다.

과연 상속인들은 어떤 부분을 놓치고 있었던 것일까요?

1 배우자상속공제 최대치 30억 원

배우자상속공제는 배우자가 민법상 상속법정지분율 만큼 실제 상속받았다면 최대 30억 원까지 적용이 가능합니다. 사례에서 박순이씨의 상속법정지분율은 110억 원×3/11=30억 원이니 세법상 배우자상속공제 한도인 30억 원 전액을 적용받을 수 있습니다.

2 상속재산은 분할기한까지 실제로 분할되어야 합니다

다만 배우자상속공제 기본금액 5억 원을 초과하여 실제 배우자가 상속받은 금액으로 공제를 받으려면 배우자가 그 재산을 **실제로 상속받아야 하며**, 배우자 상속재산 분할기한까지 상속재산이 **분할이 완료되어야 합니다.**

배우자 상속공제를 적용받기 위한 배우자상속재산 분할기한은 **상속세 과세표준 신고기한의 다음날부터 9개월**까지이며, 등기·등록·명의개서 등을 요하는 재산의 경우에는 이 기한까지 배우자 명의로 반드시 등기·등록·명의개서 등이 이루어져야 합니다.

만약 배우자상속재산 분할기한까지 배우자 명의의 등기·등록·명의개서가 이루어지지 않거나, 동산을 배우자가 점유하지 못하는 등 배우자가 실제 상속받은 재산임이 확인되지 않는 경우에는 배우자상속공제는 5억 원을 초과하여 적용할 수 없습니다.[106]

---

106) 구분	분할기한 내에 배우자 상속재산을 분할한 경우		무신고, 미분할
배우자 상속 공제액	•5억 원에 미달시 5억 원을 공제 •배우자가 실제 상속받은 금액 •한도: Min	① (상속재산가액×법정지분율)−배우자 사전증여재산의 증여세과세표준 ② 30억 원	5억 원

사례에서 박순이씨는 배우자상속공제금액으로 최대금액 30억 원을 적용하여 상속세를 계산했을 텐데요. 상속인들끼리 분할에 대한 협의가 되지 않아 배우자 상속재산분할기한 내에 협의분할에 대한 부동산 상속등기가 되지 않은 것으로 보입니다. 이 경우 배우자공제는 30억 원이 아닌 **5억 원만 적용**되므로 과다공제금액 25억 원에 대한 상속세가 다시 결정되게 됩니다.

배우자상속공제금액이 커서 배우자가 실제 상속받은 금액으로 상속공제를 신고 · 진행하는 경우에는, **상속재산 분할과 관련된 절차 업무까지 반드시 함께 마무리해야 합니다.**

분할기한을 놓치면,
30억 공제는 5억으로 줄어듭니다.

상속재산 분할기한 연장

배우자상속재산분할기한까지 부득이한 사유로 분할할 수 없는 경우에는 부득이한 그 사유를 입증할 수 있는 서류를 첨부하여 배우자상속재산분할기한까지 [배우자상속재산미분할신고서]를 작성·제출함으로써 분할기한의 연장을 신청할 수 있습니다.

이 경우 배우자상속재산분할기한의 다음날부터 6개월이 되는 날까지 상속재산을 분할하여 신고하는 경우에는 배우자상속재산분할기한 이내에 분할한 것으로 봅니다.

다만, 배우자상속재산분할기한의 다음 날부터 6개월을 경과하여 이미 과세표준과 세액의 결정이 이루어진 경우에는 그 결정일까지 분할한 경우에 한하여 분할기한 내 분할로 인정됩니다.

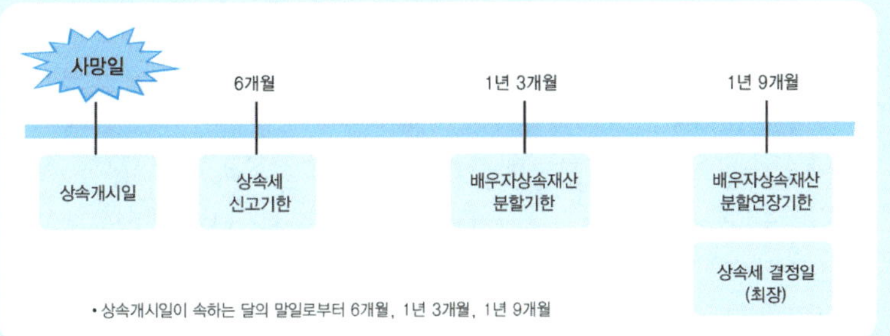

'부득이한 사유'의 범위

여기에서 부득이한 경우라 함은 다음과 같습니다.

① 상속인 등이 상속재산에 대하여 상속회복청구의 소를 제기하거나 상속재산 분할의 심판을 청구한 경우
② 상속인이 확정되지 아니하는 부득이한 사유 등으로 배우자상속분을 분할하지 못하는 사실을 관할세무서장이 인정하는 경우

유의할 점은, 법에 규정된 위 두 가지 사유 외에는 부득이한 사유로 인정되지 않는다는 점입니다.

법은 상속인들의 여러 사정을 폭넓게 이해해주지 않습니다.

단순히 상속인들 간의 다툼으로 재산분할에 대한 협의가 되지 않거나 상속등기 등이 지연되는 사유는 상속재산 분할기한을 연장할 수 있는 부득이한 사유에 해당하지 않으므로 각별한 주의가 필요합니다.

한마디 요약

분할기한 연장은 '사정'이 아니라,
법에 적힌 사유만 인정됩니다.

■ 자녀의 상속세, 엄마가 대신 내줘도 될까

상속재산 24억 원에 대해 피상속인의 배우자 현순씨는 상속을 포기하고 싶습니다. 이미 충분한 재산을 보유하고 있어, 굳이 남편의 재산을 상속받을 필요성을 느끼지 못했기 때문입니다.

이 경우, 어떻게 하면 두 자녀에게 아버지의 상속재산을 최대한 이전할 수 있을까요?

피상속인의 상속재산 24억 원에 대해 배우자의 법정상속분은 약 10억 원(3/7)입니다. 이 금액을 실제 배우자가 상속받는다면 배우자공제를 최대로 적용받아 상속세를 최소화하는 것이 가능합니다.

그러나 가정마다 재산 상황은 다르므로, 배우자상속공제를 최대로 적용받는 것이 항상 최선의 선택이 되는 것은 아닙니다. 이 사례가 바로 그러한 경우입니다.

앞에서 살펴본 배우자상속공제 제도와 상속인의 연대납세의무를 함께 이해한다면, 상속세 계산에서 **보다 효율적인 선택지**를 찾을 수 있습니다. 피상속인의 배우자가 이미 고령이거나, 머지않은 시점에 재상속이 예상되는 경우에는 배우자에게 상속된 재산이 결국 다시 자녀에게 이전되면서 또 한 번의 상속세나 증여세 부담이 발생할 수 있습니다.

그렇다면 차라리 배우자상속공제를 일부 포기하더라도 지금 단계에서 배우자를 거치지 않고 자녀에게 직접 상속함으로써 과세를 **1회로 종결**하는 선택이 더 합리적일 수 있습니다. 또한 자녀 세대로의 재산 이전 시점이 앞당겨지면, 자녀 입장에서는 그만큼 자신의 재산을 운용하고 불릴 시간도 확보할 수 있습니다.

배우자상속공제는 배우자가 존재하기만 하면 적용되므로, 설령 배우자가 상속을 받지 않더라도 기본적으로 5억 원은 공제됩니다. 다만 배우자가 상속받은 재산이 전혀 없다면 상속세에 대한 연대납세의무도 발생하지 않게 되므로, 이 경우에는 자녀들의 상속세를 증여세 부담 없이 대신 납부해 줄 수 없습니다.

따라서 자녀들의 상속세를 대신 부담해 주고자 한다면, 피상속인의 배우자가 자녀들의 상속세에 해당하는 금액만큼은 상속을 받는 것이 바람직합니다. 이 경우 배우자는 연대납세의무 범위 내에서 자녀들의 상속세를 대신 납부하더라도 추가적인 증여세 문제가 발생하지 않기 때문입니다.

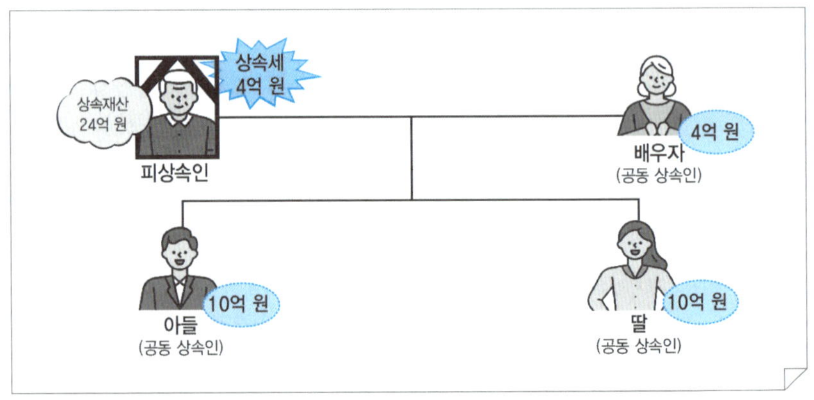

사례에서 현순씨는 연대납세의무의 한도금액, 즉 총 상속세 금액인 **4억 원에 해당하는 상속재산만 상속받는 방식**이 가장 효율적인 선택이 될 수 있습니다.

상속세 4억 원에 대한 연대납세의무는 공동상속인들이 각자의 상속지분에 따라 부담하게 되지만, 현순씨가 연대납세의무 범위 내에서 상속세 4억 원 전액을 대신 납부하더라도 추가로 발생하는 세금은 없습니다.

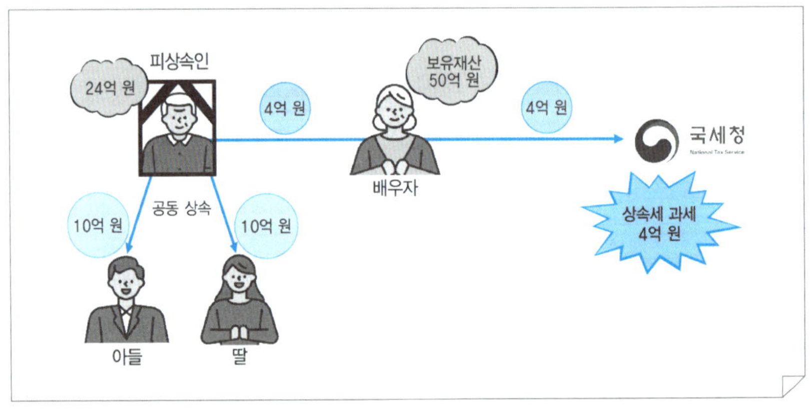

(연대납세의무 범위 내 상속분으로 자녀 상속세를 대납한 구조)

그 결과 자녀들은 자신의 상속세를 전혀 부담하지 않고 각각 10억 원씩, 총 20억 원 상당의 재산을 깔끔하게 상속받게 됩니다.

배우자상속공제와 공동상속인 간의 연대납세의무를 적절히 활용하면, 자녀의 상속비율을 높이면서 추가적인 증여세나 상속세 부담을 줄일 수 있습니다. 더 나아가, 현순씨의 고유 재산이 증가하지 않았으므로 장차 현순씨 사망 시 계산될 미래의 상속세 부담까지 미리 줄인 효과도 함께 얻을 수 있습니다.

한마디 요약

때로는 '얼마를 받느냐'보다
'얼마나 안 받느냐'가 절세 전략이 될 수 있습니다.

Chapter 23

동거주택
- 요건을 놓치면 기회도 사라진다

남편이 그러는데요, 시부모님과 합가해서 동거해야 부모님 주택을 상속받을 수 있다는데 그런 법이 있나요?

어느 날, 여성 고객으로부터 상담전화가 걸려왔습니다. 목소리에는 약간의 조심스러움과, 설명하기 곤란한 마음이 함께 묻어 있었습니다.

상담을 요청한 여성의 말에 따르면, 남편이 "부모님과 합가해 함께 살아야만 부모님 주택을 상속받을 수 있다"고 했다며, 세법에 정말 그런 규정이 있는지 확인하고 싶다는 내용이었습니다.

결론부터 말하자면, **그런 법은 없습니다.** 부모님이 돌아가시면 자녀는 상속인으로서 재산을 상속받는 것이 원칙입니다. 부모와 함께 살았는지 여부가 상속 자체의 조건이 되지는 않습니다.

다만, 이 지점에서 많은 분들이 혼동하게 됩니다.

부모를 모시고 함께 살았던 자녀가 **부모의 주택을 상속받는 경우**, 일정 요건을 충족하면 상속세 계산 과정에서 **세금 혜택을 받을 수 있는 제도**가 있기 때문입니다.

그 제도가 바로 동거주택 상속공제입니다.

피상속인과 상속인이 상속개시일로부터 소급하여 10년 이상, 1세대 **1주택을 유지하면서 동거한 경우,** 해당 주택의 **순상속주택가액**(주택 가격에서 담보설정액을 차감한 금액)의 **100%를 최대 6억 원 한도 내에서 상속세 과세가액에서 공제**해 주는 제도입니다.

숫자만 보면 매력적인 제도입니다. 최대 6억 원이 과세가액에서 빠지니, 상속세 부담은 눈에 띄게 줄어듭니다. 그러나 이 제도는 혜택이 큰 만큼, 요건도 결코 가볍지 않습니다.

동거주택 상속공제를 받기 위해서는 다음의 사항을 모두 충족해야 합니다.

① 상속인이 성인이 된 이후 피상속인과 **10년 이상 계속하여 하나의 주택에서 함께 동거**했을 것
② 해당 기간 동안 **1세대 1주택 요건을 유지**했을 것(무주택 기간 포함)
③ 동거 요건을 충족한 **상속인이 실제로 그 주택을 상속받을 것**
④ 여기서 상속인은 피상속인의 직계비속(자녀)이며, 대습상속이나 상속결격으로 직계비속의 배우자가 상속인이 된 경우도 포함됩니다.

상담자의 남편분이 부모님과 동거를 해야 주택을 상속받을 수 있다고 말한 것은, 아마도 연로하신 부모님을 모시고 함께 살고 싶은 마음에 아내를 설득하기 위해 떠올린 나름의 논리였을지도 모르겠습니다.

동거주택 상속공제는 **의무가 아니라 선택**의 문제입니다. 설명을 모두 들은 여성 고객은 잠시 말을 멈추더니, "10년이요?" "돌아가실 때까지요?" 라는 질문을 반복했습니다.

아직은 시부모님과 함께 살아갈 마음의 준비가 되어 있지 않아 보였습니다.

그렇다면 이제 질문을 바꿔볼 차례입니다.

"동거 요건을 충족했다면, 이 집은 누가 상속받는 것이 가장 유리할까요?" 이 질문에 대한 답은 동거주택 상속공제와 배우자 상속공제를 비교해 보면 분명해집니다.

동거주택 상속공제 vs 배우자 상속공제 

아버지의 상속재산으로 **20억 원 상당의 아파트 한 채**가 있다고 가정해 보겠습니다.
동거주택 상속공제로 6억 원, 배우자 상속공제로 12억 원.
이 두 가지 공제를 모두 적용받을 수 있을까요?

이제부터는 공제를 얼마나 받을 수 있는지가 아니라,

이 집을 누가 상속받는 것이 가장 유리한지를 먼저 따져봐야 합니다.

결론부터 말하자면, **가능할 수도 불가능할 수도 있습니다.** 그 이유는 단순합니다. **누가 이 상속주택을 상속받느냐에 따라 결과가 완전히 달라지기 때문**입니다.

동거주택 상속공제는 요건을 충족한 경우라 하더라도, 그 주택을 상속인 중 직계비속(자녀)이 상속받아야만 적용이 가능합니다. 즉, 해당 주택을 배우자가 상속받는다면 동거주택 상속공제는 적용될 수 없습니다. 반대로, 배우자가 주택을 상속받는다면 배우자 상속공제는 적용할 수 있지만 그 주택에 대해서는 동거주택 상속공제를 선택할 수 없게 됩니다.

그래서 상속재산 중에 동거주택 상속공제 요건을 모두 충족하는 주택이 있다면, 이 단계에서 가장 먼저 결정해야 할 문제는 단 하나입니다.

이 주택을 자녀가 상속받을 것인가, 아니면 배우자가 상속받을 것인가.

이는 단순히 상속분을 나누는 문제가 아니라, 동거주택 상속공제를 선택할 것인지, 배우자 상속공제를 선택할 것인지에 대한 선택의 문제이기 때문입니다.

그리고 이 선택에 따라 당장의 상속세뿐 아니라, 앞으로의 상속 설계 전체가 달라질 수 있습니다.

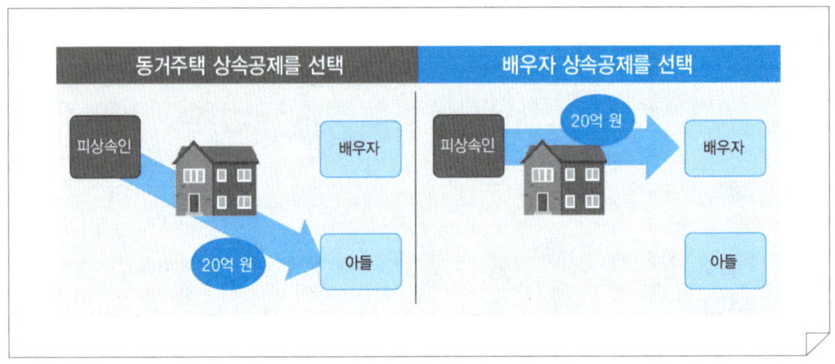

① 동거주택 상속공제를 선택하는 경우

자녀가 상속주택을 상속받는다면, 동거주택 상속공제를 적용받을 수 있습니다. 이 경우 상속받는 주택의 **순상속주택가액 전액에 대해 최대 6억 원 한도로 공제**가 가능합니다.

예를 들어, **20억 원 상당의 주택을 10년 이상 계속하여 동거한 자녀가 상속받는다면**, 해당 주택에 대해 최대 **6억 원의 동거주택 상속공제**를 적용받을 수 있습니다.

여기에
- 일괄공제 5억 원,

• 배우자 상속공제의 최소금액 5억 원을 더하면,
총 16억 원이 상속세 과세가액에서 차감됩니다.

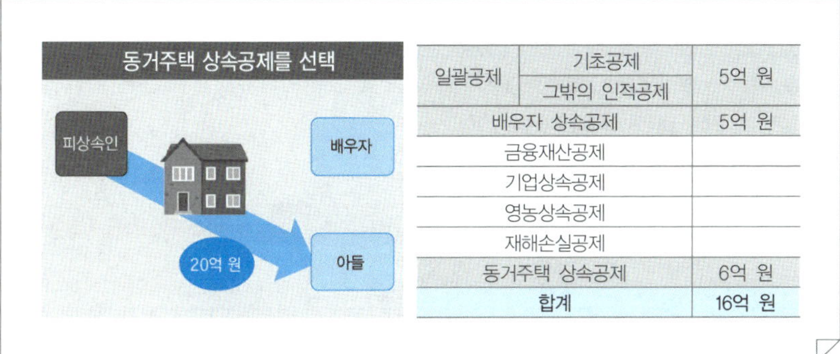

일괄공제	기초공제	5억 원
	그밖의 인적공제	
배우자 상속공제		5억 원
금융재산공제		
기업상속공제		
영농상속공제		
재해손실공제		
동거주택 상속공제		6억 원
합계		**16억 원**

자녀 상속을 선택하면,
주택 자체에 대한 공제를 받을 수 있습니다.

❷ 배우자 상속공제를 선택하는 경우

배우자가 상속주택을 상속받는다면, 동거주택 상속공제 대신 **배우자 상속공제**를 적용받게 됩니다. 이 경우 배우자 상속공제는 **배우자가 실제로 상속받은 금액**을 기준으로 하여, 배우자의 **법정상속분 범위 내에서 최대 30억 원 한도**로 공제됩니다.

배우자의 법정상속분은 20억 원 × 3/5 = 12억 원이며, 이 금액 전액에 대해 배우자 상속공제를 적용받을 수 있습니다.

여기에

- **일괄공제 5억 원**을 더하면,

총 **17억 원**이 상속세 과세가액에서 차감됩니다.

구분	분할기한 내에 배우자 상속재산을 분할한 경우	무신고, 미분할
배우자 상속 공제액	• 5억 원에 미달시 5억 원을 공제 • 배우자가 실제 상속받은 금액 • 한도: Min ① (상속재산가액×법정지분율)−배우자 사전증여재산의 증여세과세표준 ② 30억 원	5억 원

즉, 배우자가 주택을 상속받는 구조를 선택할 경우, 동거주택 상속공제는 적용할 수 없지만 대신 **배우자 상속공제를 통해 보다 큰 공제 금액을 확보할 수 있다**는 점이 특징입니다.

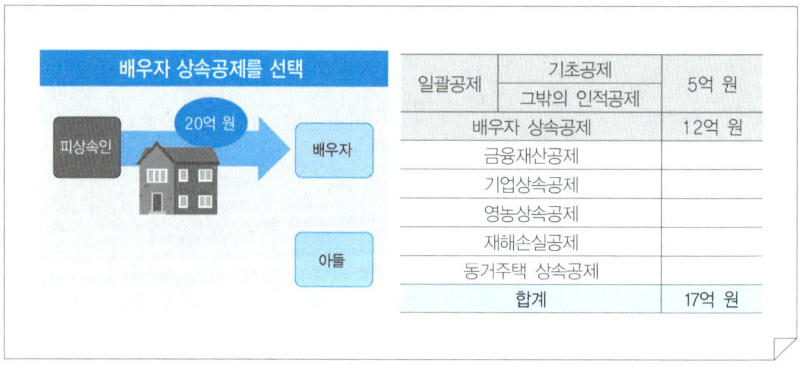

일괄공제	기초공제	5억 원
	그밖의 인적공제	
배우자 상속공제		12억 원
금융재산공제		
기업상속공제		
영농상속공제		
재해손실공제		
동거주택 상속공제		
합계		17억 원

③ 자녀와 배우자가 공동상속하는 경우

동거주택 상속공제와 배우자 상속공제는 반드시 하나만 선택해야 하는 제도처럼 보이지만, 경우에 따라서는 두 제도의 장점을 함께 활용하는 방법도 가능합니다.

그 방법이 바로, **배우자가 주택의 일부만 상속받고 자녀와 공동으로 상속하는 방식**입니다.

배우자가 상속주택의 **12억 원 상당 지분만 상속**받는 경우 그 **12억 원 전액에 대해 배우자 상속공제**를 적용받을 수 있습니다. 이는 배우자가 주택 전체를 상속받았을 때 적용되는 공제금액과 동일합니다.

이와 같이 공동상속을 선택하여 배우자가 **12억 원 상당의 지분**, 자녀가 **8억 원 상당의 지분**을 각각 상속받는다면, 다음과 같은 공제가 가능합니다.

- 배우자 상속공제 12억 원
- 일괄공제 5억 원
- 동거주택 상속공제 6억 원

이를 모두 합하면 총 **23억 원**의 상속공제가 가능하며, 아파트 가액인 **20억 원 전액에 대해 상속공제**가 이루어지므로, 이 경우 **상속세는 발생하지 않습니다**.

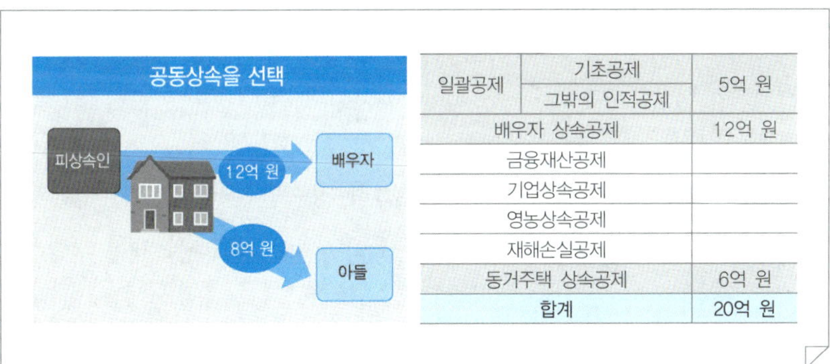

일괄공제	기초공제	5억 원
	그밖의 인적공제	
배우자 상속공제		12억 원
금융재산공제		
기업상속공제		
영농상속공제		
재해손실공제		
동거주택 상속공제		6억 원
합계		20억 원

지금까지 살펴본 세 가지 방식만 놓고 보면, 공동상속이 가장 이상적인 선택처럼 보일 수 있습니다. 그러나 상속 설계는 이번 한 번의 결과만으로 판단할 수 있는 문제는 아닙니다.

이제부터는 당장의 상속세를 넘어, 이 선택이 이후의 상속세에 어떤 영향을 미치는지까지 함께 살펴볼 필요가 있습니다.

4 배우자 상속공제와 동거주택 상속공제 중 무엇이 더 유리할까?

> **공동상속(공제 20억 원)**
> > 배우자 상속(공제 17억 원)
> > 자녀 상속(공제 16억 원)

이 기준대로라면 공동상속이 가장 절세 효과가 커 보입니다. 그러나 상속은 이번 한 번의 숫자로 끝나는 문제가 아닙니다.

우리는 당장의 **피상속인 상속세뿐** 아니라, 그 이후에 이어질 피상속인의 **배우자의 미래 상속세까지 함께 고려**해야 합니다. 배우자가 주택을 상속받더라도 결국 그 주택을 자녀에게 이전할 계획이라면, 그 과정에서 **증여·양도·상속 중 하나 이상의 절차를 다시 거치게 되고**, 이에 따른 세금과 취득세 부담이 추가로 발생할 수밖에 없습니다.

반면, 자녀가 아버지의 주택을 **온전히 상속받는 구조를** 선택했다면 동거주택 상속공제를 적용받아 **지금 당장 약 7천만 원의 상속세를** 부담하게 되더라도, 어머니에게 상속된 재산이 없으므로 훗날 어머니 사망 시에는 **추가적인 상속세 부담이 발생하지 않습니다.**

반대로, 배우자가 이번 상속에서 주택을 전부 또는 일부라도 상속받았다면 이야기는 달라집니다. 배우자가 상속받은 **20억 원 또는 12억 원 상당의 주택**은 배우자가 사망하는 시점에 자녀 입장에서는 **어머니의 상속재산**이 되기 때문입니다.

그리고 이때의 상속세 계산에서는 배우자 상속공제를 더 이상 적용할 수 없고, **일괄공제 5억 원만 적용**할 수 있어 절세 여지가 매우 제한적입니다.

미래의 상속세를 단순화하여 계산해 보면,

- 배우자 상속공제를 선택한 경우에는 배우자의 상속주택 20억 원에서 **일괄공제 5억 원을 차감한 15억 원에 대해 약 4억 4천만 원의 상속세**가 발생하고,

- 공동상속을 선택한 경우에는 배우자의 상속주택 지분 12억 원에서 **일괄공제 5억 원을 차감한 7억 원에 대해 약 1억 5천만 원의 상속세**가 발생할 것으로 예상됩니다.

		동거주택상속공제	배우자상속공제	공동 상속
현시점 아버지 상속세	상속재산	20억 원	20억 원	20억 원
	상속공제	16억 원	17억 원	20억 원
	과세표준	4억 원	3억 원	0억 원
	상속세	7천만 원	5천만 원	0억 원
먼훗날 어머니 상속세	상속재산		20억 원	12억 원
	상속공제		5억 원	5억 원
	과세표준		15억 원	7억 원
	상속세	×	4억 4천만 원	1억 5천만 원
합계		7천만 원	4억 9천만 원	1억 5천만 원

　여기에 부동산 자산 가치 상승, 즉 **인플레이션 효과**까지 고려한다면 미래의 상속세 부담은 지금보다 더 커질 가능성이 높습니다.

　이 사례만 놓고 본다면, **당장의 상속세만 보면 배우자 상속공제가 가장 유리해 보이지만**, 미래의 상속세까지 함께 고려할 경우에는 **동거주택 상속공제를 선택하는 편이 장기적으로 훨씬 유리한 선택**이 될 수 있습니다.

상속세는 '이번에 얼마나 줄였는가'가 아니라
'끝까지 얼마나 부담하게 되는가'까지 고민해야 합니다

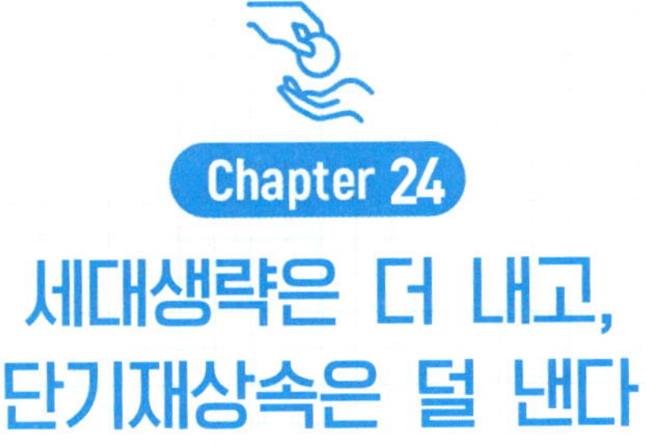

세대생략은 더 내고,
단기재상속은 덜 낸다

같은 재산이라도 **누구에게 먼저 이전되느냐**, 그리고 **그 다음 상속이
얼마나 빠르게 이루어지느냐**에 따라 세금은 달라집니다.

어떤 경우에는 손자에게 바로 재산을 넘겼다는 이유만으로 세금이
30% 더 늘어나기도 하고, 또 어떤 경우에는 불과 몇 년 사이에 상속이
반복되었다는 이유로 이미 계산된 상속세를 다시 깎아주기도 합니다.

이 두 제도는 사실 같은 질문에서 출발합니다.
"같은 재산에 대해, 세금은 몇 번 부과되는 것이 공정한가?"
세법은 원칙적으로 부모에게서 자녀로, 다시 손자로 이어지는 정상적인
세대 이전 과정에서는 각 단계마다 세금을 부담하는 것이 형평에 맞는다고
봅니다. 그래서 이 과정을 건너뛰어 손자에게 곧바로 재산을 이전하는
경우에는 '세대생략'이라는 이름으로 할증과세를 적용합니다.

반대로, 상속이 이루어진 지 얼마 지나지 않아 다시 상속이 발생해
같은 재산에 대해 짧은 기간 안에 상속세가 두 번 과세되는 상황이라면,

그 부담은 지나치다고 보아 일정 부분 세액을 공제해 줍니다. 이것이 단기재상속에 대한 세액공제 제도입니다.

결국 이 두 제도는 절세를 허용하거나 막기 위한 장치라기보다, **세대의 순서와 시간의 간격이 달라질 때 과도한 유불리가 생기지 않도록 균형을 맞추려는 장치**라고 볼 수 있습니다.

이 장에서는 세대를 건너뛴 이전, 그리고 너무 빠른 재상속이 발생하는 경우를 사례를 통해 살펴보겠습니다.

세대생략에 대한 할증과세 

피상속인의 상속재산은 일반적으로 배우자나 자녀와 같은 상속인이 상속받고, 그 상속인이 다시 사망하면 그의 자녀, 즉 손자녀에게 이전되는 것이 일반적인 상속의 흐름입니다. 이 과정에서 상속이나 증여가 두 차례 이루어진다면, 그에 따른 세금 역시 각각 부담하는 것이 원칙입니다.

그런데 이러한 과정을 거치지 않고 손자녀에게 곧바로 재산을 유증하거나 증여함으로써 두 번 부담할 세금을 한 번으로 줄이려는 경우도 적지 않습니다. 세법은 이러한 세대생략 이전에 대해 일반적인 증여세·상속세 계산 결과에 일정 비율을 가산하여 과세하도록 하고 있습니다.

조부가 손자에게 증여를 하는 것과 같이 세대를 건너뛴 증여와 상속에 대해서는 일반적으로 계산한 증여세·상속세에 **30%를 할증**하여 과세하고, 만약 **미성년자에게 20억 원을 초과하는 재산**을 증여·상속하는 경우에는 **40%를 할증 과세합니다.** 이를 **세대생략에 대한 할증과세**라 합니다.

상속세 및 증여세법에서는 할증과세규정[107]을 두어 일반적으로 두 번의 세금을 내는 경우와 세대를 건너뛴 부의 이전에 대한 과세의 형평을 맞추고 있습니다.

할증과세가 적용되는 요건

① 자녀가 아닌 직계비속이 재산을 받는 경우에만 적용됩니다.

할증과세 대상은 "자녀가 아닌 직계비속"으로, 친손자 · 손녀와 외손자 · 손녀가 이에 해당합니다. 반면, 수증자가 증여자의 직계비속이 아닌 손자녀, 즉 조카 손자녀에 해당하는 경우에는 직접 증여하더라도 할증과세는 적용되지 않고 기본세율이 적용됩니다.

② 대습상속인은 대상이 아닙니다.

할증과세는 세대를 생략하여 증여하거나 상속되는 것에 대해 세금을 추가 부담하게 하는 것으로, 증여일 또는 상속일 현재 아버지가 조부보다 먼저 사망하여 대습상속인에 해당하는 손자라면 세대를 생략하여 증여나 상속받는 것이 아니므로 세금이 할증과세 되지 않습니다.

---

107) 상속세 및 증여세법 제27조【세대를 건너뛴 상속에 대한 할증과세】
　　상속세 및 증여세법 제57조【직계비속에 대한 증여의 할증과세】

할증과세 되어도 손자녀에게 증여 또는 상속하는 이유

증여세와 상속세가 이렇게 30%, 40%씩이나 할증과세 됨에도 불구하고 조부가 자녀에게 증여하지 않고 손자녀에게 직접 재산을 이전하는 선택을 하는 경우가 있습니다. 이러한 선택이 어떤 경우에 합리적이 되는지는 다음에서 살펴보겠습니다.

① 먼저 손자녀에게 직접 주고 싶은 경우입니다

손자녀는 조부가 사망하더라도 법률상 조부의 상속권자가 아닙니다. 따라서 조부 사망 이후 손자녀에게 재산을 이전하려면, 상속인인 자녀가 먼저 상속을 받은 뒤 다시 손자녀에게 증여를 하거나, 상속인 전원이 협의하여 상속지분의 일부를 포기하는 절차를 거쳐야 합니다. 또는 생전에 유언장을 작성해 유증의 방식으로 이전해야 합니다.

이처럼 절차가 번거롭기 때문에, 선산과 같이 처분할 계획이 없는 토지나 가문 대대로 물려줄 가보 등은 자녀를 거치지 않고 손자녀에게 미리 증여하거나 유증해 두는 경우도 적지 않습니다.

자녀에게 증여하더라도 결국 그 자녀가 다시 손자녀에게 증여해야 한다면, 증여세나 상속세를 두 번 부담하는 것보다 30%를 할증하더라도 한 번만 과세하는 편이 전체 세 부담 측면에서 더 유리해질 수 있습니다.

② 자녀에게 이미 많은 증여를 한 경우입니다

증여세를 계산할 때에는 동일인이 10년간 증여한 재산가액을 합산한 금액에 증여세율 10~50%의 누진세율을 적용합니다. 즉, 증여는 한 번의 거래로 끝나는 것이 아니라 10년 동안 누적 관리되는 구조입니다.

이미 자녀에게 10억 원을 증여했다면 이후 10년간 추가로 증여하는 재산에는 40%의 세율이 적용되고, 30억 원 이상을 증여한 경우에는 추가 증여분마다 50%의 세율이 적용됩니다.

반면, 어린 손자녀에게 처음 증여하는 경우에는 미성년자 증여재산공제 2천만 원을 적용받을 수 있고, 그 초과분에 대해서도 10%의 낮은 세율부터 적용됩니다. 여기에 세대생략에 대한 할증과세 30%를 더하더라도 실효세율은 13% 수준에 그치게 됩니다.

이 경우에는 자녀에게 추가 증여하는 것보다 손자녀에게 직접 증여하는 편이 현저히 유리해질 수 있어 세대생략 할증과세를 감수할 실익이 생깁니다.

③ 증여자의 나이가 많은 경우입니다

상속 시점이 가까운 경우에는 자녀에게 증여하기보다 상속인이 아닌 자, 즉 손자녀에게 증여하는 것이 유리해질 수 있습니다.

상속세는 상속개시 시점에 남아 있는 상속재산에 사전증여재산을 합산하여 계산하는데, 이때 모든 사전증여재산을 합산하는 것은 아닙니다. 상속인에게 증여한 재산은 사망일 이전 10년 이내의 것만 합산하고, 상속인이 아닌 자에게 증여한 재산은 사망일 이전 5년 이내의 재산만 합산합니다.

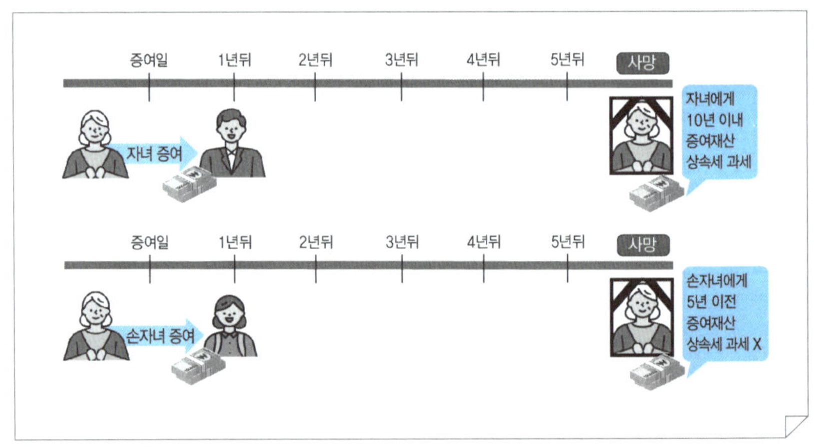

손자녀는 피상속인의 직계비속이지만, 피상속인에게 자녀가 있는 경우에는 상속인에 해당하지 않습니다. 따라서 손자녀에게 증여한 재산은 증여 시점으로부터 5년이 경과하면 상속세 과세 대상에서 제외됩니다.

증여자가 거액의 재산을 손자녀에게 증여하고, 증여시점으로부터 5년만 더 살 수 있다면, 상속인들은 상속세를 절세하는 데 성공하게 됩니다.

단기재상속에 대한 세액공제

세대생략 증여나 상속에 할증과세 하는 것과는 반대상황으로, 짧은 기간 안에 같은 상속재산에 대해 상속세가 두 번 과세되는 경우도 발생할 수 있습니다.

피상속인이 사망하여 상속이 이루어진 후 얼마 지나지 않아 상속인이 다시 사망하게 되면, 동일한 재산에 대해 상속세가 연속으로 부과되어 상속인들이 과도한 세 부담을 지게 되는 문제가 생깁니다.

이를 이해하기 위해 다음과 같은 사례를 살펴보겠습니다.

어느 3대 독자 집안의 가족이 큰 교통사고를 당했다고 가정해 보겠습니다. 사고로 할아버지와 아버지는 사망하고, 집안의 다섯 살 아이만 살아남았습니다 (동시사망이 추정되는 경우는 제외합니다).

아버지가 먼저 사망하고 난 다음 할아버지가 사망한 경우 아이는 대습상속인에 해당하므로 할아버지의 재산을 상속받더라도 할증과세를 적용하지 않습니다. 이 경우 아이는 할아버지의 재산을 상속받으면서 상속세를 **한 번만** 부담합니다.

반대로 할아버지가 먼저 사망한 다음 아버지가 사망한 경우 상속세가 **두차례** 과세됩니다. 할아버지의 재산을 아버지가 상속받을 때 한 번, 그 재산을 다시 아이가 상속받을 때 다시 한 번, 총 두 번의 상속세가 부과되는 것입니다.

짧은 찰나에 누가 먼저 사망했는지에 따라 세 부담이 크게 달라지는 결과는 불합리해 보입니다. 이에 세법은 대습상속에 대한 과세와 균형을 고려하여, **단기재상속의 경우 일정 부분 상속세를 공제**하는 제도를 두고 있습니다.

만약 상속으로 받은 재산이 **1년 이내**에 상속인의 사망으로 재상속 된다면 상속세를 계산할 때 상속세 전액(100%)을 공제하며, 이후에는 1년이 경과할 때마다 공제율이 10%씩 감소합니다. 따라서 상속이 이루어진 지 **10년이 경과한 경우**에는 단기재상속에 대한 세액공제가 적용되지 않습니다.

단기재상속 공제액=Min[① × ②, ③]

① 전의 상속세산출내역 × $\dfrac{\text{재상속분의 재산가액} \times \dfrac{\text{전의 상속세 과세가액}}{\text{전의 상속재산가액}}}{\text{전의 상속세 과세가액}}$

② 공제율

재산상속기간	공제율	재산상속기간	공제율
1년 이내	100%	6년 이내	50%
2년 이내	90%	7년 이내	40%
3년 이내	80%	8년 이내	30%
4년 이내	70%	9년 이내	20%
5년 이내	60%	10년 이내	10%

③ 공제한도=산출내역−증여세액(상속재산에 가산한 증여재산)−외국납부세액

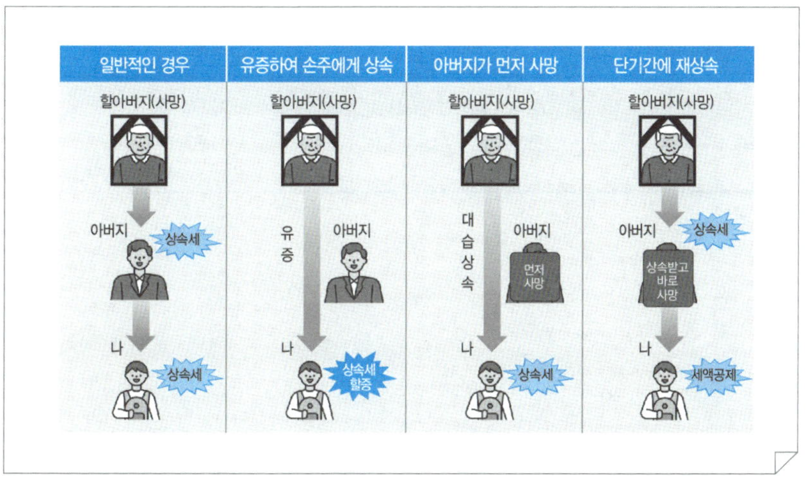

2020년 이후 개시된 상속부터는 사전증여재산도 단기재상속에 대한 세액 공제가 가능하도록 법령이 개정되었습니다.[108] 종전에는 예규와 심판례[109]를 통해 사전증여재산에도 단기재상속 세액공제를 적용할 수 있다는 해석이 인정되어 왔으나, 이러한 해석을 법문에 명시한 것입니다.

이에 따라 사전에 증여받은 재산이 상속세 과세가액에 합산된 후 다시 단기간 내 재상속되는 경우에도, 동일 재산에 대한 중복 과세 부담을 일정 부분 조정받을 수 있게 되었습니다.

---

108) **상속세 및 증여세법 제30조 【단기 재상속에 대한 세액공제】**
109) **조심 2016서1095, 2016.6.21.**
   단기 재상속에 대한 세액공제제도의 취지는 단기간 내에 동일한 재산에 대하여 상속세가 중복과세됨에 따른 세부담을 완화하기 위한 것인 점, 사전증여재산의 경우 수증자가 증여세를 부담한 후 1차 상속시 상속세 과세표준을 구성하고 당해 재산이 다시 상속되는 경우 2차로 상속세를 부담하게 되어 단기간 내에 동일한 재산에 대하여 중복과세되는 결과를 초래하는 점, 사전증여재산도 단기 재상속에 대한 세액공제를 적용함이 입법취지에 부합됨.

Chapter 25

상속세의 유효기간
- 끝난 줄 알았던 상속세

■ 안드레씨의 창고 속 예술품

오랫동안 갤러리를 운영해 온 안드레씨의 부모님은 생전 재능 있는 예술가들에 대한 후원을 지속해 왔습니다. 유명 작가의 작품은 현금으로 웃돈을 지급해 취득하기도 했고, 출처가 명확하지 않은 골동품도 다수 보유하고 있었습니다. 예술적 안목이 뛰어났던 부모님은 아직 시장에서 평가받지 못한 신진 작가들의 작품을 상당량 소장하고 있었으며, 이러한 예술품들은 상가 지하의 창고에 보관되어 있었습니다.

부모님 사망 후 상속세를 신고하는 과정에서, 안드레씨는 창고에 보관된 예술품들에 대해서는 신고하지 않았습니다. 대부분의 작품이 현금 거래로 취득되었고, 장부나 거래 기록이 남아 있지 않아 상속인이 자발적으로 신고하지 않는 한 과세당국이 이를 인지하기 어렵다고 판단했기 때문입니다.

이후 약 5년이 지나 사업 여건이 악화되자, 안드레씨는 해당 예술품을 처분하여 자금을 확보할 필요성을 느끼게 됩니다. 이미 상속세가 결정·확정된 상태였으므로, 추가적인 세금 문제는 발생하지 않을 것이라고 생각했습니다. 이제 이 예술품들을 시장에 내놓아 현금화해도 되는 시점이라고 판단한 것입니다.

상속세는 한 번 결정되었다고 해서 그 효력이 최종적으로 확정되는 세금은 아닙니다.

상속세가 결정되었다고 하더라도 그 이후에 발견된 상속재산이 있다면 국세청이 직접 조사하여 상속세를 결정·경정할 수 있습니다. 과세당국은 상속재산 30억 원 이상의 고액인 경우, 상속세 결정 이후에도 상속인들의 재산증가 여부를 계속 모니터링하여 상속세 신고 시 상속재산을 누락하지 않았는지 지속적으로 관리하기 때문입니다.

상속세도 유효기간이 있다 

상속세 및 증여세에 대하여 과세당국이 국세를 부과할 수 있는 기간이 정해져 있어 이 기간을 넘기면 과세를 하고 싶어도 할 수 없게 됩니다. 이를 가리켜 **국세의 부과제척기간**이라 합니다.

국세기본법에서는 상속세 및 증여세의 부과제척기간에 대해 다음과 같이 규정하고 있습니다.

기본 원칙은 10년 

일반적인 경우 과세당국은 상속세 및 증여세에 대하여 신고기한의 다음 날부터 10년간 부과권을 가집니다. 다시 말해, 상속세 신고기한이 경과한 후 10년이 지나면 과세당국은 더 이상 해당 상속세를 부과할 수 없다는 의미입니다.

그렇다면 신고를 하지 않고 조용히 10년만 버티면 탈세에 성공할 수 있을까요?

신고하지 않았거나 숨겼다면 15년 

상속세를 신고하지 않았거나 부정적인 방법으로 상속세 및 증여세를 포탈한 경우 과세당국은 신고기한 다음날부터 15년간 세금을 부과할 수 있습니다.

이 경우 단순히 세금만 납부하는 것으로 끝나지 않습니다. 무신고한 경우에는 신고불성실가산세가 추징세액의 20%가 부과되며, 부정한 방법으로 포탈한 경우에는 가산세가 40%에 달합니다.

사실상 끝이 없는 경우도 있다

재산의 특성상 파악이 쉽지 않은 은닉재산[110]으로서 그 가액이 **50억 원을 초과하는 경우**, 과세당국은 해당 재산을 **알게 된 날부터 1년 이내**에 상속세를 부과할 수 있습니다. 과세당국이 추가적인 상속재산을 발견하는

---

110) **국세기본법 제26조의 2 제5항 【국세의 부과제척기간】**
　　1. 제3자의 명의로 되어있는 재산
　　2. 등기 등록이 이뤄지지 않은 재산
　　3. 국외에 있는 재산
　　4. 유가증권, 서화, 골동품
　　5. 차명계좌
　　6. 비거주자의 상속재산
　　7. 명의신탁증여의제에 해당하는 경우

경우에는 언제든 상속세를 부과할 수 있다는 의미이며, 이는 사실상 **제척기간이 없는 것과 같은 효과**를 가지게 됩니다.

이제 다시 안드레씨의 사례로 돌아가 보겠습니다.

안드레씨가 창고에 보관된 예술품을 판매하여 시장에 내놓으려면, 상속세 신고기한의 다음 날부터 최소한 10년이 경과할 때까지 기다려야 할 것입니다. 안드레씨는 상속세 신고를 마쳤으므로, 원칙적으로는 10년의 국세 부과제척기간이 적용되기 때문입니다.

다만 상속세 조사 과정에서 안드레씨가 갤러리 장부를 조작하거나 영수증을 폐기하는 등 부정한 방법으로 예술품을 적극적으로 은닉한 사실이 확인된다면, 부과제척기간은 10년이 아니라 15년으로 연장됩니다.

만약 예술품 등 은닉재산의 가치가 상속 시점에 50억 원을 초과한다면 어떨까요. 이 경우 안드레씨가 살아 있는 동안 이 예술품들이 창고를 벗어나기는 쉽지 않을 것입니다. 과세당국이 이를 발견하는 순간, 발견한 날부터 1년 이내에 언제든 상속세를 부과할 수 있기 때문입니다.

상속세 신고가 끝났다고 해서 세금 문제가 끝난 것은 아닙니다.
상속세에는 생각보다 긴 유효기간이 있습니다.

II부.
가치를 계산하고 평가하다

PART 05
재산의 평가

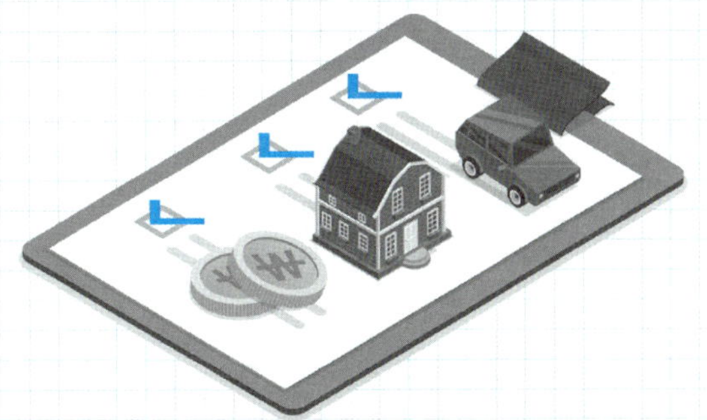

Chapter 26

부동산 - 세금은 어떤 가격을 기준으로 결정되는가

원칙 : 상속·증여재산은 '시가'로 평가한다 

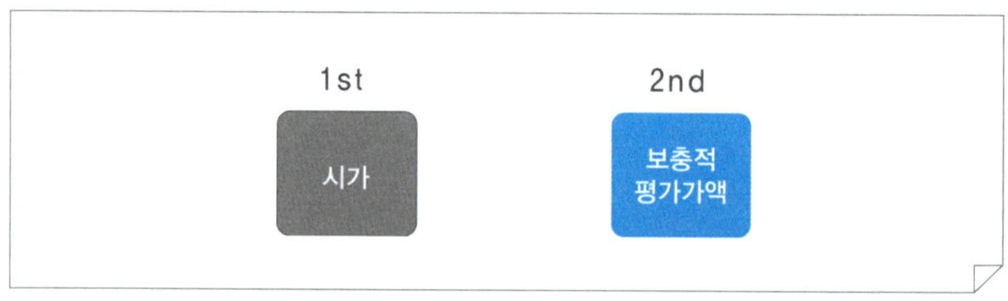

증여재산이나 상속재산은 **증여일 또는 상속개시일 현재의 시가**로 평가합니다.

일반 공산품은 소비자가격이 정해져 있어 시가를 파악하기 어렵지 않습니다. 그러나 부동산은 거래가 있어야 가격이 형성되는 재산입니다. 실제로 거래하지 않은 상태에서 그 가치를 산정하는 일은 결코 쉽지 않습니다.

따라서 세법은 먼저 **시가를 우선 적용**하고, 시가를 확인할 수 없는 경우에 한하여 보충적 평가방법을 적용하도록 구조를 설계하고 있습니다.

시가란 무엇인가 

상속세 및 증여세법은 시가를 다음과 같이 정의합니다.

"불특정 다수인 사이에 자유로이 거래가 이루어지는 경우 통상 성립된다고 인정되는 가액"

즉, 특수관계가 없는 자 사이의 정상적인 거래가액은 특별한 사정이 없는 한 시가로 인정됩니다.

또한 일정한 **평가기간 내의 매매·감정·수용·경매·공매가액**이 확인되는 경우에도 이를 시가로 봅니다.

▶ 시가가 둘 이상인 경우
- 평가기준일과 가장 가까운 날의 가액을 적용
- 동일하게 가까운 가액이 둘 이상이면 평균액 적용

시가의 평가기간 

시가 인정 여부는 '언제의 가격인가'가 중요합니다.
- 상속재산 : 평가기준일 전후 6개월
- 증여재산 : 평가기준일 전 6개월부터 후 3개월까지

▶ 판단 기준일

- 매매 : 매매계약일
- 감정 : 가격산정기준일과 감정평가서 작성일 모두 평가기간 내
- 경매·공매·수용 : 가액이 결정된 날

시가로 인정되는 구체적 가액 

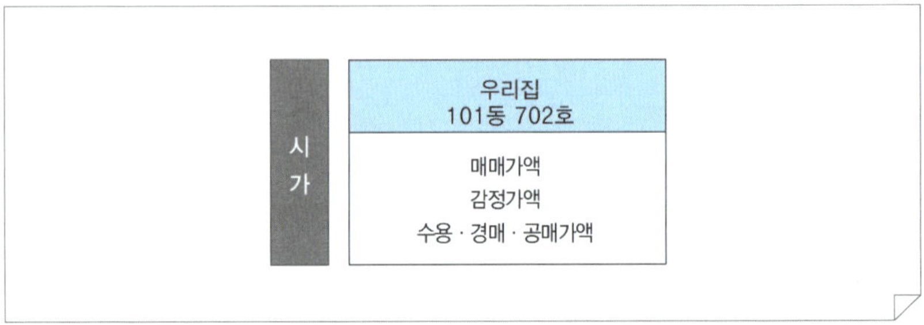

1 매매가액

평가기간 이내에 그 재산에 대한 매매사실이 있다면 그 가액이 시가입니다. 즉 상속인들이 상속개시일로부터 6개월 이내에 그 상속재산을 매매했다면 그 금액이 그 재산의 시가입니다. 평가기간에 매매계약만 이루어졌다고 해도 시가로 인정하며, 중도에 매매계약이 해지되었더라도 시가에 해당합니다.[111]

다만, 특수관계자와의 거래 등 그 거래가액이 객관적으로 부당하다고 인정되는 경우 그 거래가액은 시가에서 배제됩니다.

---

111) 대법원 2010두 27936, 2012.7.12.

2 감정가액

평가기간 내 공신력 있는 감정기관 2곳 이상이 평가한 경우, 그 평균액을 시가로 적용합니다.[112]

가격산정기준일과 감정평가서 작성일 모두 평가기간 내에 있어야 합니다. 신고한 감정가액이 부당하다고 판단되면 세무서장은 재감정을 의뢰할 수 있습니다.

3 수용 · 경매 · 공매가액

평가기간 중 해당 재산이 수용 · 경매 · 공매된 경우 그 결정가액을 시가로 봅니다.

다만,
- 물납재산을 특수관계인이 취득한 경우
- 낙찰 후 계약불이행으로 무효가 된 경우

등은 시가로 인정되지 않습니다.

4 유사매매사례가액

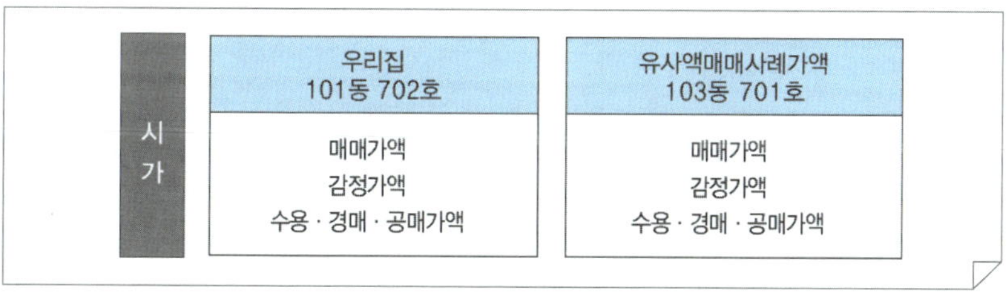

---

112) 기준시가 10억 원 이하인 부동산의 경우에는 하나의 감정기관의 감정가액도 가능합니다.

평가대상 부동산과 면적·위치·용도·기준시가 등이 동일하거나 유사한 재산의 거래가 있다면 그 가액을 시가로 적용할 수 있습니다.

아파트의 경우,
- 동일 단지
- 전용면적 5% 이내
- 공동주택가격 5% 이내
이면 유사하다고 봅니다.

거래가 여러 건일 경우에는 **평가기준일과 가장 가까운 날의 거래가액**을 적용합니다. 또한 현재는 **신고일 이후의 유사매매사례가액은 적용하지 않습니다.** 이는 납세자의 예측가능성을 보호하기 위한 개정사항입니다.

가액이 급등하는 지역의 아파트를 증여한 경우 높은 신고가가 나오기 전에 서둘러 증여세신고를 완료하는 것이 절세방법이 될 수 있습니다.

5 평가기간 외의 시가인정

시가	우리집 101동 702호	유사액매매사례가액 103동 701호	평가기간 외 평가심의위원회
	매매가액 감정가액 수용·경매·공매가액	매매가액 감정가액 수용·경매·공매가액	매매가액 감정가액 수용·경매·공매가액

일정 요건을 충족하면 평가기간을 벗어난 매매·감정가액도 평가심의위원회 심의를 거쳐 시가로 인정받을 수 있습니다.

- 증여 : 증여일 전 2년 이내 ~ 신고기한 경과 후 6개월
- 상속 : 사망일 전 2년 이내 ~ 신고기한 경과 후 9개월

가격변동의 특별한 사정이 없다는 점이 전제됩니다.

시가가 없다면? 보충적 평가방법

위와 같은 방법으로 시가를 산정하기 어려운 경우에는 상속세 및 증여세법 제61조~제65조에 따른 보충적 평가방법을 적용합니다.

이때 보충적 평가방법은 재산의 종류에 따라 각각 다르게 계산됩니다.

보충적 평가가액

토지	「부동산 가격공시에 관한 법률」에 의한 개별공시지가로 평가
주택	「부동산 가격공시에 관한 법률」에 의한 개별주택가격 및 공동주택가격으로 평가
일반건물	신축가격기준액 · 구조 · 용도 · 위치 · 신축연도 · 개별건물의 특성 등을 참작하여 매년1회 이상 국세청장이 산정 · 고시*하는 가액 * 국세청 건물 기준시가 계산방법 고시
오피스텔 및 상업용 건물	국세청장이 지정하는 지역에 소재하면서 국세청장이 토지와 건물에 대하여 일괄하여 산정 · 고시*한 가액이 있는 경우 그 고시한 가액으로 평가 * 오피스텔 및 상업용 건물에 대한 기준시가 고시
	국세청장이 일괄하여 산정고시한 가액이 없는 경우에는 토지와 건물을 별도로 평가한 가액으로 평가
임대료 환산 평가특례	임대차 계약이 체결된 재산의 평가액 =Max(보충적 평가가액, 임대보증금 환산가액)
저당권 평가특례	저당권이 설정된 재산의 평가액 = Max(시가 또는 보충적평가가액, 담보채권액)

① 토지

해당 토지의 시가(매매, 감정 등의 가액)가 없는 경우 토지의 **평가기준일 현재 공시된 개별공시지가**로 평가합니다.

개별공시지가는 국토교통부 장관이 매년 1월 1일 기준으로 토지 가치를 평가하여 매년 5월 말경에 공시합니다. 보충적 평가액은 "평가기준일 현재 공시된 가액"을 적용하므로, 5월 말 공시 시점을 전후하여 세액이 달라질 수 있습니다.

평가는 보통 다음과 같이 계산됩니다.
- 개별공시지가 × 토지면적

공시지가 상승이 예상되는 경우, 해당 연도의 공시 전에 증여를 진행하면 상대적으로 낮은 가액으로 평가될 수 있습니다.

② 주택

개별주택(단독 · 다가구주택)	공동주택(아파트 · 연립주택)
• 국토교통부 장관의 표준주택가격 • 시 · 군 · 구청장의 개별주택가격	국토교통부 장관 고시가격

주택은 유형에 따라 적용 기준이 다릅니다.

▶ 개별주택(단독 · 다가구주택)
- 표준주택가격 : 국토교통부 장관 고시
- 개별주택가격 : 시 · 군 · 구청장이 산정

매년 1월 1일 기준으로 평가하며, 4월 말경 공시됩니다.

개별주택가격은 **주택과 일정 범위 내 부수토지를 일괄 공시합니다.** 다만, 일정 면적을 초과하는 토지는 가격에 포함되지 않을 수 있으므로 누락된 토지가 있다면 별도로 가액을 더해야 합니다.

▶ 공동주택(아파트 · 연립주택)

시가가 없는 경우에는 국토교통부 장관이 공시한 공동주택가격으로 평가합니다. 매년 1월 1일 기준 평가하여 4월 말경 공시됩니다.

③ 일반 건물

해당 건물의 시가가 없는 경우 **건물 기준시가**에 따라 평가합니다. 기준시가는 건물의 신축가격 · 구조 · 용도 · 위치 · 신축연도 등을 참작하여 매년 1회 이상 국세청장이 산정 고시하는 가액을 적용하여 계산합니다.[113]

④ 오피스텔 및 상업용 건물

평가방식은 지정지역 여부에 따라 달라집니다.

지정지역 내	지정지역 외
국세청장 일괄 고시가액	① 토지: 개별공시지가 ② 건물: 일반건물 평가액

---

113) 기준시가=㎡당 금액×평가대상건물의 면적(㎡)
　　㎡당 금액=건물신축가격기준액×구조지수×용도지수×위치지수×경과연수별잔가율
　　　　×개별건물의 특성에 따른 조정률

▶ 지정지역 내

지정지역 내(현재 수도권, 5대광역시, 세종특별자치시)에 소재하는 오피스텔 및 3,000㎡ 또는 100호 이상의 상업용 건물의 기준시가는 국세청장이 매년 1회 이상 토지와 건물에 대해 일괄하여 산정 고시한 가액으로 평가합니다.

▶ 지정지역 외

- 토지 : 개별공시지가
- 건물 : 일반건물 기준시가

각각 계산한 후 합산합니다.

반드시 조심해야 할 평가특례 

보충적 평가방법을 적용하더라도, 다음과 같은 경우에는 별도의 특례 규정이 적용됩니다.

이 부분은 실무상 분쟁과 추징이 가장 많이 발생하는 영역입니다.

① 임대차계약이 체결된 재산

상가·오피스텔·임대주택처럼 임대보증금이나 월세가 존재하는 경우에는 보충적 평가액과 **임대료 환산가액 중 큰 금액**으로 평가합니다.

이는 실제 임대수익이 부동산 가치를 더 정확히 반영할 수 있다는 취지입니다. 임대수익이 높을수록 평가금액이 상승할 수 있습니다.

환산가액은 1년간의 임대료를 일정율(현재 12%)로 나눈 금액과 임대
보증금의 합계금액으로 계산합니다.

> 평가액=Max[①, ②]
> ① 각 재산에 대한 보충적 평가방법에 따른 평가액
> ② 임대료 등의 환산가액=임대보증금+(1년간 임대료÷12%)
>   * 2009.4.22. 이전·상속 증여분은 18%

② 저당권 등이 설정된 재산

보충적 평가방법에 따른 가액이 실제 시가보다 낮은 경우가 많기 때문에,
세법은 저당권이 설정된 재산에 대해 별도의 평가특례를 두고 있습니다.

보충적 평가가액과 **담보채권액 중 큰 금액**을 평가가액으로 봅니다. 보충적
평가가액이 담보채권액보다 낮게 산정되는 경우, 그 낮은 금액을 그대로
인정하지 않겠다는 취지입니다.

> 저당권이 설정된 재산의 평가액 Max[①, ②]
> ① 시가 또는 보충적 평가액
> ② 그 재산이 담보하는 채권액

여기서 채권액은 **채권최고액이 아니라 평가기준일 현재의 채무잔액**을
의미합니다.

임대수익과 담보채권은
재산의 평가금액을 다시 끌어올릴 수 있습니다.

■ 꼬마빌딩 증여, 왜 세금이 늘어났을까

주현씨는 월세가 나오는 50억 원 상당의 꼬마빌딩을 보유하고 있습니다.

30년 전에 5억 원도 채 되지 않는 금액에 취득한 건물이라, 지금 양도하면 양도소득세 부담이 상당합니다.

마침 인근에 지하철역이 신설된다는 개발 호재도 있어 가격 상승 기대도 큽니다.

그렇다면 가족에게 증여하는 것이 나을까요?

몇 년 전에도 증여를 고민했지만, 당시 기준시가로 계산한 증여세가 25억 원 정도라 실행하지 못했습니다.

그런데 올해 다시 상담을 받아보니 감정평가 기준으로 45억 원 수준의 과세가 예상된다고 합니다.

왜 증여세가 이렇게 갑자기 늘어난 걸까요?

1 기준시가로 신고하면 끝나는 시대는 지났다

과거에는 시가를 확인하기 어려운 상가나 토지의 경우, 기준시가로 신고하는 것이 일반적이었습니다. 그리고 기준시가는 실제 시가보다 낮은 경우가 많았기 때문에 상대적으로 증여세 부담도 낮았습니다. 그래서 아파트나 현금 대신 상가나 토지를 증여하는 것이 절세 전략 중 하나로 활용되기도 했습니다.

그러나 2019년 세법 개정 이후 상황이 달라졌습니다. 2020년부터 국세청은 비거주용 부동산(상가 · 꼬마빌딩)과 나대지에 대해 감정평가를 적극 활용하겠다는 방침을 밝혔습니다.

즉, 납세자가 기준시가로 신고하더라도, 과세관청은 법정 결정기간 내 감정평가를 통해 재산가액을 다시 산정하고 추가 과세할 수 있게 되었습니다.

② 시가가 원칙이라는 점은 변하지 않았다

상속 · 증여재산은 원칙적으로 평가기준일 현재의 시가로 평가합니다.

- 증여 : 증여일 전 6개월 ~ 후 3개월
- 상속 : 사망일 전후 6개월

아파트는 유사매매사례가액을 찾기 쉽지만, 꼬마빌딩은 거래가 빈번하지 않아 시가 확인이 어렵습니다. 이 경우 기준시가로 신고하는 것이 일반적이었으나, 이제는 과세관청이 별도로 감정평가를 실시할 수 있습니다.

③ 왜 주현씨의 세액이 크게 늘었을까?

기준시가 기준 증여세 : 약 25억 원
감정평가 기준 증여세 : 약 45억 원

즉, 세율을 적용하는 과세표준 자체가 크게 상승한 것입니다.
이는 세율이 바뀐 것이 아니라 **평가방식이 달라졌기 때문**입니다.

4 **그렇다면 무조건 감정을 받아야 할까?**

모든 꼬마빌딩이 감정평가 대상이 되는 것은 아닙니다.

현재는
- 기준시가와 시가의 차이가 큰 경우
- 고가 부동산
- 과세형평 문제가 제기될 가능성이 있는 경우
를 중심으로 감정평가가 활용되고 있습니다.

따라서 일률적으로 "반드시 감정해야 한다"고 말하기는 어렵습니다.

다만, 기준시가와 시가의 차이가 크다고 판단된다면 신고 전에 감정평가를 받아 그 가액으로 신고하는 전략을 고려해볼 수 있습니다. 과세관청이 사후에 선정하는 감정가액과 납세자가 사전에 의뢰하는 감정가액은 평가과정에서 차이가 발생할 수 있기 때문입니다.

5 **가산세는 어떻게 될까?**

다행인 점은, 기준시가로 적법하게 신고한 후 사후 감정평가로 과세표준이 상승하더라도, 원칙적으로 평가차이에 대해서는 신고불성실가산세가 적용되지 않는다는 것입니다. 다만, 납부지연가산세의 적용 여부는 구체적 사안에 따라 달라질 수 있습니다. 또한 허위자료 제출이나 고의적인 시가 왜곡이 있는 경우에는 별도의 가산세가 문제될 수 있습니다.

그러나 사후 감정평가 대상으로 선정되는 상황 자체가 그 자체로 세무상 리스크에 해당한다는 점은 유의해야 합니다.

6 결국 주현씨는 어떻게 해야 할까

양도소득세 부담이 크다고 해서 증여가 항상 유리한 것은 아닙니다.

증여는
- 평가금액
- 향후 가치 상승 가능성
- 향후 상속까지의 연결
- 가족 전체의 세부담 구조

를 함께 검토해야 하는 종합 의사결정입니다.

주현씨는 상담을 마치고 한동안 말이 없었습니다. 가족에게 하기로 한 증여는 또다시 고민해야 할 것 같습니다.

작년의 세금과 올해의 세금은 갑자기 달라질 수 있습니다.

세법은 매년 개정됩니다.

■ 임대수입의 신고누락, 상속에서 드러나다

민수씨는 생전에 상가건물을 몇 칸 보유하고 있었습니다.

임대는 꾸준히 했지만, 임대소득 신고는 거의 하지 않았습니다.

세입자들이 영세하니 세무서가 알기 어렵다고 판단했고, 몇 년 동안 별다른 문제도 없었습니다. 오히려 성실하게 세금을 내는 사람들이 손해 보는 것처럼 느껴지기도 했습니다.

그러던 중 민수씨가 사망했고, 상속인인 자녀가 상속세 신고를 준비하면서 문제가 드러났습니다.

세입자들은 수년간 월세를 계좌로 지급해 왔고, 신고는 일부러 누락되어 있었던 것입니다.

그렇다면 상속세 신고 과정에서 어떤 문제가 발생할까요?

1 **보증금 채무를 제대로 인정받지 못할 수 있습니다**

상속인은 상가를 상속받는 동시에 임차인에게 반환해야 할 보증금 채무도 함께 상속받습니다. 따라서 보증금은 상속재산가액에서 차감하는 것이 원칙입니다.

그러나 생전에 보증금을 축소 신고하거나 신고하지 않았다면 세무서상 자료에는 보증금이 적거나 없는 것으로 나타날 수 있습니다.

이 경우 실제 보증금을 입증하지 못하면 상속세 계산 시 인정되는 채무액이 줄어들고, 그만큼 과세가액은 커지게 됩니다.

즉, 생전에 세금을 줄이기 위해 보증금을 축소 신고했다면 상속 단계에서 그 부담이 오히려 커질 수 있습니다. 상속세 조사는 단순히 상속재산만 확인하는 절차가 아닙니다. 피상속인과 상속인의 과거 소득과 자금 흐름까지 함께 들여다보게 됩니다.

2 **생전의 탈루세금은 상속인에게 승계됩니다**

상속세 조사 과정에서는 피상속인의 사업 내역과 계좌 흐름 확인이 기본적으로 이루어집니다.

- 상가가 공실이 아니었는데 월세 신고가 없다면
- 시세 대비 지나치게 낮은 임대료라면
- 계좌에 매월 일정 금액이 입금되었다면
과세당국이 이를 간과하기는 어렵습니다.

결국 누락된 임대수입에 대해

- 부가가치세
- 종합소득세
- 지방소득세

가 본세와 가산세를 포함하여 재계산됩니다.

그리고 이 조세채무는 **상속인에게 그대로 승계됩니다.**

즉, 민수씨가 아꼈던 세금은 상속인들이 가산세까지 포함해 부담하게
됩니다.

③ 상속재산 평가금액까지 상승할 수 있습니다

문제는 여기서 끝나지 않습니다.

임대소득이 확인되면 상가의 평가가액도 달라질 수 있습니다.

시가가 명확하지 않은 부동산은 보충적 평가방법으로 평가합니다.
그러나 임대차계약이 존재하는 경우에는 다음과 같은 특례가 적용되어
이미 신고한 가액보다 높게 평가될 수 있습니다.

평가액=Max[①, ②]
  ① 각 재산에 대한 보충적 평가방법에 따른 평가액
  ② 임대료 등의 환산가액=임대보증금+(1년간 임대료÷12%)
    * 2009.4.22. 이전 · 상속 증여분은 18%

결국 어떤 일이 벌어질까

민수씨가 생전에 내지 않았던 세금은 상속세 조사 과정에서 드러날 가능성이 높습니다. 실무에서는 상속세 조사 중 피상속인의 사업 매출 누락으로 조사가 확대되는 사례가 드물지 않습니다. 그 결과,

- 생전의 탈루세금 추징
- 가산세 부담
- 상속재산 평가 상승
- 추가 상속세 과세

가 한 번에 발생할 수 있습니다.

한마디 요약

생전에 누락한 임대수입은
상속 단계에서 더 큰 세금으로 돌아올 수 있습니다.

주식과 가상자산
-가치는 어떻게 계산되는가

많은 납세자들이 이렇게 생각합니다.

"증여받은 주식을 바로 팔면, 받은 금액이 취득가액이 되니 양도세가 없지 않을까?"

일반적인 자산이라면 맞는 이야기일 수 있습니다.

그러나 주식과 가상자산은 다릅니다.

상속세와 증여세 영역에서 이들 자산은 **거래가격이 아니라 세법이 정한 계산방식에 의해 가액이 결정되기 때문입니다**

상장주식평가 : 4개월이 세금을 결정한다 

상장주식(코스피, 코스닥)은 증여일 또는 상속개시일 현재의 시가를

- 평가기준일 이전 이후 각 2개월, 총 4개월간의 최종시세가액의 단순평균액[114]으로 평가합니다.

왜 이렇게 복잡할까요?

주가는 하루에도 크게 변동합니다. 특정일의 종가를 시가로 인정하면 우연한 급등락이 세액을 좌우하게 됩니다. 이를 방지하기 위해 세법은 일정 기간 평균가격을 시가로 정합니다.

- 증여일의 종가 ≠ 증여재산가액
- 실제 매매가격 ≠ 세법상 시가

따라서 증여일에는 정확한 증여재산가액을 알 수 없고, 2개월이 지나야 비로소 평가액이 확정됩니다.

---

114) **대법원 2012두25699 2013.3.28.**
주식에 관하여 원칙적으로 평가기준일 전후 일정 기간의 평균액만을 시가로 보도록 규정한 취지는 주식 가격의 단기 급등락에 따른 평가의 왜곡을 막고 일정 기간 동안 안정적으로 형성된 주식의 가치를 파악함으로써 시가주의의 원칙에 충실하고자 함.

즉, 세금은 '증여일'이 아니라 그 이후의 2개월이 결정합니다.

평균가 방식이 만드는 현실

만약 증여 이후 주가가 급등한다면, 실제 증여 당시 체감 가격보다 더 높은 가액으로 평가되어 증여세 부담이 증가할 수 있습니다. 반대로, 주가가 하락한다면 증여재산가액은 낮아집니다.

- 증여 후 주가 상승 → 증여세 증가
- 증여 후 주가 하락 → 증여세 감소

증여 이후의 시장 흐름이 세부담을 바꿉니다.

그래서 때로는 신고기한 내 증여 취소를 고민하게 됩니다. 다만 금전 증여는 취소해도 과세가 취소되지 않으므로 현금 증여 후 주식 매입 방식은 특히 주의해야 합니다.

한마디 요약

상장주식은 '그날의 가격'이 아니라
4개월 평균가가 세금을 결정합니다.

(1) 시가가 있는 경우 : 시가

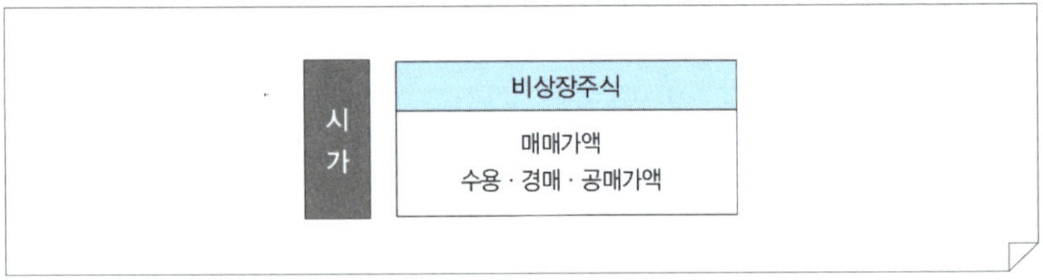

불특정다수인 사이의 객관적인 거래가 존재한다면 그 거래가액을 시가로 봅니다.

비상장주식도 부동산과 마찬가지로 평가기간[115]중에 불특정다수인 사이의 객관적 교환가치를 반영한 거래가액 또는 경매 · 공매가액이 확인되는 경우 이를 시가로 인정합니다. 다만, 감정가액은 원칙적으로 시가로 인정되지 않습니다.

---

115) 증여의 경우 증여일 전 6개월, 후 3개월 이내, 상속의 경우 상속개시일 전후 6개월 이내

(2) 시가가 없는 경우 : 보충적 평가

실무상 비상장주식은 특수관계인 간 거래가 대부분이므로 객관적인 시가를 찾기 어렵습니다. 이 경우 세법은 다음의 보충적 평가방법을 적용합니다.

보충적 평가가액

비상장 주식	일반법인	1주당 평가액 $= \dfrac{1주당\ 순손익가치 \times 3 + 1주당\ 순자산가치 \times 2}{5}$
	부동산 과다법인	1주당 평가액 $= \dfrac{1주당\ 순손익가치 \times 2 + 1주당\ 순자산가치 \times 3}{5}$

비상장주식은 평가기준일 현재 1주당 순손익가치와 순자산가치를 각각 3 : 2의 비율로 가중평균한 가액으로 평가합니다. 단, 부동산 과다보유법인의 경우에는 1주당 순손익가치와 순자산가치의 비율을 각각 2 : 3으로 계산합니다.

따라서 일반 법인이라면 주식을 평가할 때 손익가치가 더 반영되고 부동산 과다법인이라면 자산가치가 더 비중 있게 반영될 것입니다.

또한 평가액이 순자산가치의 80%보다 낮으면 최소한 순자산가치의 80%로 평가됩니다.

(3) 순자산가치만 적용되는 경우

비상장 주식	• 1주당 순자산가치= $\dfrac{\text{평가기준일 현재 당해 법인의 순자산가액}}{\text{평가기준일 현재 발행주식총수}}$
	• 순자산가액=자산총계−부채총계

다음과 같이 정상적인 영업활동이 이루어지지 않는 경우에는 수익가치 측정이 무의미하므로 순자산가치로만 평가합니다.

- 청산·휴폐업 법인
- 사업개시 전 또는 3년 미만 법인
- 부동산 또는 주식 비중이 자산의 80% 이상인 법인 등

이 경우에는 영업권도 별도로 평가하지 않습니다.

최대주주 할증 

주식 발행회사의 상장·비상장을 불문하고 최대주주 및 그와 특수관계에 있는 주주의 주식은 그 평가액에 20%를 가산합니다. 이는 경영권 프리미엄을 반영한 규정입니다.

다만, 일정 중소기업, 중견기업 및 평가기준일이 속하는 사업연도 전 3년 이내의 사업연도부터 계속하여 결손금이 있는 법인의 주식 등은 상속·증여받는 경우 최대주주라도 주식가액 평가 시 예외적으로 할증평가를 적용하지 않습니다.

순자산가치, 순손익가치의 평가방법

• 1주당 순자산가치= $\dfrac{\text{평가기준일 현재 당해 법인의 순자산가액}}{\text{평가기준일 현재 발행주식총수}}$

• 순자산가액=자산총계-부채총계+장부에 계상되지 않은 영업권 평가액

• 1주당 순손익가치= $\dfrac{\text{1주당 최근 3년간 순손익액의 가중평균액}}{\text{순손익가치환원율(10\%)}}$

• 1주당 최근 3년간 순손익액의 가중평균액= $\dfrac{A\times3+B\times2+C\times1}{6}$

A: 평가기준일 이전 1년이 되는 사업년도의 1주당 순손익액
B: 평가기준일 이전 2년이 되는 사업년도의 1주당 순손익액
C: 평가기준일 이전 3년이 되는 사업년도의 1주당 순손익액

• 각사업연도의 1주당 순손익액 = $\dfrac{\text{각사업연도 순손익액}}{\text{각 사업연도종료일 현재의 발행주식총수}}$

비상장주식을 평가할 때 반영되는 순손익액의 가중평균액은 평가기준일과 근접한 연도의 순손익액이 더 높은 비중으로 반영되는 구조입니다.

따라서 기업의 주주입장에서는 법인 결산 시 기업이 적자이거나 손익이 평소보다 부진했던 해가 주식증여를 검토할 타이밍일 수 있습니다.

가상자산의 평가 

비트코인, 이더리움 등 가상자산은 상속세·증여세 과세대상입니다.
원칙적으로 국세청장이 고시한 가상자산사업자의 공시가격을 기준으로 평가합니다.

(1) 고시된 가상자산사업자의 사업장에서 거래되는 경우

법률이 정하는 바에 따라 요건을 갖추어 신고된[116] 가상자산사업자 중 국세청장이 고시하는 가상자산 사업자의 사업장에서 거래되는 가상자산은

- **평가기준일 전·이후 각 1개월 동안**
  해당 가상자산사업자가 **공시하는 일평균가액의 평균액**
  으로 평가합니다.

즉, 상장주식이 4개월 평균을 적용하는 것과 달리 가상자산은 2개월 평균을 적용합니다.

(2) 고시 사업장 외 거래인 경우

다만, 해당 가상자산이 국세청장이 고시한 사업장이 아닌 곳에서 거래되거나 이에 준하는 사업자의 사업장에서 거래되는 경우에는

- 해당 가상자산사업자의 사업장에서 공시하는
  거래일의 일평균가액, 최종시세가액 등 합리적으로 인정되는 가액을
  평가가액으로 산정합니다.

따라서 고시 사업장에서 거래되지 않더라도 객관성과 합리성이 확보된 시세라면 평가의 기준이 될 수 있습니다.

---

116) 특정 금융거래정보의 보고 및 이용 등에 관한 법률 제7조

■ 같은 가격에 팔아도 양도세가 생길 수 있다

정현씨는 보유하고 있던 주식을 자녀에게 증여했습니다.
증여일 당시 주가는 1주당 **10만 원**이었습니다.

증여 이후 주가는 계속 하락하다가 1년 뒤 다시 **10만 원 수준**으로 회복되었습니다.
자녀는 이때 주식을 매도했습니다.

증여 당시 가격과 매도가격이 같으니 **양도차익도 없고 양도세도 없을까요?**

증여받은 재산의 가액은 취득가액이 됩니다. 따라서 일반적으로는 증여받은 가격에 매도하면 양도차익이 발생하지 않습니다.

그러나 상장주식과 가상자산은 평균가로 증여재산가액이 확정되기 때문에 다음과 같은 차이가 발생할 수 있습니다.

- 증여 후 실제 매도가액
- 2개월 후(1개월 후) 확정된 평균 평가가액

만약 증여 이후 주가가 하락했다면 평균가액이 **증여 당시 가격보다 낮게 결정될 수 있습니다.** 이 경우 증여 당시 가격과 같은 가격에 매도하더라도 **양도차익이 발생하는 결과**가 나타날 수 있습니다.

이월과세

증여를 통해 양도차익을 줄이는 것을 방지하기 위해 이월과세 제도가 적용됩니다.

적용기간

자산	적용기간
부동산 등	10년
주식 등	1년

주식의 경우 증여일부터 1년 이내에 양도하면 수증자의 취득가액은 **증여자의 취득가액으로 계산됩니다.**

예를 들어, 아버지가 **1억 원에 취득한 주식의 시가가 5억 원일 때 자녀에게 증여**했다고 가정해 보겠습니다.

이 경우 자녀가 **1년 이내에 해당 주식을 양도하면** 취득가액은 증여 **당시 시가인 5억 원이 아니라,** 아버지의 취득가액인 **1억 원으로 계산 됩니다.**

이는 증여를 통해 양도차익을 낮춘 뒤 바로 매도하는 방식의 절세를 방지하기 위한 규정입니다.

한마디 요약

주식은 그날 가격이 아니라 평균가격으로 평가됩니다.
증여 이후의 시장 흐름이 세금을 바꿉니다.

Chapter 28

미술품-가치는 어떻게 평가할까

■ 상속재산에 미술품이 있는 경우

안드레씨는 미술품 수집을 취미로 삼고 있었습니다.

국내외 작가들의 작품을 하나둘 모으다 보니 집안 곳곳에 다양한 작품이 전시되어 있었습니다.

그러던 중 안드레씨가 사망하면서 상속인들은 예상하지 못한 문제에 부딪혔습니다.

부동산이나 예금과 달리 미술품은 **가격이 명확하게 정해져 있지 않았기 때문입니다.**

어떤 작품은 몇 백만 원 정도일 수도 있고,
어떤 작품은 수억 원의 가치가 있을 수도 있습니다.

상속세 신고를 위해서는 재산의 가액을 평가해야 하는데,
이 경우 **미술품의 가액은 어떻게 평가해야 할까요?**

미술품의 평가방법 

　미술품과 골동품 등 예술적 가치가 있는 자산은 일반적인 시장가격으로 평가하기 어렵습니다.

　부동산이나 주식과 달리 활발한 거래시장이 존재하지 않는 경우가 많고, 동일한 작품을 서로 비교하여 가격을 산정하기도 어렵기 때문입니다.

　또한 작가의 명성, 작품의 희소성, 보존 상태, 거래 이력 등 여러 요소에 따라 작품의 가치가 크게 달라질 수 있습니다.

　따라서 세법에서는 미술품의 가치를 다음과 같은 방식으로 평가하도록 규정하고 있습니다.

- **전문 분야별로 2인 이상의 전문가가 감정한 가액의 평균액**

　다만, 이 감정가액이 **국세청장이 위촉한 감정평가심의회의 감정가액보다 낮은 경우**에는 감정평가심의회에서 감정한 가액으로 평가합니다.

　즉, 미술품의 경우 일반적인 시가 대신 **전문가의 감정가액을 기준으로 평가하는 구조입니다.**

왜 감정평가를 적용할까?

　미술품과 골동품은 주식이나 부동산과 달리 일반적인 공개시장에서 지속적으로 거래되는 자산이 아닙니다. 같은 작가의 작품이라 하더라도 제작 시기, 보존 상태, 전시 이력, 희소성 등에 따라 가치는 크게 달라질 수 있습니다.

또한 반복적인 거래 사례가 드물기 때문에 객관적인 시장가격을 확인하기 어렵습니다. 일시적인 경매 낙찰가나 인터넷 게시 가격만으로 작품의 가치를 판단하기도 쉽지 않습니다.

이처럼 거래사례가 제한적이고 개별성이 강한 자산에 대해 단순한 시장가격을 적용하면 오히려 왜곡이 발생할 수 있습니다.

따라서 세법은 전문가의 감정을 통해 작품의 예술적 가치, 희소성, 시장 상황 등을 종합적으로 고려하여 가액을 산정하도록 하고 있습니다.

실무에서 자주 발생하는 문제 

실무에서는 상속재산 중 미술품의 가치를 과소평가하거나 아예 신고하지 않는 경우가 종종 발생합니다.

그러나 미술품 역시 상속재산에 해당하므로 가액을 평가하여 상속세 신고에 포함해야 합니다.

특히 유명 작가의 작품이나 고가 미술품의 경우 과세당국이 별도로 감정을 의뢰하여 가액을 재평가하는 사례도 있습니다.

따라서 미술품이 상속재산에 포함되어 있다면 전문가의 감정을 통해 가액을 확인한 후 신고하는 것이 안전합니다.

미술품을 팔면 세금은 어떻게 과세될까?

미술품은 부동산이나 주식과 달리, 처분 시 '양도소득'이 아닌 '기타소득'으로 과세되는 경우가 많습니다.

다만 모든 미술품이 과세되는 것은 아니므로 먼저 비과세 여부부터 확인해야 합니다.

① 국내 거주 중인 생존 작가의 작품

국내에서 활동 중인 작가의 작품은 양도가액과 관계없이 비과세됩니다. 예를 들어 1억 원에 구입한 작품을 10억 원에 판매하더라도 세금이 부과되지 않습니다.

> [참고] 미술품 양도 비과세 제도의 취지
>
> 국내에서 활동하는 생존 작가의 작품을 양도할 때 세금을 과세하지 않는 이유는 국내 미술시장의 활성화와 작가 활동을 장려하기 위한 정책적 목적이 있습니다.
> 즉, 작가가 생존해 있는 동안에는 작품 거래에 대한 세 부담을 줄여 창작 활동과 미술시장 성장을 지원하려는 취지입니다

② 사망 작가 또는 해외 작가 작품

사망 작가나 해외 작가의 작품은 다음 기준에 따라 과세됩니다.
- 작품당 양도가액 6,000만 원 이상 → 과세
- 작품당 양도가액 6,000만 원 미만 → 비과세

③ 과세되는 경우에도 기타소득으로 과세

미술품 양도는 일반적인 양도소득이 아니라 기타소득으로 과세됩니다. 따라서 양도가액에서 의제경비(80~90%)를 비용으로 인정받은 후 과세됩니다.
즉 실제 과세되는 금액은 양도가액의 일부에 불과한 경우가 많습니다.

다만 개인이 일시적으로 미술품을 처분하는 경우에는 기타소득으로 과세되지만, 화랑이나 중개상 등 사업자가 영리 목적으로 반복적으로 매매하는 경우에는 기타소득이 아니라 사업소득으로 과세될 수 있습니다. 이 경우 과세 방식과 세 부담이 크게 달라질 수 있습니다.

[미술품 양도 시 과세 구조 요약]

구분	과세 여부	경비 인정 비율	실효세율(양도가 대비)
국내 생존 작가	비과세	-	0%
사망/해외 (1억 이하)	기타소득	90%	2.2%
사망/해외 (10년 이상 보유)	기타소득	90%	2.2%
사망/해외 (10년 미만 보유)	기타소득	80%	4.4%

한마디 요약

미술품은 일반적인 시장가격으로 평가하기 어려운 자산입니다.
따라서 상속세 신고 시 **전문가의 감정가액을 기준으로 평가**합니다.

또한 미술품을 처분할 때는 **기타소득으로 과세되는 경우가 많지만,**
반복적인 매매가 이루어지는 경우에는 **사업소득**으로 과세될 수 있습니다.

III부.
부의 이동을 설계하다

PART 06
상속·증여 실전 전략

INHERITANCE

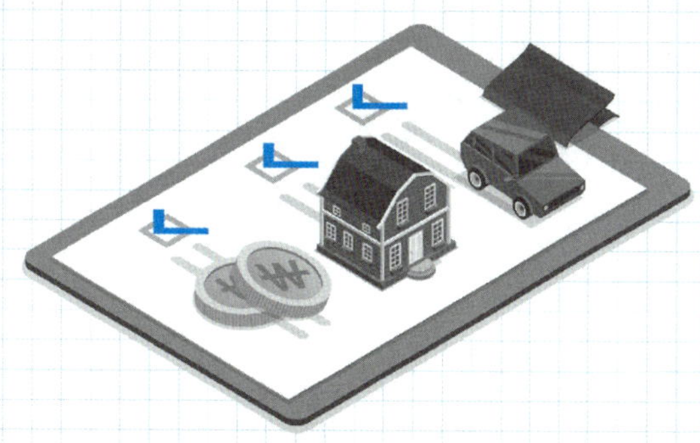

Chapter 29

상속주택
- 처분 순서에 따라 세금이 달라진다

상속으로 주택을 취득하면 주택 수가 늘어나는 것처럼 보입니다.
그러나 세법에서는 상속주택에 대해 여러 가지 특례를 두고 있습니다.
이 특례를 이해하지 못하면 불필요한 세금을 부담할 수 있습니다.

상속받은 집, 어느 집부터 팔아야 할까

민주씨는 서울에 아파트 한 채를 보유하고 있었습니다.
몇 년 전 8억 원에 취득한 집인데, 현재 시세는 약 14억 원입니다.
그런데 얼마 전 아버지가 돌아가시면서
지방에 있는 아버지의 아파트 한 채를 상속받게 되었습니다.
이제 민주씨는 **주택을 두 채 보유한 상태**가 되었습니다.
민주씨는 고민이 되었습니다.
이미 서울 집의 가격이 많이 올라
먼저 팔면 양도소득세가 상당할 것 같습니다.
그래서 상속받은 아버지의 집을 먼저 정리하는 것이 좋지 않을까 생각했습니다.
하지만 여기서 중요한 질문이 하나 생깁니다.
상속받은 집과 기존 집 중
어느 집을 먼저 파느냐에 따라 세금이 달라질까요?
주택을 매도하는 순서는 생각보다 중요합니다.

1 상속주택의 기본 원칙

상속으로 주택을 취득했다고 해서 자동으로 다주택자가 되어 불리해지는 것은 아닙니다. 상속주택은 일정 요건을 충족하면 기존주택을 먼저 양도하는 경우 주택 수에 산입하지 않는 특례가 적용됩니다.

그러나 상속주택을 먼저 양도하는 경우에는 주택 수를 2채로 보게 되므로, 처분 순서에 따라 세금 부담이 달라질 수 있습니다.

또한 상속개시일로부터 5년 이내에 상속주택을 양도하는 경우에는 중과세율이 아닌 일반세율이 적용되는 특례도 존재합니다.

즉, 상속주택의 문제는 "보유"가 아니라 "처분 순서"의 문제입니다.

2 매도 순서 전략

> **Case 1** 일반주택을 먼저 파는 경우
>
> 제가 1주택을 보유 중에 아버지 주택을 상속받았습니다. 어떤 주택을 먼저 파는 것이 유리할까요?

주택을 매도하는 순서가 중요합니다.

상속 시점에 이미 일반주택 한 채를 보유하고 있다가 상속으로 추가 1주택을 취득한 경우, **일반주택을 먼저 양도하면 상속주택은 주택 수에 산입하지 않습니다.**

따라서 일반주택이 보유요건과 거주요건 등 1세대 1주택 비과세요건을 충족하였다면, 비과세 적용이 가능합니다.

반대로 상속받은 주택을 먼저 매매하면 주택 수는 2채로 보게 됩니다.

다만, 상속개시일로부터 5년 이내에 양도한다면 중과세율이 아닌 일반세율을 적용받을 수 있습니다.

> **Case 2** 상속 후 추가 취득한 경우
>
> 제가 주택을 상속받고 이후 주택을 추가로 매입했습니다.
> 어떤 주택을 먼저 파는 것이 유리할까요?

여기서는 주택의 **취득 순서**가 중요합니다.

일반주택과 상속주택을 보유하고 있을 때, 일반주택을 매도하여 1세대 1주택 비과세를 적용받으려면, **일반주택을 보유한 상태에서 상속주택을 취득**했어야 합니다.

취득 순서가 바뀌면 비과세 적용은 어려워집니다.

상속주택을 먼저 보유한 상태에서 추가로 일반주택을 매입한 경우에는 2주택자에 해당합니다. 다만 상속주택과 일반주택이 일시적 2주택 요건을 충족한다면, 먼저 취득한 상속주택을 매매하여 1세대 1주택 비과세 요건을 검토해볼 수 있습니다.

1세대 1주택 비과세요건을 갖추지 못한 경우에는 상속일로부터 5년 이내에 주택을 양도하여 중과세율 적용을 피하는 방법도 고려할 수 있습니다. 상속주택은 상속받은 날부터 5년이 경과하지 않은 경우 중과배제주택에 해당하여, 조정대상지역 내 주택이라 하더라도 일반세율이 적용됩니다.

그러나 5년이 경과한 후 매매한다면, 2주택 중과세율을 적용받을 뿐만 아니라 장기보유특별공제도 적용받을 수 없게 됩니다.

이때, 두 주택 중 **양도차익이 적은 것을 먼저 양도하는 것이 유리**할 것입니다. 주택을 처분하고 남은 주택에 대해 1세대 1주택 요건을 충족한 뒤 양도하면 양도세 비과세가 가능하기 때문입니다.

한마디 요약

상속주택은 받는 순간이 아니라,
이후의 처분 순서가 세부담을 좌우합니다.

③ 보유기간 통산 문제

상속주택과 관련하여 자주 묻는 질문은 다음 세 가지입니다.

- 단기양도 중과세율이 적용되는가?
- 1세대 1주택 비과세 요건을 그대로 승계하는가?
- 장기보유특별공제도 함께 승계되는가?

세 가지 질문 모두 핵심은 **보유기간을 어떻게 계산하느냐**입니다.

무주택자였는데 주택을 상속받았습니다.

상속받은 지 1년도 되지 않았는데 매도하면 단기양도 중과세율이 적용될까요?

상속주택을 양도하는 경우, 양도소득세 세율 적용을 위한 보유기간은 **피상속인과 상속인의 보유기간을 통산하여 판단합니다.**

따라서 상속주택의 보유기간이 피상속인의 보유기간과 상속인의 보유기간을 합쳐 2년을 초과한다면, 단기양도에 대한 중과세율은 적용되지 않고 기본세율이 적용됩니다.

즉, 상속받은 지 1년이 되지 않았더라도 피상속인의 보유기간이 충분하다면 단기양도 중과를 걱정할 필요는 없습니다.

피상속인이 생전에 1세대 1주택 비과세요건을 충족하고 있었다면,

상속인이 양도할 때도 비과세가 가능할까요?

1세대 1주택 비과세 판단에서는 기준이 달라집니다.
여기서는 "동일세대 여부"가 핵심입니다.

① 동일세대인 경우(배우자 등)

아버지가 생전에 1세대 1주택 비과세요건을 충족하고 있었고, 동일세대원이던 어머니가 상속받은 경우를 가정해 보겠습니다.

상속주택은 원칙적으로 상속개시일부터 보유기간을 새로 기산합니다. 따라서 비과세요건을 갖추려면 상속개시일부터 2년의 보유요건, 거주요건 등을 새로 갖춰야 합니다. 그러나 **동일세대원으로부터 상속받은 경우에는 보유기간과 거주기간을 통산합니다.**

따라서 피상속인이 이미 비과세요건을 충족하였다면, 배우자가 상속받은 후 양도하더라도 비과세 적용이 가능합니다.

② 별도세대인 경우 (자녀 등)

반면, 별도세대였던 아들이 상속받은 경우에는 다릅니다.

이 경우에는 상속개시일부터 보유기간을 새로 계산합니다. 따라서 상속 직후 곧바로 매도하면 1세대 1주택 비과세를 적용받을 수 없습니다.

다만, **세율 적용을 위한 보유기간 판단에서는 피상속인의 보유기간을 통산**하므로, 단기양도 중과세율은 적용되지 않습니다.

> **Case 5** 상속 후 장기보유특별공제는 통산될까?
>
> 피상속인의 배우자가 상속주택을 양도하면서 장기보유특별공제를 적용받을 수 있을까요?

장기보유특별공제는 세율 판단과 달리 보유기간을 통산하지 않습니다.

상속주택의 장기보유특별공제는 동일세대원의 보유기간을 합산하지 않고, 상속개시일부터 보유기간을 계산합니다.

따라서 장기보유특별공제를 적용받으려면 상속인은 자신의 보유기간을 새로 채워야 합니다.

세율은 보유기간을 통산하고,
비과세는 동일세대 여부로 판단하며,
장기보유특별공제는 통산되지 않습니다.

4 상속주택 판정 순서

Case 6 상속주택 특례는 누구에게 적용될까?

아버지가 두 채의 주택을 남겼고, 형과 아우가 각각 한 채씩 나누어 상속받았습니다.

형과 아우는 기존에 각자 1주택을 보유하고 있었으므로, 상속 이후 각각 2주택자가 되었습니다.

"상속주택은 주택 수에 산입하지 않는다"는 말을 들었으니,

기존주택을 먼저 양도하면 형과 아우 모두 1세대 1주택 비과세를 받을 수 있을까요?

그렇지 않습니다.

이 사례는 실무에서 매우 자주 발생하는 오해입니다.

피상속인이 여러 채의 주택을 보유하고 있었다면, 그 모든 주택이 세법상 '상속주택'이 되는 것은 아닙니다. 여러 주택 중 오직 1채만 상속주택 특례를 적용받을 수 있습니다.

상속주택은 다음의 순서에 따라 판정됩니다.
① 피상속인의 보유기간이 가장 긴 주택
② 보유기간이 동일하면 거주기간이 가장 긴 주택
③ 거주기간도 동일하면 상속개시 당시 거주한 주택
④ 그마저도 동일하면 기준시가가 가장 높은 주택

따라서 형과 아우가 상속받은 주택 중 오직 한 채만 세법상 상속주택에 해당합니다. 실무적으로는 대부분 **피상속인의 보유기간이 가장 긴 주택이 상속주택으로 판정됩니다.**

그 주택을 상속받은 상속인만이 기존주택을 먼저 양도할 때 1세대 1주택 비과세 특례를 적용받을 수 있습니다.

> **▶ 실무전략**
>
> 상속주택 특례는 사망 당시 주택 상황에 따라 이미 결정됩니다.
> 따라서 다주택자의 경우, 상속인 기준으로 특례를 적용받고 싶은 주택이 있다면 사망 전에 다른 주택을 미리 정리하여 상속주택이 될 주택을 조정해 두는 것이 절세 전략이 될 수 있습니다.

5 공동상속주택과 소수지분 특례

그렇지 않습니다.

원칙적으로는 주택을 공동으로 소유하면 각 공동소유자는 해당 주택을 1주택 보유한 것으로 계산합니다.

예를 들어 철수가 A주택 1%, B주택 50%를 소유하면 철수는 2주택자입니다.

그러나 **상속주택은 예외가 있습니다.**

공동상속주택의 경우에는 **지분이 가장 큰 상속인**이 그 주택을 소유한 것으로 보고, 나머지 소수지분자의 지분은 주택 수에 산입하지 않습니다. 지분이 가장 큰 자가 둘 이상이라면 해당 주택에 **거주하는 자**, 거주자가 없다면 **최연장자** 순으로 판정합니다.

⑥ 다주택자 리스크 관리

상속인들이 이미 다주택자라면, 상속주택은 세금 부담의 원인이 될까 두려울 수 있습니다.

그러나 상속주택은 일정한 기간 동안 리스크를 조정할 수 있는 장치가 마련되어 있습니다.

Case 8 ▸ 6개월 이내 처분 전략

상속인들이 모두 다주택자입니다.
상속세보다 양도소득세 중과세율이 더 걱정됩니다.

이 경우에는 상속개시일로부터 **6개월 이내에 처분하는 방법**을 고려해볼 수 있습니다.

상속개시일 이후 6개월 이내에 양도한 경우, 그 거래가액은 상속세 신고 시 시가로 인정됩니다. 상속세 신고가액은 곧 상속인의 취득가액이 되므로, 단기간 내 매도하는 경우 양도가액과 취득가액이 동일해져 양도차익은 발생하지 않습니다.

따라서 양도소득세 중과 여부와 관계없이 과세표준 자체가 0이 됩니다.
양도차익이 없다면, 중과세율도 의미가 없습니다.

> ▶ **실무전략**
>
> 실무상 상속주택을 계속 보유할 계획이 없다면, 초기 단계에서 정리하는 것도 하나의 전략이 될 수 있습니다.

Case 9 상속주택과 종합부동산세

상속인 세 명은 이미 모두 다주택자였습니다.
그런데 아버지가 사망하면서 서울에 있는 아파트 한 채가 추가로 상속되었습니다.
상속인들은 걱정이 되었습니다.
이미 주택 수가 많은 상황에서 상속주택까지 포함되면 종합부동산세 부담이 크게 늘어날 수 있기 때문입니다.

상속인들이 이미 다주택자인 경우 종합부동산세 중과를 우려할 수 있습니다. 하지만 최근 세법 개정으로 상속주택은 일정 요건을 충족하면 **일정 기간 동안 종부세 주택 수 계산에서 제외되는 특례**가 적용됩니다.

따라서 상속주택이 있다고 해서 바로 종부세 부담이 늘어나는 것은 아닙니다.

다음 중 하나에 해당하는 경우 종부세 주택 수 계산에서 제외합니다.

- 과세기준일 현재 상속개시일부터 5년이 경과하지 않은 주택
- 지분율이 40% 이하인 주택

- 지분율에 상당하는 공시가격이 6억 원 이하(수도권 밖은 3억 원 이하)인 주택[117]

또한 주택 수 제외 적용을 받기 위해서는 **주택 보유현황 신고기간 내 관련 서류**를 제출해야 합니다. 상속주택은 단기적으로는 세부담을 조정할 수 있는 안전장치가 마련되어 있습니다.

상속주택은 단순히 늘어난 주택 한 채가 아닙니다.
처분 순서, 보유기간, 지분 설계에 따라
세부담은 크게 달라질 수 있습니다.

---

117) 조합원입주권이나 분양권을 상속받아 사업 완료 후 취득한 신축주택도 상속주택에 포함됩니다.

Chapter 30

누가 미리 준비해야 하는가

상속세는 모든 사람이 고민해야 하는 세금은 아닙니다. 그러나 일정 규모의 재산을 넘는 순간 상속은 단순한 재산 이전이 아니라 세금 문제로 바뀝니다.

이 장에서는 누가 상속세를 준비해야 하는지, 그리고 어느 순간부터 세금이 달라지는지 구간별로 살펴봅니다.

상속재산이 공제금액보다 적다면

이 구간은 움직이지 않아도 됩니다. 피상속인이 남긴 상속재산, 즉 순자산(총재산-부채)금액이 상속공제 금액보다 적다면 상속세는 발생하지 않기 때문입니다. 공제를 차감한 과세표준이 0원이라면 세금은 계산되지 않습니다.

이 구간에 해당한다면, 특별한 사정이 없는 한 사전증여를 고민할 이유도 없습니다.

재산 5억 원 미만 & 배우자 없이 자녀만 있는 경우

일괄공제 5억 원이 적용됩니다.

순자산이 5억 원 미만이라면 상속세는 없습니다. 따라서 상속인 간 재산분할로 다툼의 여지가 있는 경우가 아니라면 증여세까지 내가며 미리 증여를 고민할 필요는 없습니다.

선순위상속인이 없어 형제자매가 상속받는 경우에도 일괄공제 5억 원은 동일하게 적용됩니다.

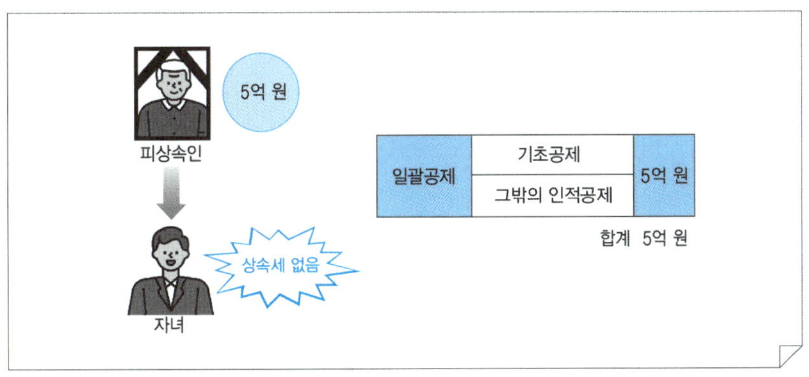

재산 10억 원 미만 & 배우자 생존

배우자와 공동상속인(직계존속, 직계비속)이 있는 경우 일괄공제 5억 원은 공제되며, 배우자공제도 기본 5억 원이 공제되어 합계 10억 원까지는 상속세 부담이 없습니다.

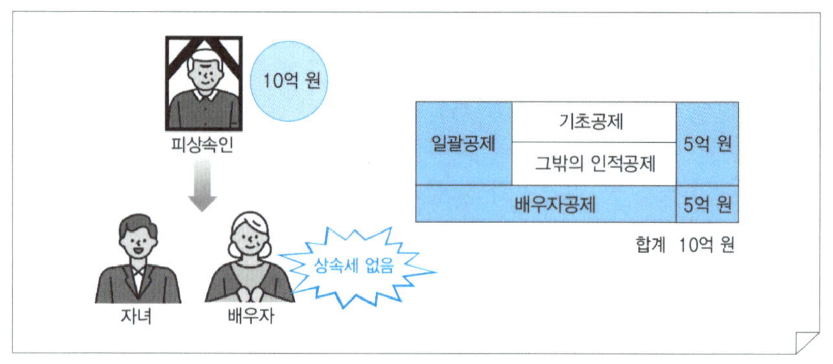

재산 32억 원 미만 & 배우자 단독상속

여기서 많은 분들이 오해합니다.

상속인이 **법적으로 배우자 단독인 경우**

- 기초공제 2억 원 + 기타 인적공제
- 배우자공제 최대 30억 원

결과적으로 약 32억 원 수준까지는 상속세가 발생하지 않을 수 있습니다.

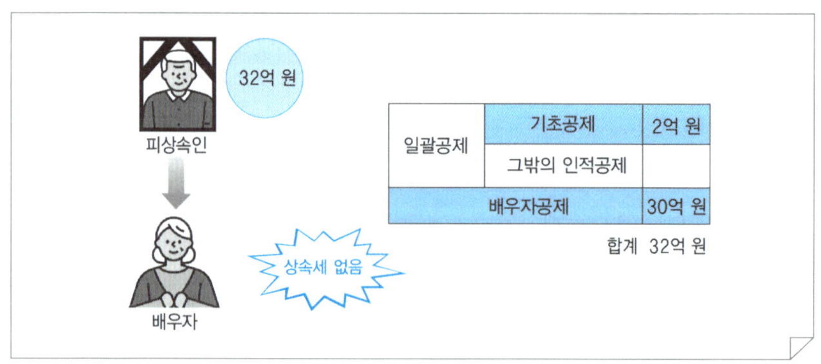

여기에서 배우자가 단독상속인이라 함은 민법 제1003조에 의하여 피상속인의 법정상속인이 배우자 단독인 경우로 한정합니다.

공동상속인이 존재함에도 상속포기를 하거나 협의분할에 따라 배우자에게 상속재산을 몰아주는 등의 경우, 실제 배우자가 상속재산을 전부 상속받는다고 하여 전체금액이 배우자공제로 차감되는 것은 아닙니다.

배우자공제의 한도는 **배우자의 법정상속분**입니다. 의도적으로 구조를 만들었다고 해서 공제가 무한정 늘어나지는 않습니다.

정리

이 구간에 해당하는 분들은 상속세 때문에 조급해할 필요는 없습니다. 그러나 이 선을 넘는 순간부터는 이야기가 달라집니다.

배우자 단독상속의 오해

실무에서 종종 이런 상담을 받습니다.

"자녀들이 모두 상속을 포기하면 배우자 지분이 100%가 되니 배우자공제도 더 많이 받을 수 있는 것 아닌가요?"

결론부터 말하면, **그렇지 않습니다.**

배우자 상속공제는 '받은 금액'과 '법정상속분' 중 적은 금액을 한도로 합니다. 많이 받았다고 해서 공제가 늘어나는 것도 아니고, 지분이 크다고 해서 실제 수령액을 초과해 공제받을 수도 없습니다.

여기서 말하는 법정상속분은 공동상속인 중 일부가 상속을 포기하더라도 그들이 포기하지 않았다고 가정했을 때의 **본래 법정상속분**을 의미합니다.

따라서 자녀들이 모두 상속을 포기하더라도 배우자의 법정상속분 자체가 증가하는 것은 아닙니다.

그 결과, 배우자공제 한도도 늘어나지 않습니다.

상속포기는 민법상의 상속관계에 영향을 줄 뿐, 세법상 배우자공제의 계산구조를 바꾸지는 못합니다.

세금이 없어도 신고는 전략입니다

상속공제액 미만이라면 상속세는 과세되지 않습니다. 따라서 겉으로 보기에는 신고할 이유가 없어 보입니다.

하지만 여기에서 한 번 더 생각해야 합니다.

상속세가 없다고 해서, 세금 문제가 끝난 것은 아닙니다.

신고하지 않으면 어떤 일이 생길까

상속세 과세금액 미만으로 상속세신고를 하지 않았다면, 그 재산의 취득가액은 상속개시 시점의 보충적 평가가액이 될 가능성이 높습니다. 즉, 상속인들은 상속재산을 기준시가로 낮게 취득한 것이 됩니다.

그 결과, 나중에 그 재산을 양도할 때 양도차익이 크게 계산되고 양도소득세 부담이 커질 수 있습니다.

신고하면 무엇이 달라질까

상속세를 신고하면서 상속재산가액을 시가에 근접하게 반영해두면 그 금액이 상속인의 취득가액이 됩니다. 취득가액이 높아지면 미래의 양도 차익은 줄어듭니다.

즉, 지금 상속세는 동일하게 0원이지만 상속세 신고를 함으로써 미래의 양도세를 줄이는 효과가 생깁니다. 재산가액을 일부러 신고하지 않으면 취득가액을 스스로 정하는 기회를 포기하는 셈입니다.

감정평가 전략

특히 저평가된 부동산이나 자산이 있다면 감정평가를 통해 적정한 시가로 신고하는 방법도 있습니다. 상속세 부담이 발생하지 않는 범위 내에서 합리적인 시가로 신고해두면 장래 양도소득세까지 절세할 수 있습니다.

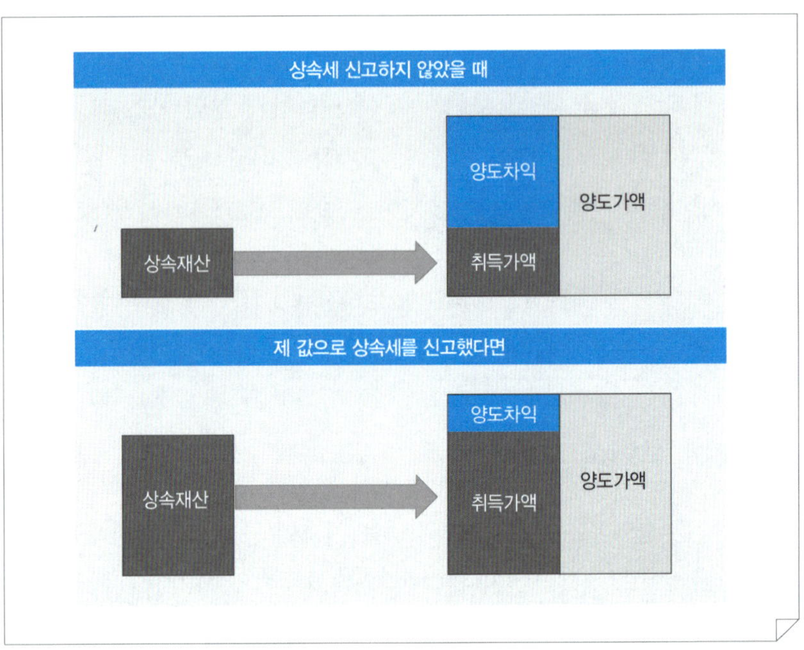

상속세 신고는 단순한 신고가 아니라
미래 세금을 설계하는 출발점입니다.

공제금액을 넘는 순간 상속세는 시작됩니다

상속재산이 공제금액을 초과하면 상속세가 과세됩니다.

다음에 해당한다면 이미 과세 대상입니다

① 배우자가 없고 재산이 5억 원 초과

② 배우자가 있고 재산이 10억 원 초과

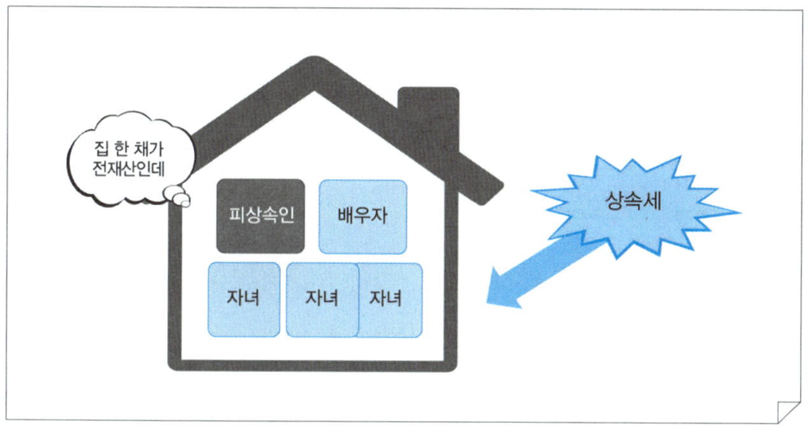

수도권에 주택 한 채만 있어도 이 구간에 진입하는 경우가 많습니다.

특히 재산의 대부분이 피상속인에게 몰려 있고 재산 종류도 부동산, 특히 당장 거주해야 하는 집 한 채가 전부인 경우라면, 상속세는 단순 세금이 아니라 유동성 위기가 될 수 있습니다.

10억 ~ 15억 구간 : 아직은 관리 구간입니다

배우자와 자녀 2명 기준

15억 원이면 상속세 약 6천만 원 수준입니다.

▎배우자, 자녀2 가정 ▎

상속재산		10억 원	15억 원
공제	일괄공제	5억 원	5억 원
	배우자공제	5억 원	6.5억 원
과세표준		0원	3.5억 원
상속세율		–	20%
상속세		0원	6천만 원

상속세 납부가 어려운 경우 연부연납을 신청하여 1년에 1천만 원씩 6회(5년) 이내에 걸쳐 분할하여 납부할 수 있고, 물려받은 상속재산이 있으므로 필요할 때 여유를 가지고 처분할 수도 있을 것입니다. 이 구간은 아직 '위험 구간'이라기보다는 '관리 구간'입니다.

18억은 세율이 바뀌는 분기점입니다

배우자와 자녀 2명 기준 상속재산이 18억 원을 넘으면 과세표준 5억 원 초과분에 대해 **세율 30%가 적용됩니다.**

상속세는 거의 1억 원 정도입니다. 상속재산 24억 원에 대해 상속세는 2억 원대, 상속재산 28억 원이면 과세표준 10억 원을 넘는 구간에 대해 세율 40%를 적용하는 구간이 생기고 상속세는 약 3억 원 정도로 계산됩니다.

상속재산		15억 원	18억 원	24억 원	28억 원	33억 원
공제	일괄공제	5억 원	5억 원	5억 원	5억 원	5억 원
	배우자공제	6.5억 원	7.7억 원	10억 원	12억 원	14억 원
과세표준		3.5억 원	5.3억 원	9억 원	11억 원	14억 원
상속세율		20%	30%	30%	40%	40%
상속세		6천만 원	1억 원	2억 원	2.8억 원	4억 원

배우자가 없으면 세금은 급격히 증가합니다

배우자공제가 없는 경우상속세를 계산해보면 상황은 훨씬 심각합니다.

배우자공제 없이 일괄 공제 5억 원만 반영되므로 상속재산 18억 원이면 세율 40%가 적용되어 이미 상속세가 3억6천만 원입니다. 상속재산 24억 원이면 상속세가 6억 원, 상속재산 33억 원인 경우 상속세는 9억6천만 원이 계산됩니다.

┃ 자녀2 가정 ┃

상속재산		10억 원	15억 원	18억 원	24억 원	28억 원	33억 원
공제	일괄공제	5억 원	5억 원	5억 원	5억 원	5억 원	5억 원
	배우자공제						
과세표준		5억 원	10억 원	13억 원	19억 원	23억 원	28억 원
상속세율		20%	30%	40%	40%	40%	40%
상속세		9천만 원	2.4억 원	3.6억 원	6억 원	7.6억 원	9.6억 원

사전증여는 세율을 낮추는 전략입니다

이렇듯 상속세율 30%, 40% 구간에 진입했다면 상속시점 10년 이전에 사전증여를 적극적으로 검토해야 합니다. 배우자 증여공제 6억 원을 활용하여 사전증여하거나 자녀에게 저율(10%, 20%)의 증여세까지는 부담하고 증여하는 것입니다.

증여 후 10년이 지난 시점에서 상속이 개시된다면 사전증여한 재산은 상속세가 과세되는 상속재산에 합산되지 않습니다. 증여하지 않았다면 고율의 세율로 과세되는 상속재산을 상속세 과세대상에서 배제한 것입니다.

50억을 넘으면 리스크 관리의 영역입니다

상속재산이 50억 원 이상이라면 상속세의 조사관할이 일선세무서가 아닌 지방청일 가능성이 높습니다. 단순히 어떤 경우가 유리하고 불리 한지를 비교할 수는 없지만 관할이 지방청인 경우라면 상속세 조사 강도 자체가 달라질 수 있습니다.

이렇게 상속재산이 50억 원이 넘는 경우라면 자녀뿐 아니라 손자녀, 며느리, 사위에게도 증여를 고려함으로써 상속세의 최고세율 50%가 적용되는 구간을 최대한 줄이는 것이 관건입니다.

그리고 반드시 준비해야 할 것은 **현금 유동성**입니다. 상속세 납부를 위한 보험상품 등을 활용하거나, 보유 재산 중 수익이 나오는 자산이 있다면 그것부터 미리 증여해놓는 것이 방법이 될 수 있습니다.

사망 순서가 세금을 바꿉니다

이상하게 들릴지 모르지만, 부모님의 사망 순서에 따라 상속세는 크게 달라질 수 있습니다.

부모님의 사망 순서는 바꿀 수 없습니다.
그러나 재산의 구조에 따라
같은 재산이라도 상속세는 크게 달라질 수 있습니다.

특히 재산이 한쪽 배우자에게 집중되어 있을수록 그 차이는 극단적으로 벌어집니다.

■ 부모님 사망순서에 따라 세금이 달라집니다

영희네 집
- 아버지 재산 20억
- 어머니 재산 0원

  재산이 한쪽 배우자에게 집중되어 있는 전형적인 구조입니다.

철수네 집
- 아버지 재산 10억
- 어머니 재산 10억

재산이 균등하게 배분되어있는 구조입니다

■ 영희네 집

① 아버지가 먼저 사망한 경우
- 1차 상속
  - 상속세 약 1억 3천만 원
- 2차 상속
  - 상속세 약 6천만 원
- ▶ 총 상속세 약 1억 9천만 원

배우자공제를 활용했기 때문에 세부담은 비교적 완만합니다.

② 어머니가 먼저 사망한 경우
- 1차 상속
  - 상속세 없음 (재산 0원)
- 2차 상속
  - 상속세 4억 4천만 원
- ▶ 총 상속세 4억 4천만 원

┃영희네 집┃

		배우자, 자녀2					배우자, 자녀2	
1st 부 사망	공제	일괄공제	5억 원	1st 모 사망	공제	일괄공제	–
		배우자공제	8.5억 원			배우자공제	–
		과세표준	6.5억 원			과세표준	0원
		상속세율	30%			상속세율	–
		상속세	1억 3천만 원			상속세	0원
		자녀2					자녀2	
2nd 모 사망	공제	상속재산	8.5억 원	2nd 부 사망	공제	상속재산	20억 원
		일괄공제	5억 원			일괄공제	5억 원
		배우자공제	–			배우자공제	–
		과세표준	3.5억 원			과세표준	15억 원
		상속세율	20%			상속세율	40%
		상속세	6천만 원			상속세	4억 4천만 원
		합계	1억 9천만 원			합계	4억 4천만 원

같은 20억 원인데 상속세는 두 배 이상 차이날 수 있습니다.

이렇게 상속세에 있어서 차이가 나는 이유는 단 하나입니다. 배우자공제를 한 번도 사용하지 못했기 때문입니다.

재산이 한쪽에 몰려 있으면 배우자공제를 사용할 기회가 사망 순서에 따라 사라집니다. 영희네 집은 부모님의 사망 순서에 따라 50% 확률로 상속세가 2배 이상 차이 납니다.

이것은 운의 문제가 아니라, 구조의 문제입니다.

실제로 우리나라 대부분 가정에서 집안의 재산은 가장인 아버지에게 몰려 있습니다. 이러한 경우 재산을 적게 보유한 어머니가 먼저 사망한다면 전체 상속세를 계산해봤을 때 배우자 공제를 적용할 기회가 없어 세금적으로 매우 불리합니다.

■ 철수네 집

▎철수네 집 ▎

		배우자, 자녀2	
1st 부 사망		상속재산	10억 원
	공제	일괄공제	5억 원
		배우자공제	5억 원
		과세표준	0 원
		상속세율	–
		상속세	0 원
2nd 모 사망		자녀2	
		상속재산	10억 원
	공제	일괄공제	5억 원
		배우자공제	–
		과세표준	5억 원
		상속세율	10%
		상속세	5천만 원
합계			5천만 원

그러나 가정에서 아버지와 어머니에게 재산이 비슷하게 분배되어 있다면 이러한 문제는 발생하지 않을 가능성이 높습니다.

철수네 집처럼 아버지와 어머니 두 분의 재산이 비슷하게 나누어져 있다면 상속세 계산에 있어서 훨씬 안전하고 유리하게 작용합니다.

두 분 중 어느 분이 먼저 사망하더라도 전체 상속세 부담에는 큰 차이가 발생하지 않으며, 배우자상속공제를 충분히 활용하여 상속세를 계산할 수 있습니다.

배우자에 대한 증여재산공제는 6억 원까지 적용되므로 배우자에게 미리 증여하는 경우 해당 금액까지는 증여세가 과세되지 않습니다.

따라서 사례처럼 사망 순서에 따른 불균형이 우려된다면 일부 재산을 배우자에게 미리 증여하여 재산 구조를 조정하는 것도 하나의 절세 방법이 될 수 있습니다.

한마디 요약

사망 순서는 통제할 수 없지만,
재산 구조는 미리 설계할 수 있습니다.

Chapter 31

미리 증여하면 왜 유리해지는가

왜 부자들은 증여를 먼저 하는가

많은 사람들은 상속이 발생한 이후에야 세금을 고민합니다.

그러나 자산 규모가 큰 가정일수록 상속이 아니라 **증여를 먼저 고민합니다.**

그 이유는 간단합니다.
상속은 **한 번에 일어나는 사건**이지만, 증여는 **시간을 나누어 설계할 수 있는 과정**이기 때문입니다.

상속세는 피상속인이 사망하는 순간 현재의 재산가액을 기준으로 한 번에 계산됩니다. 반면 증여는 여러 해에 걸쳐 나누어 이전할 수 있고, 수증자별 공제와 낮은 세율 구간을 활용할 수 있습니다.

또한 자산의 가치가 상승하기 전에 미리 이전한다면 그 이후에 발생하는 가치 상승분에 대한 과세 부담도 줄일 수 있습니다.

특히 부동산이나 사업체처럼 앞으로 소득이 발생하는 자산의 경우 증여는 단순히 자산을 나누는 일이 아니라 **소득의 흐름을 미리 이전하는 효과**를 가져옵니다.

결국 상속은 재산을 한 번에 이전하는 방식이고, 증여는 시간을 나누어 재산을 이전하는 설계입니다.

그래서 자산 규모가 큰 가정일수록 상속이 시작되기 전에 증여를 먼저 고민합니다.

상속세 재원 준비 

우리나라 가계의 자산 구조를 보면 상당 부분이 여전히 부동산에 묶여 있습니다.

문제는 보유재산에서 부동산의 비중이 높을수록 환금성에 제약이 생긴다는 점입니다. 부동산은 정부 정책, 금리, 수요·공급, 경기 상황 등 매도 시점의 시장 여건에 크게 영향을 받습니다. 적절한 시기에 매수자를 만나야 제값을 받을 수 있습니다.

따라서 상속세 납부를 위해 급하게 처분해야 하는 상황이라면 시세보다 낮은 가격에 매도하게 될 가능성도 있습니다.

상속세의 진짜 문제는
준비되지 않은 현금입니다.

수익형 부동산은 '재산'이 아니라 '소득의 원천'입니다

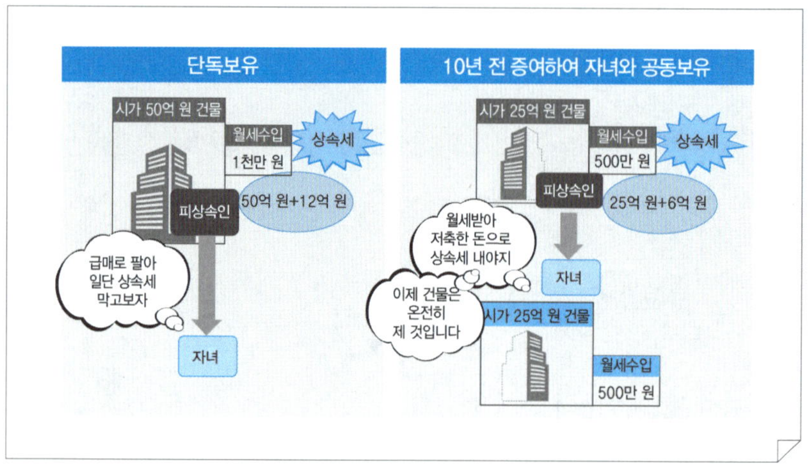

피상속인이 월세수입 1천만 원이 발생하는 시가 50억 원의 건물을 보유하고 있다가 이를 상속재산으로 남겼다고 가정해 봅시다.

피상속인이 상가에서 나오는 월세 1천만 원을 10년간 모았다면 예금은 약 12억 원이 되었을 것이고, 상속재산 총액은 약 62억 원이 됩니다. 이 경우 상속세는 대략 23억 원 수준으로 계산됩니다.

상속인은 예금 12억 원으로는 부족하여 추가로 10억 원 이상의 현금이 필요합니다. 준비가 되어 있지 않다면 결국 건물을 처분해야 합니다.

이제 다른 상황을 가정해 보겠습니다.

피상속인이 사망 10년 이전에 건물 지분의 50%를 자녀에게 증여했다면 어떨까요?

증여 이후 발생한 월세의 50%는 자녀의 소득이 됩니다. 자녀가 월세 500만 원을 10년간 모았다면 약 6억 원의 예금을 보유하게 됩니다. 피상속인의 상속재산은 약 31억 원이 되고, 상속세는 약 8억 원 수준으로 줄어듭니다.

상속세 8억 원 중 6억 원은 상속받은 예금으로 충당하고, 나머지 2억 원도 자녀가 그동안 모아 둔 월세 소득으로 충분히 마련할 수 있습니다.

결과적으로 **자녀는 건물을 100% 온전히 소유하게 됩니다.**

수익형 부동산을 일부 증여한다는 것은
단순히 자산을 나누는 일이 아닙니다.

앞으로 발생할 소득의 흐름까지 함께 이전하는 것입니다.

상속세는 한 번에 계산됩니다. 그러나 **소득은 10년에 걸쳐 준비할 수 있습니다.**

한마디 요약

상속은 재산을 한 번에 이전하지만
증여는 시간을 나누어 설계할 수 있습니다.

상속재산에 사전증여재산이 합산됩니다

상속세는 원칙적으로 상속개시일 현재 보유한 재산을 기준으로 과세합니다. 다만 상속인에게 사망 전 10년 이내(상속인 외의 자는 5년 이내)에 증여한 재산이 있다면 그 가액을 상속재산에 합산하여 과세합니다.

따라서 사전증여가 상속세 과세가액에 합산되는 것을 피하려면 적어도 **10년 전에 증여를 완료해야 합니다.**

많은 분들이

"어차피 10년 이내 증여는 합산되니 의미가 없다"고 생각합니다.

그러나 합산되는 것은 '가액'이지 '상승한 시가'가 아닙니다.

세금의 인플레이션을 멈출 수 있습니다

자산 이전에 대한 세금은 **이전 당시의 평가가액**을 기준으로 계산됩니다.

따라서 자산 가치가 오르기 전에 이전할수록 과세 부담은 줄어들 수 있습니다.

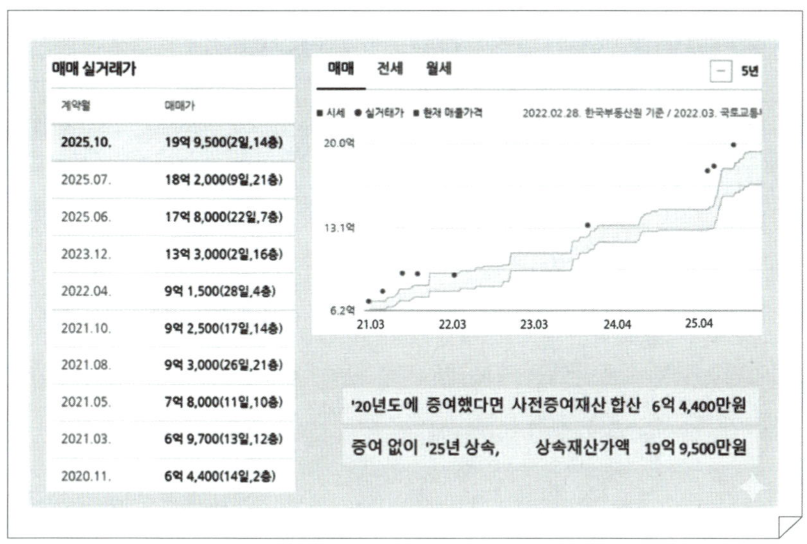

인플레이션 환경에서 자산 가치가 오르기 전에 미리 이전한다면 **그 상승분에 대한 세금을 줄일 수 있습니다.**

상속일로부터 10년 이내에 상속인에게 증여한 재산은 상속세 계산 시 합산되지만, 이 경우에도 **합산되는 가액은 증여 당시의 평가가액**입니다. 즉, 자산이 이후에 상승했다면 그 상승분은 상속재산에 포함되지 않습니다.

물론 사전증여재산의 합산으로 누진세율 구조에 따라 일부 추가세액이 발생할 수는 있습니다. 그러나 아무런 증여 없이 상속 시점의 시가 전체를 기준으로 상속세를 부담하는 경우보다 세부담이 줄어들 가능성이 높습니다.

결국, 인플레이션으로 상승한 가치에 대한 세금을 사전에 차단하는 효과가 있습니다.

10년 단위로 증여의 기회가 주어집니다

동일인에게 10년 이내에 받은 증여재산은 합산하여 증여세를 계산합니다. 그러나 증여받은 날로부터 **10년이 지나면 그 이전 증여재산은 더 이상 합산되지 않습니다.**

예를 들어 1억 원을 증여받아 10% 세율을 적용받은 후, 다시 1억 원을 증여받는다면 두 금액을 합산한 2억 원에 대해 세율이 적용되어 20% 구간이 될 수 있습니다.

하지만 10년이 지난 후 다시 1억 원을 증여받는다면 각각 10% 세율이 적용됩니다.

배우자나 직계존비속 간 증여에는 증여재산공제가 적용됩니다. 배우자에게 증여하는 경우 10년간 6억 원까지 공제가 가능합니다. 따라서 12억 원을 한 번에 증여받는다면 6억 원 공제 후 남은 6억 원에 대해 약 1억 2천만 원의 증여세를 부담하게 됩니다.

그러나 6억 원씩 10년 간격으로 두 번 나누어 증여받는다면, 총 12억 원을 이전하면서도 증여세를 전혀 부담하지 않을 수 있습니다.

증여는 **시간을 나누어 자산을 옮기는 설계입니다.**

누진세 구조를 완만하게 만드는 방식이기도 합니다.

결국 절세의 핵심은 시간을 활용하는 전략입니다.

Chapter 32

서두르는 증여가 불리해질 수 있다

상속과 증여를 이야기할 때 흔히 "미리 증여하는 것이 절세에 유리하다"고 말합니다. 그러나 모든 경우에 그렇지는 않습니다. 오히려 일정한 구간에서는 상속이 증여보다 유리해질 수 있습니다.

그 이유는 상속세의 공제 구조에 있습니다.

상속재산은 생각보다 넓게 공제됩니다

상속세가 과세되지 않는 재산가액의 범위는 생각보다 넓습니다. 상속재산에서 차감되는 상속공제금액은 최소 5억 원이며, 배우자가 있는 경우 최소 5억 원이 추가로 공제됩니다.

따라서 일반적인 가정에서는 10억 원 수준까지 상속세가 과세되지 않는 경우도 적지 않습니다.

반면 증여세의 비과세 구간은 그리 넓지 않습니다. 자녀의 경우 5천만 원을 초과하는 순간부터 증여세가 과세되기 시작합니다.

이처럼 상속세는 일정 금액까지 넓은 공제 혜택이 존재하지만, 증여세는 비교적 이른 시점부터 과세가 시작됩니다.

따라서 자산 규모가 크지 않은 경우에는 서둘러 증여하기보다 상속 단계에서 공제를 활용하는 것이 오히려 유리할 수 있습니다.

결국 문제는

"증여를 할 것인가"가 아니라, "지금이 증여할 시점인가"입니다.

증여재산공제			상속공제	
자녀	5천만 원		일괄	5억 원
	(미성년자 2천만 원)			
배우자	6억 원		배우자	5억 원 ~ 30억 원

따라서 상속공제 범위 내에 있는 재산 규모라면 굳이 조기 증여를 서두를 필요는 없습니다. 더구나 이미 납부한 증여세는 이후 상속세가 더 적게 나온다는 이유로 환급되지도 않습니다.

증여는 되돌릴 수 있어도, 증여세는 되돌릴 수 없습니다.

이 점은 조기 증여를 결정할 때 반드시 고려해야 할 요소입니다.

자산가격이 하락할 수도 있습니다 

또 하나 고려해야 할 요소는 자산가격의 변동입니다.

부동산 시장가격이 항상 상승하는 것은 아닙니다. 때로는 자산의 가치가 하락하기도 합니다.

하락장에서는 조금 더 기다렸다가 증여하는 것이 유리할 수 있습니다. 자산의 평가가액이 낮아지면 그만큼 증여세 부담도 줄어들기 때문입니다.

반대로 자산가치가 급격히 상승하는 국면이라면 조기 증여가 유리해질 수도 있습니다. 결국 문제는 **얼마나 빨리 증여할 것인가가 아니라 언제 증여할 것인가**입니다.

또한 자산가격이 유지되는 경우에도 조기 증여가 반드시 유리한 것은 아닙니다. 같은 금액의 세금이라도 **미리 납부하면 그 자금을 운용할 기회를 잃게 됩니다.**

시간가치는 세금 전략에서도 중요한 요소입니다.

상속공제를 받지 못할 수 있습니다

조기 증여는 또 다른 문제를 가져올 수 있습니다.

상속세 계산에서 가장 큰 영향을 미치는 요소 중 하나가 배우자상속공제 입니다. 배우자가 존재하는 경우에는 **최소 5억 원**이 보장되며, 배우자가 실제 상속받은 재산이 있다면, 배우자 법정상속지분을 한도로 **최대 30억 원까지 공제**가 가능합니다.

여기서 핵심은 배우자상속공제는 **배우자에게 실제로 상속된 재산을** 기준으로 된다는 것입니다. 배우자의 법정상속지분은 민법에 의해 정해지지만, 실무상 공제금액을 결정하는 핵심은 배우자가 실제로 상속받은 금액입니다.

배우자가 생전에 증여받은 재산은 배우자상속공제의 대상이 되지 않습니다. 배우자가 피상속인 사망 10년 이내에 증여받은 재산은 상속세 과세가액에는 합산되지만, 배우자상속공제 계산에서는 제외됩니다.

따라서 배우자상속공제를 최대한 활용하려면 상속분할협의 시 배우자에게 실제 상속재산을 충분히 배분하는 설계가 필요합니다. 생전에 배우자에게 과도하게 증여해 두었다면, 오히려 상속 단계에서 공제를 충분히 활용하지 못하는 상황이 발생할 수 있습니다.

사전증여와 유증은 상속공제 한도를 줄입니다

상속공제는 상속세 과세가액을 기준으로 계산되는데, 다음 금액들은 공제한도를 줄이는 요인이 됩니다.

- 선순위 상속인이 아닌 자에게 유증 또는 사인증여한 재산가액
- 선순위 상속인의 상속포기로 다음 순위 상속인이 상속받은 재산가액
- 사전증여재산가액(증여재산공제 및 재해손실공제액 차감 후 금액)

상속세 과세가액

- ① 선순위인 상속인 아닌 자에게 유증 또는 사인증여한 재산가액
- ② 선순위인 상속인의 상속포기로 그 다음 순위의 상속인이 상속받은 재산가액
- ③ 사전 증여재산가액(증여재산공제 및 재해손실공제액 차감한 금액)

= 상속공제액의 한도액

즉, 피상속인이 생전에 유증이나 사인증여를 하였거나, 사전증여가 많을수록 **상속공제의 한도는 줄어들게 됩니다.**

그 결과 상속공제를 온전히 적용받지 못해 상속세 부담이 예상보다 커질 수 있습니다.

증여를 통해 세금을 줄이려 했지만, 오히려 상속 단계에서 공제를 잃어버리는 결과가 될 수도 있는 것입니다.

한마디 요약

증여는 언제나 유리한 전략이 아닙니다.

증여는 타이밍의 문제다

"언제 줄 것인가?"

동일인 합산과세 규정도, 증여재산공제 규정도 모두 10년이라는 시간을 기준으로 설계되어 있습니다.

이 10년의 구조를 이해하지 못하면 증여는 계획이 되기 어렵습니다.

10년마다 리셋되는 합산과세 구조 

동일인으로부터 10년 이내에 여러 번 증여받으면 그 재산가액을 합산하여 누진세율을 적용합니다. 따라서 한 번에 많이 주는 것만 위험한 것이 아니라, 나누어 증여하더라도 10년 이내라면 결국 하나로 합산됩니다.

다만 10년이 지나면 상황은 달라집니다.

- 합산과세가 적용되지 않고
- 새로운 세율구간이 시작되며

- 증여재산공제도 다시 사용할 수 있습니다

이 때문에 증여는 "10년 단위 설계"가 됩니다.

동일인 판단의 핵심

증여자가 직계존속인 경우 그 배우자도 동일인으로 봅니다.

예를 들어 아버지에게 1억 원을 증여받고 10년 이내에 어머니에게 2억 원을 받았다면 아버지와 어머니는 동일인으로 보아 총 3억 원이 합산됩니다.

동일인은 '증여자 기준'이 아니라 '수증자 기준'으로 판단된다는 점을 반드시 기억해야 합니다.

10년마다 다시 생기는 증여재산공제

증여자	배우자	직계존속(부 · 모)	직계비속(아들 · 딸)	기타친족	그 외
공제한도	6억 원	5천만 원 미성년자 2천만 원	5천만 원	1천만 원	0원

증여재산공제는 수증자 기준으로 10년 동안 사용할 수 있는 한도입니다.

예를 들어 수증자가

- 아버지 4천만 원

- 어머니 2천만 원

- 할아버지 3천만 원

을 받았다면 모두 직계존속이므로 합계 9천만 원 중 5천만 원만 공제됩니다. (각각 5천만 원씩 공제되는 것이 아닙니다.)

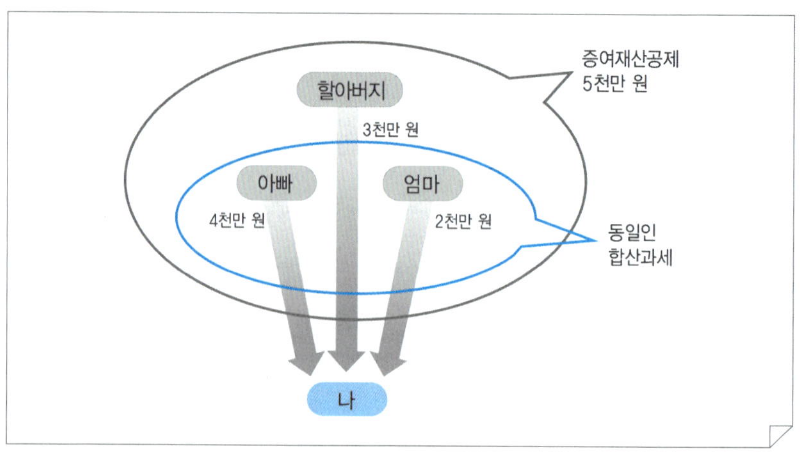

증여재산공제 한도금액을 모두 다 차감해서 증여했어도 증여받은 날로부터 10년이 지나면 새로운 공제금액이 생기므로 다시 공제를 받을 수 있습니다.

따라서 10년 단위로 증여를 설계하면 증여재산공제를 반복적으로 활용할 수 있습니다.

가격이 떨어졌다면, 그것이 기회입니다 

재산의 가치가 저평가된 시점에 증여를 실행하면 무상이전에 대한 세금을 줄일 수 있습니다.

더 중요한 점은 다음입니다.

증여자가 10년(또는 5년) 이내에 사망하여 사전증여재산이 상속세 과세가액에 합산되더라도 합산되는 금액은 증여 당시의 평가가액입니다.

즉, 낮은 시점에 증여했다면 증여세뿐 아니라 상속세까지 절세 효과가 이어집니다.

결국 증여는 가격이 낮을 때 미리 이전하는 일입니다.

부동산은 '시가가 반영되기 전'이 핵심입니다

1 시가가 낮을 때

아파트는 유사매매사례가액이 시가로 인정됩니다. 따라서 낮은 거래 사례가 존재할 때 증여하면 유리합니다.

증여의 평가기간은 평가기준일 전 6개월부터 신고일까지입니다.

높은 거래가 반영되기 전에 신고까지 마치는 것이 중요합니다.

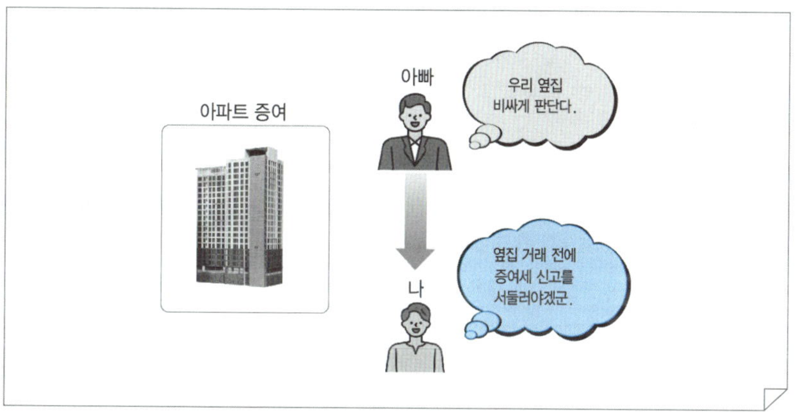

2 시가가 없다면 기준시가 고시일을 봅니다

(부동산 기준시가)

부동산	기준시가		고시기관	고시일
토지	개별공시지가	표준지	국토해양부	매년 2월 말
		개별지	시군구	매년 4월 말
주택	개별주택가격	표준주택	국토해양부	매년 1월 말
		개별주택	시군구	매년 4월 말
	공동주택가격		국토해양부	매년 4월 말
상업용건물 오피스텔	상업용건물 오피스텔 기준시가		국세청장	매년 12월 31일
일반건물	건물기준시가		국세청장	매년 12월 31일

부동산은 시가가 없으면 보충적 평가방법에 따라 기준시가로 평가합니다.

기준시가는 매년 1월 1일을 기준으로 산정되어 각 고시기관이 발표합니다.

예를 들어, 주택의 개별주택가격 고시일이 매년 4월 말경이므로, 주택을 3월에 증여했다면 올해의 개별주택가격이 아직 고시되지 않아 전년도의 개별 주택가격이 적용됩니다.

부동산 가격이 상승하는 시기라면 고시일 전 증여가 유리할 수 있습니다.

결국 부동산 증여의 핵심은 시가가 반영되기 전에 움직이는 것입니다.

3 방금 취득했다면 증여는 2년 후에

취득 후 6개월 이내에 증여하면 그 취득가액이 시가로 인정될 가능성이 높습니다.

또한 2년 이내 증여라도 가격 변동의 특별한 사정이 없다고 판단되면 취득가액이 시가로 반영될 수 있습니다.

단순히 "지금 가격이 낮다"는 이유로 서두르면 오히려 세부담이 커질 수 있습니다.

취득가액보다 낮은 기준시가를 적용받으려면 2년 경과 여부를 반드시 점검해야 합니다. 취득가액이 시가로 인정되면 보충적 평가방법을 적용하기 어렵기 때문입니다.

주식은 '기다림'이 필요합니다

1 **상장주식**

상장주식은 평가기준일 전후 2개월씩, 총 4개월의 종가 평균으로 평가합니다.

따라서 상장주식을 증여한 경우, 증여시점에 증여가액을 확정할 수 없습니다. 증여 후 2개월 동안의 시세 변동이 최종 세부담을 결정합니다.

만약 증여한 후 2개월 동안 시세변동이 커 증여세 납부에 부담이 된다면, 신고기한 내 반환을 통해 과세를 피할 수 있습니다. 다만 재산의 종류와 반환 시점에 따라 과세 여부는 달라질 수 있습니다.

2 **비상장주식**

비상장주식은 시가가 없으면 보충적 평가방법으로 평가합니다.

일반법인은 순손익가치(3)와 순자산가치(2)의 가중평균액과 순자산가치 80% 중 큰 금액을 적용합니다.

이익이 본격적으로 증가하기 전, 기업 구조가 재편되기 전은 비상장주식 증여를 검토해볼 수 있는 시점입니다.

증여는 10년을 단위로 반복되는 설계입니다.

가격이 낮을 때, 평가가 반영되기 전, 이익이 본격적으로 증가하기 전이 유리합니다.

Chapter 34

여러 자산 중
무엇부터 이전할 것인가

왜 자산 선택이 중요한가

보유한 자산 중 **어떤 자산을 먼저 증여할 것인가**는 생각보다 중요한 문제입니다.

증여는 단순히 재산을 나누는 행위가 아닙니다. 어떤 자산을 먼저 이전하느냐에 따라 증여세 부담뿐 아니라, 향후 상속재산의 규모와 소득의 귀속 구조까지 달라질 수 있습니다.

일반적으로는 **증여재산가액이 상대적으로 낮게 평가될 수 있는 자산을 먼저 이전하는 것이 유리합니다.** 이 경우 당장의 증여세를 줄일 수 있을 뿐 아니라, 10년 이내에 증여자가 사망하여 사전증여재산이 상속재산에 합산되더라도 증여 당시 신고한 가액으로 합산되므로 상속세 절감 효과까지 기대할 수 있습니다.

그렇다면 증여재산가액을 낮출 수 있는 자산에는 어떤 것들이 있을까요.

증여 자산 선택의 기본원칙 3가지

1 저평가되어 있는 자산부터 증여합니다.

현재 저평가되어 있거나, 향후 가격 상승 가능성이 높은 자산부터 증여하는 것이 원칙입니다.

가격이 상승하기 전에 이전을 완료하면, 그 이후의 가치 상승분은 수증자의 몫이 됩니다. 이는 단순한 증여세 절감에 그치지 않고, 장기적으로 상속재산 증가 속도를 조절하는 효과까지 가져옵니다.

2 시가가 명확하지 않은 자산부터 증여합니다.

현금·예금처럼 가액이 확정적인 자산이나 거래가 빈번한 아파트·오피스텔과 달리, 거래가 활발하지 않은 토지·상가·개별주택 등은 보충적 평가방법이 적용될 여지가 있습니다.

보충적 평가방법에 따른 기준시가는 실제 거래가액보다 낮게 산정되는 경우가 많아 증여세 계산상 유리하게 작용할 수 있습니다.

다만, 최근에는 사후 감정평가를 통해 보완 과세가 이루어지는 사례도 있으므로 단순히 "낮게 평가된다"는 이유만으로 접근하는 것은 위험합니다. 저평가 전략은 절세 전략이면서 동시에 리스크 관리 전략임을 기억해야 합니다.

❸ 수익이 나는 자산부터 증여합니다.

수증자인 자녀가 아직 어리거나 소득이 많지 않은 경우라면, 수익이 발생하는 자산을 미리 증여하는 방안을 고려해볼 수 있습니다. 월세가 나오는 부동산이나 배당이 발생하는 주식 등이 이에 해당합니다.

자산을 이전하면 그 이후 발생하는 소득 역시 자동으로 수증자에게 귀속됩니다. 한 번의 증여로 자산뿐 아니라 미래의 자산수익까지 함께 이전되는 구조이므로 추가 증여가 필요 없다는 점에서 매우 효율적인 방식입니다.

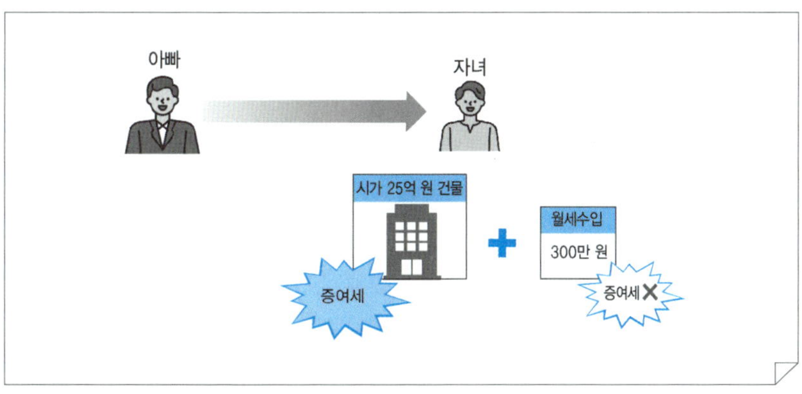

예를 들어 아버지가 자녀에게 시가 25억 원의 건물을 증여했다면, 증여 시점 이후 발생하는 임대수입은 자녀의 소득이 됩니다. 자녀가 앞으로 받게 될 임대수입에 대하여 별도의 증여세가 과세되지는 않습니다.

이로 인해 다음과 같은 효과가 발생합니다.

첫째, 상속재산이 줄어 상속세의 부담이 완화됩니다.

수익이 발생하는 자산을 증여자의 재산에서 제외함으로써, 사망 시점에 상속재산에 포함될 자산과 그 누적 수익이 줄어드는 효과가 있습니다.

둘째, 자녀에게 소득근거가 마련됩니다.

아버지의 미래소득이 자녀의 소득으로 전환되면서, 자녀는 안정적인 자금출처를 확보하게 됩니다. 이는 향후 추가 자산 취득이나 상속세 재원 마련에도 도움이 됩니다.

결국 재력이 있는 증여자 입장에서는 상속재산을 효과적으로 줄일 수 있고, 상속세를 부담하게 될 수증자 입장에서는 상속세 재원을 사전에 마련하는 효과가 있습니다.

다만, 수익자산 증여에는 유의할 점도 존재합니다.

자녀의 소득세 부담 증가, 건강보험료 상승, 기존 소득이 있는 경우 종합소득세 누진세율 적용에 따른 세부담 확대 등을 사전에 검토해야 합니다. 또한 미성년자 수증자의 경우 소득 귀속과 관련한 별도의 리스크도 존재합니다.

일반적으로는 **가치 상승 가능성이 높은 자산을 먼저 이전하는 것이 유리합니다.**

반면 현금처럼 가치 변동이 없는 자산은 증여 전략에서 우선순위가 낮습니다.

증여 우선순위 판단 기준

우선순위	자산 유형	이유
1	향후 가치 상승 가능성이 높은 자산	미래 상승분이 수증자에게 귀속되어 상속세 부담을 줄일 수 있음
2	시가가 불명확하거나 보충적 평가가 적용되는 자산	기준시가·보충평가로 실제 가치보다 낮게 평가될 가능성이 있음
3	수익이 발생하는 자산	임대료·배당 등 미래 소득이 수증자에게 이전됨
4	사업 성장 가능성이 있는 지분	기업가치 상승 이전에 이전하면 증여세 부담을 줄일 수 있음
5	현금성 자산	가치 변동이 없어 증여 전략상 우선순위는 낮음

자산 유형별 전략 비교 

그렇다면 자산의 종류에 따라 증여에 유리한 순서가 존재할까요.

대표적인 유형을 비교해 보겠습니다.

다만, 증여자와 수증자의 현재 소득, 보유 자산 규모, 자산 구성 비율, 연령, 예상 상속 시점 등에 따라 판단은 달라질 수 있습니다. 아래 내용은 일반적인 전략 방향으로 이해하시기 바랍니다.

1 현금 or 부동산

현금은 평가 논점이 없습니다. 증여 시점의 금액이 곧 증여재산가액으로 확정됩니다.

반면 부동산은 평가 방식, 향후 가치 상승 가능성, 수익 발생 여부 등 여러 요소가 작용합니다. 부동산이 현재 저평가되어 있거나 장기적으로 가격 상승이 예상된다면, 현금보다 우선적으로 증여를 고려할 수 있습니다. 향후 가치 상승분이 수증자에게 귀속되기 때문입니다.

다만, 지방 토지처럼 기준시가가 오히려 실제 거래가액보다 높게 형성된 경우에는 상황이 달라집니다. 이 경우에는 평가상 불리할 수 있으므로 단순히 "부동산이니까 유리하다"는 판단은 위험합니다.

부동산은 무조건 유리한 자산이 아니라, **현재 가격 위치에 따라 전략이 달라지는 자산**입니다.

2 개별주택 or 아파트

개별주택은 시가 파악이 상대적으로 어렵고 보충적 평가방법이 적용될 여지가 있습니다. 이로 인해 증여재산가액이 상대적으로 낮게 산정되는 경우가 있어, 당장의 증여세 계산에서는 유리하게 작용할 수 있습니다.

반면 아파트나 오피스텔은 거래가 빈번하여 실거래가가 비교적 명확합니다. 따라서 시가에 근접한 금액으로 평가되는 경우가 많아 세액 계산상 불리해 보일 수 있습니다.

그러나 단순히 평가 방식만으로 판단해서는 안 됩니다.

만약 아파트 가격이 급등하는 시기라면, 현재 시가로 증여하는 것이 오히려 더 큰 절세 효과로 이어질 수 있습니다. 상승 속도가 빠른 자산은 '현재의 시가'가 장기적으로 보면 가장 낮은 가격일 수 있기 때문입니다.

예를 들어 개별주택은 기준시가가 실제 거래가액보다 낮게 산정되어 당장의 세액 계산에는 유리할 수 있습니다. 그러나 아파트의 시세가 단기간에 크게 상승한다면, 지금 시점에서 아파트를 증여하는 것이 결과적으로 더 큰 가치 이전 효과를 가져올 수 있습니다.

결국 판단의 기준은 단순한 평가 방식이 아니라, 향후 가격 상승 속도와 자산의 성장 방향입니다.

❸ 토지 or 건물

토지는 장기적으로 가치 상승 가능성이 높은 자산입니다. 또한 평가 시 보충적 평가방법이 적용되는 경우가 많아 상대적으로 낮은 가액으로 산정되는 사례도 존재합니다. 이러한 점에서 우선적으로 증여를 고려할 수 있는 자산입니다.

반면 건물은 시간이 지남에 따라 감가상각이 이루어져 가치가 하락하는 경향이 있습니다. 그러나 월세수입이 발생한다는 점에서 또 다른 전략적 의미를 가집니다.

즉, 토지는 **가치 상승 자산**, 건물은 **수익 발생 자산**이라는 성격 차이가 존재합니다.

상가건물의 가액이 큰 경우 전체를 증여하기에는 세부담이 클 수 있습니다. 이때는 지분만 증여하여 공유 구조를 만들거나, 토지와 건물을 분리하여 각각 증여하는 방식도 검토 대상이 됩니다.

다만 이러한 구조는 개별 상황에 따라 결과가 크게 달라지므로 일률적으로 어느 방식이 유리하다고 단정할 수는 없습니다. 몇 가지 기본적인 판단 기준을 살펴보겠습니다.

첫째, 토지만 증여하는 경우

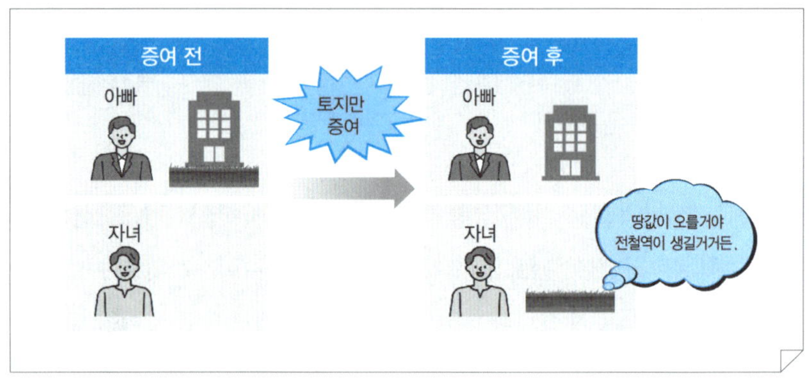

토지를 자녀에게 증여하면, 건물은 여전히 증여자의 소유로 남습니다. 이 경우

- 증여자는 건물에서 발생하는 월세수입을 계속 취득하게 되고
- 자녀는 토지에 대한 지대수입을 취득하게 됩니다.

일반적으로 월세수입이 지대수입보다 크므로, 향후 현금 흐름은 증여자에게 더 많이 귀속됩니다.

그러나 자산 가치 상승 측면에서는 토지의 상승폭이 건물보다 큰 경우가 많아, 향후 상속재산가액 증가 폭은 상대적으로 완만해질 수 있습니다.

또한 임대보증금이 건물 소유자인 증여자에게 남게 되므로, 상속 발생 시 보증금을 채무로 공제할 수 있다는 점도 하나의 장점입니다.

둘째, 건물만 증여하는 경우

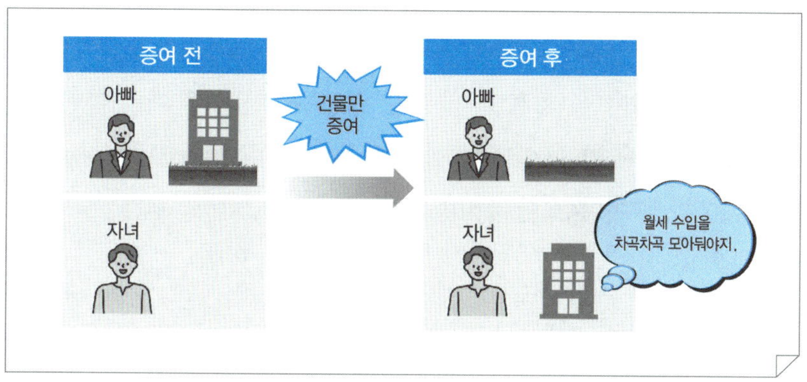

건물을 자녀에게 증여하면,

- 자녀는 월세수입을 취득하게 되고
- 증여자는 토지에 대한 지대수입을 취득하게 됩니다.

월세수입이 충분하다면 자녀는 해당 소득을 저축하거나 자산화하여 훗날 상속세 재원으로 활용할 수 있습니다.

다만 토지의 가치 상승분은 여전히 증여자의 재산에 남게 되므로, 장기적으로 상속재산가액 증가 측면에서는 불리할 수 있습니다.

□ 실무 전략

토지 증여가 유리한지, 건물 증여가 유리한지는 다음 요소에 따라 달라집니다.

- 상가의 월세 수준
- 임대보증금 규모
- 토지의 향후 가치 상승 가능성
- 증여자의 연령과 예상 상속 시점

예를 들어, 월세가 많이 발생하는 상가를 고령의 증여자가 자녀에게 이전하는 경우라면, 향후 가치 상승 위험보다 상속세 재원 마련이 더 중요할 수 있습니다. 이 경우 건물을 증여하여 월세소득의 귀속자를 변경하는 전략이 유효할 수 있습니다.

반대로 월세 규모는 크지 않지만 지가 상승이 예상되고, 증여자가 아직 젊어 상속까지 상당한 시간이 남아 있다면 토지를 미리 증여하여 장기적인 가치 상승분을 이전하는 전략이 더 합리적일 수 있습니다.

결국 판단의 기준은 단순한 현재 세금이 아닙니다.
핵심은 앞으로 발생할 소득과 자산가치의 방향입니다.
증여는 자산의 현재가치를 옮기는 일이 아니라,
미래의 귀속을 설계하는 일입니다.

한마디 요약

증여는 단순히 자산을 나누는 일이 아니라,
앞으로 성장할 방향을 옮기는 일입니다.

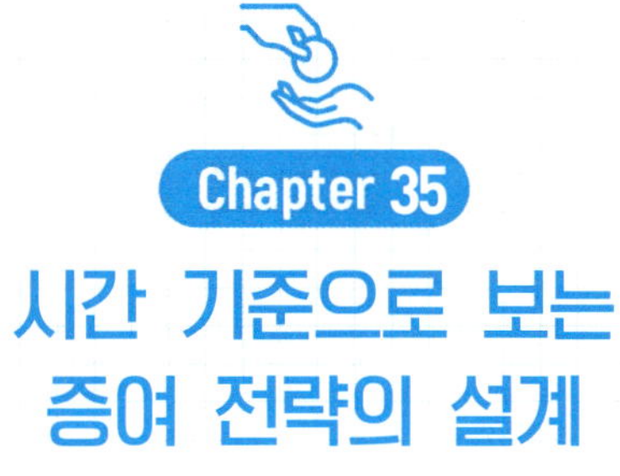

Chapter 35

시간 기준으로 보는
증여 전략의 설계

증여는 '얼마를 줄 것인가'의 문제가 아니라 언제, 누구에게, 어떤 구조로 이전할 것인가의 문제입니다. **결국 판단의 기준은 '시점'입니다.**

상속세는 피상속인 기준의 누진세 구조이고,

증여세는 수증자 기준의 누진세 구조입니다.

따라서 생전에 여러 사람에게 분산 증여하면 수증자별 낮은 세율 구간을 활용할 수 있습니다.

그러나 그 효과는 증여의 시점에 따라 달라집니다.

10년 이상 여유가 있는 경우

증여자의 연령과 건강상태를 고려할 때 상속까지 충분한 시간이 예상된다면 가장 전략적인 설계가 가능한 구간입니다.

이 시기에는

- 사전증여를 통한 과세표준 분산

- 수증자별 증여재산공제 활용
- 자산가치 상승 이전의 이전
- 상속세 재원 마련 준비

등을 종합적으로 설계할 수 있습니다.

증여가 상속세 절세에 **가장 실질적인 효과를 가지는 시점입니다.**

5년 이후 상속이 예상되는 경우

상속이 가까워지고 있다면 전략 선택의 폭은 줄어들지만 여전히 설계는 가능합니다.

이 시기 상속인에게 한 증여는 사망 시 상속세 과세가액에 합산됩니다. 반면 **상속인이 아닌 자에게 한 증여는 증여일로부터 5년이 지나면 상속세 과세가액에서 제외됩니다.**

따라서 이 시기에는 합산 규정을 전제로 구조를 설계해야 합니다.

예를 들어, 자녀에게 전부 증여하기보다 며느리나 사위 등에게 일부를 분산 증여하면 수증자별 증여재산공제를 각각 적용받을 수 있고, 낮은 세율 구간을 보다 넓게 활용할 수 있습니다.

5년 이내 상속이 예상되는 경우

이 시기의 증여는 매우 신중해야 합니다.

첫째, 누구에게 증여하든 대부분 상속세 과세가액에 합산됩니다.

둘째, 자산가치 상승을 미리 이전하는 효과도 제한적입니다.

셋째, 분산 증여는 오히려 상속인에게 추가 부담을 남길 수 있습니다.

예를 들어, 생전에 1억 원씩 50명에게 증여하고 각각 10%의 증여세를
납부하였다 하더라도 5년 이내 사망하면 50억 원 전액이 상속재산에
합산됩니다.

상속세 최고세율 구간이라면 이미 납부한 증여세를 공제하더라도
상속인이 거액의 상속세를 추가 부담하게 됩니다.

증여세를 납부했다고 해서 상속세 부담이 사라지는 것은 아닙니다.

한마디 요약

절세의 핵심은
합산 구조를 이해하는 것입니다.

2년 이내 상속이 예상되는 경우

상속이 임박한 시점에는 재산 처분이나 예금 인출, 채무 부담 등에 각별히 주의해야 합니다. 상속개시 전 일정 기간 내의 재산처분이나 채무부담은 상속재산으로 추정되어 과세가액에 포함될 수 있기 때문입니다.

사용처를 객관적으로 입증하지 못하면 상속재산으로 간주됩니다. 단순한 계좌이체나 현금 인출 사실만으로는 용도가 입증된 것으로 보지 않습니다.

또한 상속개시 이전에 예금을 인출하면 그만큼 금융재산상속공제를 적용받지 못해 오히려 불리하게 작용할 수 있습니다. 부동산 처분 시에는 상속재산이 실거래가 기준으로 과세되어 상속세 부담이 커질 수 있습니다.

상속이 임박했을 때 할 수 있는 일은 많지 않습니다. 대부분의 선택은 이미 과거에 끝나 있습니다.

상속과 증여는 한 번의 이벤트가 아니라, 시간을 단위로 반복되는 설계입니다.
건강할 때, 판단이 명확할 때, 선택할 수 있을 때 설계를 시작해야 합니다.
상속이 임박하면 전략은 줄어들고, 여지는 작아집니다.

상속은 준비한 만큼만 선택할 수 있습니다.

시기별 상속인이 해야 할 업무

■ 상속개시 당시

- 사망진단서 또는 시체검안서 수취
- 피상속인의 사업을 폐업하는 경우 폐업신고 다음달 25일까지 부가가치세 신고 및 납부
- 피상속인의 사업을 승계받는 경우 사업자등록 정정신고, 영업자 지위 승계 신고(당초 허가 및 신고기관, 업종에 따라 신고기간 다름)
- 보험청구, 신용카드 해지, 휴대전화 해지, 인터넷 해지 등 신청

■ 상속개시일로부터 1개월 이내

- 사망신고(주민센터. 구청. 시청)
- 안심 상속 원스톱 서비스 신청
  사망자의 주소지 관할 동주민센터 또는 구청에서 신청 또는 정부24 (https://www.gov.kr) 온라인 신청 가능

■ 상속개시일로부터 3개월 이내

- 상속포기 또는 한정승인 심판청구(피상속인의 주소지 관할 가정법원)
- 사망 관련 국민연금(유족연금, 반환일시금, 사망일시금 등) 청구(5년 이내)

■ 상속개시일로부터 6개월 이내

- 상속재산의 평가
- 외국인 토지취득신고

■ **상속개시일이 속하는 달의 말일부터 6개월 이내**

- 상속재산의 협의분할
- 취득세의 신고 및 납부
- 피상속인의 종합소득세 신고 및 납부
- 상속세의 신고 및 납부

■ **상속세 신고기한부터 9개월 이내**

- 배우자 상속재산분할(등기 등)

  단, 부득이한 사유가 있는 경우 연장 가능("상속재산미분할신고서" 제출 필요)

상속세 신고 시 필요서류 목록

■ 안심 상속 원스톱 서비스 조회자료

- 사망자의 주소지 관할 동주민센터 또는 구청에 사망신고 시 동시 신청

  구비서류: 상속인인 경우 신분증, 가족관계증명서

  정부24 (https://www.gov.kr)에서도 가능

■ 사전 증여재산 신고자료

- 세무서 방문 조회

  홈택스 (https://hometax.go.kr) 온라인 조회 가능

■ 가족관계등록부 등 공부서류

1. 피상속인의 제적등본 · 주민등록 말소자등본 · 피상속인 중심의
   가족관계증명서
2. 사망진단서 또는 시체검안서
3. 상속인 전원의 주민등록등본 각 1부
4. 유언장(있는 경우에 한함)
5. 상속재산 분할협의서 사본

■ 상속재산 현황서류

1. 예금 등
   - 사망일 현재 금융재산 잔액증명서
   - 피상속인의 과거 10년 이내의 통장 입출금 내역
   - 금융자산 1년 이내 2억 원 이상, 2년 이내 5억 원 이상의 인출금액이
     있는 경우 사용처

2. 부동산
  - 토지: 부동산 등기부등본, 토지대장 등(금양임야, 묘토관련사진, 사실
    확인서)
  - 건물: 부동산 등기부등본, 건축물대장, 임대차계약서 등
  - 입주권: 조합원 주택공급계약서 등
  - 분양권: 주택공급계약서, 매매계약서 등
3. 기타재산 입증서류
  - 임대차계약서
  - 자동차등록증
  - 보험관계서류(보험료 납입증명서/해약환급금계산서)
  - 각종 권리증 및 회원권 등
4. 피상속인의 보유주식, 채권내역서(잔고 증명서 등)
5. 피상속인의 퇴직소득 원천징수영수증

■ 상속세 과세가액 공제에 필요한 서류

1. 피상속인의 채무 입증서류(부채증명서, 차입계약서, 임대차계약서 등)
2. 피상속인의 공과금 부담 내역서(각종 제세공과금 영수증 및 납부서)
3. 장례비용 등(묘지 구입비, 봉안시설 사용권 계약서)
4. 과거 10년 내 증여받은 재산내역(증여세 신고서 및 납부 영수증)
5. 상속개시 전 2년 내 처분재산 및 채무부담내역
6. 각종 상속공제 입증에 필요한 서류
  - 가업상속, 영농상속, 장애인 증명서류
7. 병원비 미지급액(일자별 진료비납입확인서)
  - 신용카드 월별 이용·대금명세서(상속개시일 이후 결제 분)

Profile

강민정 세무사

| 학력 |
서울대학교 경영학과 학사
건국대학교 부동산대학원 경영관리 석사
압구정고등학교

| 경력 |
세무법인 예인압구정 대표/세무사
서울지방세무사회 업무정화조사위원
서울지방세무사회 세무조정 및 성실신고감리위원
강남지역세무사회 운영위원
동작·수서경찰서 집회시위자문위원
세무서 국세심사위원(전)
세무서 납세자보호위원(전)
세무서 영세납세자지원(전)
공유재산심의위원(전)
한국세무사회 조세제도연구위원(전)
한국세무사회 법제위원(전)
한국여성세무사회 이사(전)

| 수상 |
세무서장표창 세정협조자상
한국세무사회표창 공로상
한국여성세무사회 공로상

E-mail : star@yeintax.co.kr